개인적 예언자

The Prophetic Made Personal
by Mickey Robinson

Copyright ⓒ 2010 by Mickey Robinson

Originally published in English under the title
The Prophetic Made Personal published by Destiny Image
167 Walnut Bottom Rd., Shippensburg PA 17257-0310 USA
All rights reserved.

Korean translation Copyright ⓒ 2010 by Pure Nard
2F 774-31, Yeoksam 2dong, Gangnam-gu, Seoul, Korea

본 저작물의 한국어판 저작권은 Destiny Image와의 독점 계약으로 한국어 판권은 '순전한 나드'가 소유합니다.
저작권자의 허락 없이 이 책의 일부 또는 전체를 무단 복제, 전재, 발췌하면 저작권법에 의해 처벌을 받습니다.

개인적 예언자

초판발행 | 2011년 12월 15일

지은이 | 미키 로빈슨
옮긴이 | 이아미

펴낸이 | 허철
편집 | 송수자
디자인 | 오순영
인쇄소 | 고려문화사

펴낸곳 | 도서출판 순전한 나드
등록번호 | 제2010-000128
주소 | 서울 강남구 역삼2동 774-31 2층
도서문의 | 02) 574-6702 / 010-6214-9129
편집실 | 02) 574-9702
팩스 | 02) 574-9704
홈페이지 | www.purenard.co.kr

Printed in Korea

ISBN 978-89-6237-107-9   03230

개인적 예언자

미키 로빈슨 지음

우리들의 작은 헌신과
친절한 격려의 말로 우리를 축복했으며,
하나님의 은사들이 우리 모두의 유익을 위해 주어졌음을 인식하여,
평생에 걸친 배움의 과정 속에서 내가 성장할 수 있도록 이끌어 준
이 세상의 아름다운 이들에게 이 책을 바친다.

내 삶의 반려자인 바바라에게 특별한 경의를 표한다.
당신은 진정한 신비주의자이며,
계시요, 표적이요, 기사이다.

마이클에게
영웅들은 끝까지 해낸단다. 잘 마치렴.

그분을 알기 위해
그리고 그분을 알리기 위해
배고픈 모든 이들에게 이 책을 바친다.

◎ 추천의 글

보니와 나는 미키와 바바라와 함께 25년을 넘게 이어온 우리들의 우정을 보배롭게 여긴다. 우리는 하나님을 향해 열정적으로 동행하는 사람들을 거의 볼 수 없었다. 미키는 계절들마다 하나님으로부터의 매우 정확한 격려의 말씀을 받았으며, 그 예언의 말씀들은 우리를 위한 것이었든지 혹은 회중을 위한 것이었든지 어김없이 이루어졌다. 이 책은 눈물과 기쁨, 충만한 계시와 기름 부음 가운데 살아온 삶의 열매이다. 이 부부에게 있는 희락의 영이 당신에게 임하길!

마헤쉬 & 보니 차브다 박사 열방교회, 노스 캐롤라이나

미키는 예언적 격려자다. 신유와 계시의 은사와 함께 성령님께 은혜를 입어 미키는 하나님이 함께 하시면 능치 못할 일이 없다는 것을 사람들이 믿도록 영감을 불러일으킨다.

미키는 사역을 위해 나와 함께 여행했고, 또한 우리의 많은 컨퍼런스의 주강사였다. 나는 그의 가족을 25년 넘도록 알고 지냈다. 그는 하나님의 말씀을 사랑하고, 교회를 사랑하며, 일반 대중을 사랑한다. 수많은 이들이 두려움과 미혹에 압박당할 때, 미키의 사역은 생명과 상쾌함을 주는 오아시스다.

만약 당신이 삶을 위한 영적인 방향을 구하고 있다면, 이 사역은 하나님에게로 이끄는 행로 위에 당신을 안전하게 서도록 도울 것이다.

프랜시스 프랜지팬 작가, 국제적 교사, 그리스도의 이미지 훈련 센터 창립자

미키 로빈슨의 《개인적 예언자》는 당신의 개인 서재에 구비해 놓고 싶은 도서임에 틀림없다. 이것은 당신 안에 있는 가능성을 열어줄 것이며, 또한 예언적 은사 안에서의 성장과 성숙을 바탕으로 하는 실제적이고도 균형 잡힌 가르침을 제공할 것이다. 이 책을 사랑한다!

패트리샤 킹 엑스피 미디어(XPmedia)의 회장이자 창립자
작가, 교사, 익스트림 프로페틱(Extreme Prophetic) TV의 진행자 www.pak@xpmedia.com

우리의 친애하는 친구 미키 로빈슨은 우리가 교회에서 알고 있는 가장 열정적인 목소리 가운데 한 사람이다. 그는 교회가 온전히 무장되고 잃어버린 영혼들이 예수님께로 돌아오는 것에 대한 깊은 신념을 가지고 살고 있다. 이 책은 하나님의 능력을 혁신적으로 경험한 한 사람으로부터 비롯된, 성경이 예언자에 대하여 무엇을 말하는지에 대한 명확한 해설이다. 우리는 미키로부터 배운 것에 감사하며, 여러분 또한 그렇게 될 것을 확신한다!

마이클 W. 스미스 & 데비 스미스
CCM뮤직의 선두주자, 예배 인도자, 테네시 네쉬빌 Rocket Town Youth Center 창립자

이 책을 읽었다! 균형 잡힌 멋진 책이다! 이 책을 읽는 동안 나는 미키의 음성을 듣는 듯했다!

리타 발로쉐 작사 작곡가, 예배 인도자, 녹음 기술자

나는 개인적으로 미키를 알고 있으며 수많은 컨퍼런스에서 함께 사역할 수 있는 행운을 가졌다. 하나님과 사람들을 향한 그의 진지하고도 열렬한 사랑은 돋보인다. 미키는 지속적으로 예언의 은사 안에서 움직이며, 이와 같은 은사들에 대해 명확하고도 열정적으로 격려하며 가르친다.

폴 발로쉐 작곡가, 예배 인도자, 녹음 기술자

이것은 내가 수년간 찾던 책이다. 그리스도 중심이며, 성경적, 목회적, 실용적이며, 개인적이다. 이 책은 예언하도록 부름 받은 교회를 온전히 세운다. 로빈슨은 존 윔버가 말했던, "누구든지 자기 차례가 있다"는 것을 보여준다. 사실 많은 사람들이 알아차리지 못할지라도, 모든 그리스도인들은 이미 자기 차례를 행하고 있다. 예언은 '강단의 은사'라든가 오직 소수에게만 주어진 은사가 아니다. 예수님의 사역이 예언적인 것이었고(지금도 그렇듯이), 우리는 그분의 인도를 뒤따르도록 부름 받았다.

로빈슨은 교회를 무장시키고, 함정과 극단에서 벗어나게 하며, 우리로 하여금 그분께서 말씀하신 것을 행하도록 하며, 더 깊은 친밀함 속에서 주님의 음성을 들을 수 있도록 우리를 데려간다. "목적이 이끄는 교회"는 이제 "예언이 이끄는 교회"가 되어야 하며, 로빈슨은 우리에게 그 방법을 제시한다. 이 책을 구하여 읽고, 그렇게 행하라.

돈 윌리암즈 박사 산타 모니카 캘리포니아, 빈야드 목사

The Prophetic Made Personal

추천의 글 • 6

서문 • 10

들어가는 말_예수님, 예언자의 표본 • 13

01. 당신은 예언자이다 • 23

02. 예언적 교회의 풀어짐 • 47

03. 계시와 믿음 • 73

04. 예언적 사역의 성숙 • 101

05. 꿈과 환상 • 131

06. 누구든지 예언할 수 있다 • 155

07. 예언의 발동, 예언의 예법 • 179

08. 예언적 경배의 능력 • 211

09. 당신의 예언적 감각을 연마하기 • 233

10. 목적지를 향한 순례 • 255

11. 확실한 말씀 • 285

◎ 서문

지금부터 내가 하려는 일은 이제까지 나에게 주어진 사역 가운데 가장 영예로운 것이다. 좀 이상하게 들리지 않는가? 나는 35년이 넘도록 사역에 전념해 왔다. 나는 모든 대륙에 걸쳐서 사역했고, 20여 개의 언어로 번역된 책들을 저술했다. 나는 여러 차례 텔레비전과 라디오 프로그램에서 인터뷰했으며, 수년 동안 잡지에 글을 기재해 왔다. 하지만 이 책을 저술하는 것이 바로 나에게 주어진 가장 영예로운 일 가운데 하나다. '무슨 일이지?' 아마도 당신은 곰곰이 생각할 것이다. 몇 페이지만 읽고 나면 당신은 곧 이해하게 될 것이다.

만약 당신이 저자를 개인적으로 알지 못했다면 어떻게 《개인적 예언자》라고 불리는 책의 서문을 작성할 수 있겠는가? 그것은 진부하고 종교적이며 사실상 괴이한 일일 것이다. 그렇다면 무엇이 나의 영예란 말인가? 나의 가장 친한 친구들 중의 하나인 하나님의 사람이 쓴 책을 위해 서문을 작성하는 것이 나에게는 대단한 특권이다.

나는 최근에 미키의 육십 번째 생일 파티에서 그를 감동하게 했을 카드를 그에게 건네주었다. 그것은 "나의 형제에게"라고 쓰인 카드였다. 나는 사실상 육적으로는 형제가 없지만 영적으로는 있는 것이다! 미키 로빈슨은 나의 형제다! 그는 온전한 삶을 살고 있는 현시대의 민음의 챔피언이다! 나는 그가 나의 형제라는 것을 알고 있다!

미키는 그의 메시지를 구체적으로 표현한다. 미키는 메시지를 선포할 때 과장하거나 부주의하게 지껄여대지 않는다. 그 사람 자체가 계시다! 그는 곧 개인화된 하나님의 말씀이다! 만약 당신이 그를 안다면 그를 사랑하게 될 것이다. 만약 당신이 그와 함께 있게 된다면 당신은 격려 받고 믿음이 고취되어 곰과 사자를 만날지라도 무엇이라도 들고 싸워 승리할 것이다!

내가 시련과 고통을 겪을 때에 미키와 그의 아내 바바라는 나에게 끊임없이 우정을 보여주었다. 수년 동안 그들은 나의 아내 미쉘 앤과 나에게 절친한 친구가 되어 주었다. 그들은 나의 아내 미쉘 앤을 사랑했으며, 그것으로 인해 나는 그들을 또한 사랑한다. 친구들이란 함께 즐기고, 함께 웃으며, 함께 전쟁터로 나아간다. 로빈슨 가정과 골 가족은 바로 그와 같은 일들을 함께 했던 것이다. 우리는 함께 순회하면서 컨퍼런스를 진행했고, 그리고 나서는 종교계의 치열한 싸움을 제쳐두고 편안하게 영화를 보러 가곤 했다.

당신은 이 책이 단지 예언에 대한 또 다른 책이라고 생각하는가? 그런 책이 정말 필요하긴 한건가? 그렇다! 우리는 이 책이 필요하다! 미키는 예언의 말씀을 파헤쳐내는 거장이다. 로빈슨 가정은 언제나 예수님의 증인으로 산다! 그들은 그들의 행동, 예배, 가정, 기적의 전이, 그리고 복음을 위해 다시 일어설 수 있는 능력을 통해 증인으로서의 삶을 보여준다! 오뚜기 같은 친구들이다!

명확한 말씀을 원하는가? 당신의 예언적인 감각을 연마하고 싶은가? 실용적이고도 누구나 접근할 수 있는, 그러면서도 불가능에 도전할 수 있도록 훈련을 원하는가? 그렇다면 당신 손에 든 이 책을 탐독하면 된다. 《개인적 예언자》는 단지 우리 시대의 예언적 무기고에 첨가시킬 또 하나의 책이 아니다. 이 책은 모든 것들이 진행되기 위한 그 토대를 이룰 것이다! 믿음으로 넘칠지어다!

짐 골

인카운터스 네트워크,
기도 폭풍(Prayer Storm),
컴패션 액트(Compassion Acts),
베스트셀러 작가

❋ 들어가는 말

예수님, 예언자의 표본

대선지자들(예레미야, 이사야, 다니엘, 엘리야, 에스겔)은 우리에게 친근한 다른 수많은 선지자들(호세아, 요엘, 아모스, 오바댜, 요나, 미가, 나훔, 하박국, 스바냐, 학개, 스가랴, 말라기), 그리고 더 많은 사람들처럼 구약성경을 통해 우리에게 말한다.

하지만 이들을 모두 가장 위대한 선지자 예수 그리스도를 가리킬 뿐이다.

> 옛적에 선지자들을 통하여 여러 부분과 여러 모양으로 우리 조상들에게 말씀하신 하나님이 이 모든 날 마지막에는 아들을 통하여 우리에게 말씀하셨으니 이 아들을 만유의 상속자로 세우시고 또 그로 말미암아 모든 세계를 지으셨느니라 이는 하나님의 영광의 광채시요 그 본체의 형상이시라 그의 능력의 말씀으로 만물을 붙드시며 죄를 정결하게 하는 일을 하시고 높은 곳에 계신 지극히 크신 이의 우편에 앉으셨느니라(히 1:1-3)

신약성경에서는 오직 한 권(요한계시록)만이 예언서로 간주된다. 나머지 책들에서는 오직 소수의 선지자들만이 언급되어 있다. 빌립에게는 여선지자인 네 명의 딸들이 있었다(행 21:8-9 참조). 그들에 대해서는 그다지 많은 것이 기록되어 있지 않다. 아가보는 주목할만한 예언자로서, 당시 예루살렘에 임할 큰 기근을 예언하여 예루살렘이 이에 대비할 수 있도록 했다(행 11:28 참조). 후에 그는 바울의 허리띠를 취하여 자신의 손을 묶는 예언적 몸짓을 행하기도 했다. "여러 날 머물러 있더니 아가보라 하는 한 선지자가 유대로부터 내려와 우리에게 와서 바울의 띠를 가져다가 자기 수족을 잡아매고 말하기를 성령이 말씀하시되 예루살렘에서 유대인들이 이같이 이 띠 임자를 결박하여 이방인의 손에 넘겨 주리라 하거늘"(행 21:10-11).

디모데전서 2장 7절에서 바울은 "이를 위하여 내가 전파하는 자와 사도로 세움을 입은 것은 참말이요 거짓말이 아니니 믿음과 진리 안에서 내가 이방인의 스승이 되었노라"라고 말한다. 하지만 신약성경에 나오는 다른 많은 지도자들처럼 바울의 전 사역 역시 비범한 예언적 계시들에 의해서 시작되고 인도되었다. 유다와 실라는 바나바와 바울과 함께 선교 여정에 동행했다. 예루살렘에서 열린 중요한 회의에 참석한 후에, 그들은 이방 교회들에게 서신을 전달하라는 사명을 받았다. 사도행전 15장 32절에서 "유다와 실라도 선지자라 여러 말로 형제를 권면하여 굳게" 했다고 나온다. 그러나 이 구절이 중요한 의미를 지니더라도, 그들의 메시지 가운데 단 한 가지라도 성경에 인용되었거나 그들에 대한 다른 설명이 나와 있지는 않다.

이들 신약의 선지자들 가운데 예언자로서 예시된 사람은 아무도 없다. 유일하게 예수 그리스도만이 있을 뿐이다. 그분이 우리가 주목해야 할 필요가 있는 유일한 분이다. 그리스도인들에게 예언의 표본은 예수 그리스도이시다. 다른 선지자들은 그들이 말하는 모든 것에 있어서 성령께 의지한다. 구약의 언약 아래서 성령은 특정한 시간과 특정한 사람들에게만 기름을 부었다. 언약의 시작과 함께 성령은 모든 사람들에게 항상 임재할 수 있다.

하나님께서는 구약의 한 선지자를 통해 "그 후에 내가 내 영을 만민에게 부어 주리니 너희 자녀들이 장래 일을 말할 것이며 너희 늙은이는 꿈을 꾸며 너희 젊은이는 이상을 볼 것이며"라고 말씀하셨다(욜 2:28). 하나님은 그분의 아들 예수 그리스도를 통해 그 말씀을 완성하셨다. 그리고 예수님은 백성에게 말씀하셨다.

> 명절 끝날 곧 큰 날에 예수께서 서서 외쳐 이르시되 누구든지 목마르거든 내게로 와서 마시라 나를 믿는 자는 성경에 이름과 같이 그 배에서 생수의 강이 흘러나오리라 하시니 이는 그를 믿는 자들이 받을 성령을 가리켜 말씀하신 것이라 예수께서 아직 영광을 받지 않으셨으므로 성령이 아직 그들에게 계시지 아니하시더라(요 7:37-39)

예수님께서 영광 받으신 후에, 마침내 그 약속은 오순절이 되어서 성취되었다(행 2장을 보라). 그분께서는 그분의 영을 백성들에게 불어넣으셨고 교회의 몸을 창조하셨다.

그런데 그것은 만기일이 없는 약속이다. 성경 어디에서도, 그리고 교회사 속에서도 예수님께서 그분의 성령을 특정한 기간 동안만 보내시고(예를 들어, 마지막 남은 제자가 사망할 때까지라든지), 그런 후에 성령께서 이 세상을 떠나실 거라고 언급된 곳이 없다. 그런데도 사람들은 성령은 신약 시대의 교회가 스스로 성장할 능력을 갖출 수 있도록 도와주고, 사람들이 교회를 이끌 수 있도록 충분히 준비되면 교회를 떠날 것이라고 생각했다.

잘못된 개념이 우리를 사망에 이르게 한 것이다. 하나님께서 새로운 것들을 시작하실 때마다, 우리는 어린아이 같이 "좋아요. 아버지, 이제 우리가 다 할 수 있다고요"라고 말한다. 그리고 나서 우리는 성령을 실제로 경험한 사람들에 대해 책을 쓰고 기념비를 세우지만, 더 이상 성령을 경험하는 우리 자신의 삶을 살지 않는다. 우리는 하나님께서 모든 육체에게 성령을 지금도 부어주시기를 원하신다는 사실을 믿지 않는다.

그분의 아들 예수 그리스도의 삶에서 지속적으로 보였던 하나님 자신에 대한 계시와 함께 예언적 삶의 모든 주제가 시작되고 종결된다는 사실을 주목하라.

예언의 은사가 오용되었는가? 물론이다. 하나님의 말씀 또한 오용되지 않았던가? 우리는 은사를 받은 사람들의 유효한 예언적 사역이 동시에 오용하는 것을 보아왔다. 그렇다면 이 모든 것들을 우리가 몽땅 버려야 한다는 말인가?

잘못을 지적하고 돌을 던지는 대신 바르게 예언하는 것을 배우자. 그것이 진정한 하나님의 사역일 때, 바른 예언적 사역은 너무나도 은혜롭고 아름답다. 예언을 무시하는 대신, 예언을 회복하여 사람들을 일으켜 세우자. 수동적으로 겁을 내는 대신, 짓누르는 영을 던져버리고 우리의 첫사랑(주님이신 예수님)과 오늘날 이 땅 위에서 그분의 대리자로서의 우리의 높은 부르심을 회복하자.

예언의 은사에 대한 부정적인 잠재성을 이야기하는 대신, "내 양은 내 음성을 알고…"라고 말씀하신 목자와 개인적 관계를 통해 얻게 되는 혜택에 대해 이야기해보자. 당신은 그분의 양들 가운데 하나인가? 당신은 그분과 교통하고 있는가? 당신이 그분과 대화하고 싶은 만큼이나 그분께서는 간절히 당신과 대화하고 싶어 하신다.

예언, 모퉁이 돌 은사

나는 예언이 교회의 모퉁이 돌이 되는 은사라고 믿는다. 이 은사를 통해, 교회의 기초 가운데 가장 중요한 "산 돌(Living Stones)" 중 하나인 시몬 베드로는 예수님이 누구신지를 선언했다.

예수님은 그분의 제자들에게 질문하시는 것을 좋아했다. 예수님께서 하루는 그들에게 마태복음 16장 13절에서 "사람들이 인자를 누구라 하느냐?"라고 물으셨다. 그들은 사람들이 그분을 죽었다 살아난 세례 요한이나, 혹은 예레미야나 엘리야와 같은 선지자들 중에 하나라고 생각하는 것 같다고 말했다. 그러자 마태복음 16장 15절에서 예수님께서는 그들에게, "그렇지만 너희는 나를 누구라 하느냐?"라고 물으셨다. 침묵이 흘렀다. 그때 시몬 베드로가 한 발을 앞으로 내디뎠다. 성령의 감동을 받은 베드로는 "주는 그리스도시요 살아 계신 하나님의 아들이시니이다"(마 16:16)라고 말했다.

> 예수께서 대답하여 이르시되 바요나 시몬아 네가 복이 있도다 이를 네게 알게 한 이는 혈육이 아니요 하늘에 계신 내 아버지시니라 또 내가 네게 이르노니 너는 베드로라 내가 이 반석 위에 내 교회를 세우리니 음부의 권세가 이기지 못하리라(마 16:17-18)

예수님께서는 베드로의 개인적인 운명에 관하여 예언적 선포를 하고 계신다. 예수님께서는 베드로에게 성령님께서 예수님에 대하여 계시하신 내용을 큰 소리로 외쳐서 다른 제자들이 듣기를 원하셨다.

전반적으로 베드로는 예언학과에서 후한 점수를 땄다. 그러나 우리 가운데 대부분이 그렇듯이 베드로 또한, 위의 선언 직후 예수님께서 자신이 죽게 될 것이라는 말씀을 하셨을 때, "주여 그리 마옵소서 이 일이 결코 주께 미치지 아니하리이다"(마 16:22)라고 불쑥 말을 내뱉어 낙제점을 받기도 했다. 그러자 예수님께서는 그를 돌아보시며 말씀하셨다. "사탄아 내 뒤로 물러 가라 너는 나를 넘어지게 하는 자로다 네가 하나님의 일을 생각하지 아니하고 도리어 사람의 일을 생각하는도다"(마 16:23).

얼마나 대조적인지! 이 일을 정말로 같은 사람이 했단 말인가?

만약 당신이 이 이야기 전부를 읽었다면, 베드로가 이 사건으로 인해 실패하거나 화형을 당하지 않았다는 것을 알고 있다. 또한 베드로가 예수님이 십자가에 못박히신 후 예수님을 부인했다고 영원히 버려지지 않았다는 것을 알고 있다(마 26:74-75를 보라). 예수님은 죽으시고 다시 살아나신 후, 특별히 베드로를 방문하셨다(요 21장을 보라). 그분은 베드로가 그의 남은 생애를 하나님의 친구로서 살 수 있도록 모든 방법을 다 동원해서라도 그를 회복시키길 원하셨던 것이다.

밤에 베드로와 다른 몇몇의 제자들이 고기 잡으러 갔었다. 예수님께서 떠나신 후, 베드로와 다른 제자들은 고기를 잡는 것 외에는 어떤 일을 해야 할지를 몰랐다. 그들은 모두 어업에는 전문가였지만 그날 밤은 일이 잘 되지 않았다. 그들은 밤새도록 고기를 잡으려고 시도했으나 새벽까지 빈 그물을 끌어당기고 있었다. "더 이상 어떤 일도 제대로 되지를 않는군. 물고기도 없고, 수입도 없고, 제자로서 실패한 것에 연이어 이제 나는 어부로서도 실패자로구나."

바로 그때, 호숫가에서 홀로 있던 정체불명의 사람이 그들을 불렀다. "거기, 무엇을 좀 잡았나요?"

"아니요," 그들이 대답했다.

그 이름 모를 사람은 마치 그들이 모르는 것을 알기라도 하다는 듯 그들에게 배의 우편에 그물을 던지라고 말했다. 좋다. 그렇게 해본다고 한들 우리들이 잃을 것이 무엇이란 말인가? 그 즉시, 그들은 너무나도 많은 물고기들을 잡아 올렸고, 그것은 예수님께서 처음으로 베드로를 부르셔서 예언적으로 그의 운명에 대해 선포하셨던 동일한 형태의 기적의 반복이었다(눅 5:1-11을 보라). 문득 베드로는 호숫가에서 그들에게 말했던 그분이 바로 예수님이라는 것을 깨달았다. 그는 '첨벙' 물속으로 뛰어들었고 그분을 맞이하고자 해변으로 헤엄쳐 갔다.

함께 아침 식사로 생선을 먹으면서, 그리고 더 많은 일련의 질문들을 통해서 주님께서는 베드로와 주님과의 관계를 회복하시려고 했다. 그리고 베드로에게 그분의 양(그분의 백성)을 계속하여 먹여야 하는 임무를 부여하심으로써, 베드로의 본래적인 부르심을 완성하도록 하셨다. 처음 예수님께서 베드로를 제자로 부르셨을 때, 그분은, 마태복음 4장 19절과 마가복음 1장 17절에서 "나를 따라오라 내가 너희를 사람을 낚는 어부가 되게 하리라"라고 말씀하셨다. 이제 성령님을 의지하게 된 베드로는 겸손하게 그 사명을 감당할 수 있게 되었다.

베드로의 삶은 갈수록 흥미가 더해가는 개인적인 예언에 대한 이야기이다. 당신과 나는 베드로의 뒤를 잇는 제자로서, 그의 경험을 듣는 것은 도움이 된다.

예수 그리스도의 계시

당신도 볼 수 있듯이, 으뜸가는 예언적 계시는 모두 예수 그리스도에 관한 예언이다. "예수 그리스도의 계시"는 또한 성경의 마지막 책을 가리키는 이름이며, 그 책의 첫 장, 첫 구절에 쓰여 있다.

예수 그리스도의 계시라 이는 하나님이 그에게 주사 반드시 속히 일어날 일들을 그 종들에게 보이시려고 그의 천사를 그 종 요한에게 보내어 알게 하신 것이라 요한은 하나님의 말씀과 예수 그리스도의 증거 곧 자기가 본 것을 다 증언하였느니라(계 1:1-2)

요한계시록은 참으로 놀라운 책이다. 기이한 광경이 그려진 부분들과 이에 대한 사람들의 반응이 묘사된 부분을 제외하면, 이 책은 단순히 예수 그리스도에 대한 계시다. 그것은 예수님의 위엄과 예수님의 능력, 예수님의 인격, 그리고 우리가 그분을 신뢰한다는 의미에 대한 상세한 계시다. 확실하게, 이 책은 예수 그리스도가 우리가 따라야 할 유일한 표본임을 보여준다. 그분은 '예언'의 영역을 포함한 모든 영역에서 첫째 가는 분이시다.

만약 당신이 예언에 순종하기 원한다면, 당신은 그분께서 말씀하신 모든 것을 실천할 것이다. 만약 당신이 주님이신 예수 그리스도를 존귀케 하기 원한다면, 당신은 그분의 음성에 청종할 수 있다. 그분의 음성에 귀 기울이고 그분을 따름으로써, 그분을 닮은 사람으로 변화되어 있을 것이다. 당신이 더 많이 그분을 닮아갈수록, 당신은 다른 사람들에게 그분을 증거할 수 있다. 그리하여 그분의 메시지를 말과 행동으로 표현할 수 있게 된다. 이 말은 당신이 직접 예언자로서의 삶을 살게 된다는 것을 의미한다. 당신은 성경에 기록된 모든 예수님의 말씀을 이해할 수 있는 사람이 될 것이다. 당신의 성경에 기록된 예수님의 말씀이든지, 단지 오늘 아침 예수님께서 당신의 귀에 속삭이신 말씀이든지, 당신은 예수님께서 하신 모든 말씀 하나 하나에 주위를 기울이는 사람이 될 것이다. 그분께서는 당신에게 말씀하실 것이고, 당신이 어떻게 해야 하는지를 말씀해 주신다. 주님께서 우리에게 주신 아름다운 약속 가운데 요한복음 14장 26절에는 "보혜사 곧 아버지께서 내 이름으로 보내실 성령 그가 너희에게 모든 것을 가르치고 내가 너희에게 말한 모든 것을 생각나게 하리라"고 하셨다.

    사람들은 하나님께서 교회 안에 오직 특정한 사람들만을 예언자로 세우셨다고 이해하고 있으며, 극히 소수의 사람들만이 자신들을 그와 같은 부류로 간주한다. 이 책에서 나는 모든 사람들이 새롭고 온전한 예언적 가능성 안으로 들어갈 수 있는 길을 열기 원하며, 수많은 성경적이고도 역사적인 배경을 제공할 것이다. 또한 동시에, 예언 사역을 위한 안전 장치들과 실제적인 방법들을 설명할 것이다. 예언적 은사의 사용은 마치 숨을 쉬는 일만큼이나 자연스러운 것이어야 한다. 왜냐하면 우리는 하나님의 호흡인 성령님으로 차고 넘쳐흐르기 때문이다.

당신은 예언자이다

The Prophetic Made Personal

01. You Are Prophetic
당신은 예언자이다

　　　　　　　　　　예언 사역은 마치 뭔가 이상한 엘리트주의자들의 사역인양 곡해되었다. 이것은 아마도 이 사역이 마치 영적인 전문가들에게만 해당되는 별난 영역쯤으로 보였기 때문일 것이다. 그러나 하나님의 말씀 역시 때로 선동적으로 과장되어서, 의사소통을 하거나 좋지 않은 상황으로 잘못 인도된 것도 사실이다. 결과적으로 '예언'은 그 신뢰성을 잃어버렸다.

　이 왜곡된 상황을 개선하기 위해 나는 두 요소를 전제하려고 한다. 예언 사역은 우리와 주님이신 예수 그리스도와의 개인적인 관계를 말하는 것이며, 하나님께서는 그분의 성령을 모든 육체에게 부으시기 원하신다. 하나님 안에 포함된 그 무엇이 있다면, 그것은 바로 계시의 은사다. 우리들 가운데 많은 이들이 수년 동안 계시의 은사가 무엇인지 모른 채 살고 있다. 계시의 은사는 우리에게 주어진 약속의 일부다. 일단 우리가 하나님의 성령으로 거듭나면, 우리는 성령님을 느끼기 시작한다(요 3:8을 보라).

예언적, 계시적 경험들은 모든 사람들을 위한 것이다. 예수님께 속한 그 누구라도 영으로, 그리고 다양한 방법으로 그분과 교통한다. 당신 자신의 삶을 회상해보라. 그분께서 당신과 어떻게 의사소통했는지를 볼 수 있는가? 당신은 하늘로부터 실제로 귀에 들리는 소리라든가 아주 극적인 음성을 듣지는 못했을지 모르지만, 그분께서 당신을 인도하셨고, 보호하셨으며, 혹은 당신을 돌보아주셨던 방법들을 볼 수 있을 것이다.

당신이 그분을 따르는 한, 당신은 그분의 음성을 듣는 것과 그분의 인도를 따르는 것에 대해 더 많이 배우게 될 것이다. 또한 당신은 교회와 개인적 사역에 있어서 예언의 역할에 대한 이해가 자랄 것이다. 하나님은 성경 말씀을 통해 당신의 일상의 삶을 실제적으로 인도하여 예언적 교육을 시작하실 것이다. 그리고 당신은 누구이든지, 그리고 어느 곳에서 살든지, 하나님의 왕국의 제사장이요 예언자(벧전 2:9를 보라)라는 것은 분명한 사실이다.

은혜의 시행

오랜 세월 동안, 하나님께서는 각기 다른 방법으로 은혜를 베푸셨다. 하나님께서는 천지를 창조하실 때 자신을 직접적이고 장엄하게 드러내셨다. 그 후, 하나님과 사람들 사이의 옛 언약 아래서 그분의 은혜의 시행이 바뀌었다. 수천 년 동안, 그분은 특정한 개인들을 통해 자신을 표현하신 것이다. 예언적 기름 부음은 구별된 특정한 예언자들과 제사장들에게만 국한되었다. 그들이 예언할 때에 하나님께서 그들과 함께 하셨다. 평범한 사람들은 이런 경험을 전혀 갖지 않았다. 그리고 하나님의 말씀이 희귀할 때에는 긴 공백 기간이 있었다(삼상 3:1을 보라).

그러자 예수님께서 오셨고, 그분은 우리를 전혀 새로운 은혜로 이끄셨다. 오순절 성령 강림 이후부터 하나님의 성령께서 모든 믿는 자들 안에 거주하심으로 말미암아 모든 신자는 기름 부음을 받을 수 있었다. 오늘날 우리는 새 언약의 연장선상에서 하나님의 은혜와 주권적인 섭리 가운데 살고 있다.

성령의 모든 현상들은 동일한 하나님을 의미하는데, 그것은 모든 현상들이 곧 하나님의 본질에 대한 서로 다른 표현을 우리에게 보여 주기 때문이다. 그것들은 서로를 허물거나 대체하지 않는다. 서로를 세운다. 구약은 오늘의 신약과 상응한다.

감사하게도 우리에게는 구약의 계시들을 신약의 계시들 못지않게 연결하는 멋진 교량 역할을 하는 히브리서가 있다.

> 옛적에 선지자들을 통하여 여러 부분과 여러 모양으로 우리 조상들에게 말씀하신 하나님이 이 모든 날 마지막에는 아들을 통하여 우리에게 말씀하셨으니 이 아들을 만유의 상속자로 세우시고 또 그로 말미암아 모든 세계를 지으셨느니라 이는 하나님

의 영광의 광채시요 그 본체의 형상이시라 그의 능력의 말씀으로 만물을 붙드시며 죄를 정결하게 하는 일을 하시고 높은 곳에 계신 지극히 크신 이의 우편에 앉으셨느니라(히 1:1-3)

구약에서 율법에 대한 강조는 신약에 와서 다른 것으로 대체되지 않고 완성되었다. 당신이 새로운 시각으로 신약과 구약 모두를 읽을 때, "이것이 바로 이런 의미였구나. 이 모든 것들이 가리키는 것은 하나님이다"라고 말할 수 있다. 하나님께서 창조하신 모든 것들은, 태초로부터 말씀해 오신 분, 그리고 오늘도 여전히 말씀하시는 분이신 하나님의 말씀에 의해 붙잡힌 바 되었다.

"내 양은 내 음성을 알고"

당신은 하나님과의 관계에서 예언적이어야만 한다. 로마서 8장 14절과 시편 100편 3절에서 "무릇 하나님의 영으로 인도함을 받는 사람은 곧 하나님의 아들이라", "여호와가 우리 하나님이신 줄 너희는 알지어다 그는 우리를 지으신 이요 우리는 그의 것이니 그의 백성이요 그의 기르시는 양이로다"라고 이에 대해 명확히 밝히고 있다.

만약 당신이 하나님의 성령에 의해서 이끌림 받고 있다면, 당신은 하나님과 교통하고 있는 것이다. 만약 당신이 '그분의 한 마리 양'이라면, 당신은 그분의 음성을 들을 때 그 음성을 알게 될 것이다. 요한

복음 10장 27절에서 예수님께서, "내 양은 내 음성을 알고"라고 말씀하셨을 때, 그것은 단지 달콤한 은유법이 아니었다. 진정한 양은 그 음성을 알아듣는다는 것이다. 양들은 목자의 음성과 다른 음성을 구분할 수 있다.

한번은 내가 이스라엘에 있을 때, 베들레헴 외곽에 있는 불모지의 한 우물곁에 있었다. 한 목자가 우물 뚜껑을 열고 그의 양무리에게 마시우기 위해 물을 끌어올렸다. 나와 함께 있던 내 친구는 자신이 전에도 동일한 장소에서 이와 같은 장면을 본 적이 있었다고 말했다. 그 친구는 아주 큰 무리의 양들이 몰려와서는 목이 마른 상태에서, 드문드문 나 있는 갈색을 띤 초록색 덤불들을 뜯고 있는 모습을 봤다고 했다. 그런데 한 사람이 그 무리에게로 와서 아주 특별한 소리를 냈다. 그것은 매우 커다란 후두음이었고 의미가 있는 단어도 아니었다. 양무리 가운데 반 정도가 그를 바라보더니 그의 주변으로 몰려들었지만 나머지 반 정도의 무리는 전혀 미동도 하지 않았다고 한다. 그들은 그대로 고개를 숙인 채, 먼지 속에서 먹이를 뜯고 있었다. 그때 또 다른 사람이 와서 다른 종류의 특정한 소리를 냈다. 그 나머지 양들은 그 소리를 알고 있었다. 그들은 머리를 들고 무리를 지어 그 사람의 주위로 몰려들었다고 한다.

보라, 양들은 그들이 속한 목자의 음성을 알고 있었던 것이다. 그들은 다른 목자를 쫓아가지 않았다. 그들의 귀는 특정한 소리에 훈련되었고, 그들에게 있어 그 소리 외의 다른 소리는 무시해야 할 소음이었다. 양들은 다른 사람의 음성은 자기 목자의 음성이 아니기 때문에 따르지 않는다. 어린 양들은 성장한 양들을 따르기 마련이고, 성장한 양은 목자의 음성을 알고 좇는다.

우리는 예수님의 보혈 안에 있는 새 언약을 통해 그분의 초장의 양들이 되었다(고전 11:25를 보라). 예수님 자신이 목자이시며, 교회의 머리이시다. 공동체인 '양 무리'는 개개인이 모여 구성된다. 주님께서는 공동체의 각 개인을 돌보심으로써 전체 교회를 돌보신다. 우리는 그분의 음성을 듣는 다른 이들과 함께 생활할 때에도 스스로를 향한 하나님의 음성을 들을 수 있다.

"하나님께서는 주님의 모든 백성이 예언하도록 하지 않으셨던가!"

우리는 요엘서에서 예수님께 "예"라고 말한 모든 개인에게 어떻게 성령이 쏟아 부어질 것인지를 설명하기 위해 오순절에 베드로가 사용한 구절을 발견한다.

> 그 후에 내가 내 영을 만민에게 부어 주리니 너희 자녀들이 장래 일을 말할 것이며 너희 늙은이는 꿈을 꾸며 너희 젊은이는 이상을 볼 것이며 그 때에 내가 또 내 영을 남종과 여종에게 부어 줄 것이며(욜 2:28-29)

요엘의 시대적 배경을 고려할 때, 이것은 혁명적인 선언이었다. 그 당시에는 성령님의 축복이란 오직 선택 받은, 소수의 사람들만을 위해 예비된 것이었다. 그 예외 중 하나가 모세와 그와 함께한 칠십 인의 장로들에게 있었다.

> 모세가 나가서 여호와의 말씀을 백성에게 알리고 백성의 장로 칠십 인을 모아 장막에 둘러 세우매 여호와께서 구름 가운데 강림하사 모세에게 말씀하시고 그에게 임한 영을 칠십 장로에게도 임하게 하시니 영이 임하신 때에 그들이 예언을 하다가 다시는 하지 아니하였더라 그 기명된 자 중 엘닷이라 하는 자와 메닷이라 하는 자 두 사람이 진영에 머물고 장막에 나아가지 아니하였으나 그들에게도 영이 임하였으므로 진영에서 예언한지라 한 소년이 달려와서 모세에게 전하여 이르되 엘닷과 메닷이 진중에서 예언하나이다 하매 택한 자 중 한 사람 곧 모세를 섬기는 눈의 아들 여호수아가 말하여 이르되 내 주 모세여 그들을 말리소서 모세가 그에게 이르되 네가 나를 두고 시기하느냐 여호와께서 그의 영을 그의 모든 백성에게 주사 다 선지자가 되게 하시기를 원하노라 (민 11:24-29)

모세는 하나님의 음성을 들을 수 있는 유일한 사람이 되는 것에 지쳤다. 하나님의 음성을 듣는 것이 좋다는 것을 그는 알고 있었고, 누구든지 그분의 음성을 듣는 자는 변화된다는 것도 알았다. 만약 하나님의 모든 백성이 예언자가 된다면 그날은 정말 놀라운 날이 될 것이다.

주님의 음성을 들을 때, 당신은 경이로움과 두려움으로 가득 찰 것이다. 주님의 음성은 당신을 곧게 세울 것이다. 하나님께서 당신에게 말씀하시는 것을 듣게 될 때, 그분의 음성은 당신을 일으켜 세우기도 하고 당신을 쓰러뜨리기도 할 것이다. 그것은 당신을 강화시키기도 할 것이며 겸손케 하기도 할 것이다. 주님에 대한 경건한 두려움은 명확한 도덕적, 영적, 그리고 관계적인 영역도 포함한다.

그러므로 오순절에 하나님의 성령이 전례 없이 부어졌을 때, 베드로는 초기 예언들을 언급했다. 오순절에 일어났던 것은 요엘서의 예언을 생동감 있게 완성했다. 백 이십 명의 지극히 평범하게 보이는 사람들이, 그들이 한 번도 배우지 않았던 언어로 유창하게 말했다. 그들은 진리를 선포하며, 하나님의 왕국을 선포했다. 그리하여 베드로는 놀라운 설교를 전파하기 시작했고, 자신이 사람을 낚는 어부가 될 것이라고 말했던 그 예언을 성취하는 현장에 수천 명의 사람들이 무슨 일이 일어나고 있는지를 알아보기 위해 달려왔던 것이다. 베드로의 설교 후에, 그들은 "우리가 어찌할꼬?"라고 말하며 스스로 강단 앞으로 나아갔다(행 2:37을 보라). 그날, 단지 한 편의 설교가 선포되었을 뿐인데 삼천의 '물고기들'이 왕국의 그물 안으로 들어왔다.

이것은 시대를 걸쳐 지속되었다. 그렇지만 대부분의 교회는 성령의 신학을 잃어버렸다. 그 이유는 성령 신학의 중심에서 벗어난 사람들 때문이다.

은혜의 시행에 대한 우리의 반응

이제 잃어버렸던 것을 되찾기 위해 우리에게 필요한 것은 하나님의 음성을 들으려는 마음과 순종하려는 의지다. 빈스 롬발디(Vince Lombardi)는 이렇게 말했다. "승리는 전부가 아니고 유일한 것이다." 우리는 교회 안에서 그 말을 이렇게 바꾸어야 할 것이다. "하나님의 음성을 듣는 것은 전부가 아니고 유일한 것이다."

어떤 사람의 음성을 듣는다는 것은 곧 그 사람과의 관계에 기초한다. 만약 당신이 배우자나 친구를 불러서 많은 말을 했는데, 상대방은 당신의 말을 한 마디도 알아들을 수 없었다면 이것을 과연 관계가 있다고 할 수 있을까? 당신은 진정한 대화를 이끄는 데에 실패했을 뿐 아니라, 아마도 상대방 또한 당신을 거부하게 될 것이다.

하나님과 건강한 관계를 맺고 그 관계로부터 유익을 얻고자 한다면, 당신은 수동적이어서는 안 된다. 당신은 하나님께서 당신에게 하실 말씀이 있다는 것을 믿고 당신의 마음은 하나님께로 향해야 한다. 우리가 잘 알고 있는 말씀이 이것을 잘 말해준다.

> 내 아들아 네가 만일 나의 말을 받으며 나의 계명을 네게 간직하며 네 귀를 지혜에 기울이며 네 마음을 명철에 두며 지식을 불러 구하며 명철을 얻으려고 소리를 높이며 은을 구하는 것 같이 그것을 구하며 감추어진 보배를 찾는 것 같이 그것을 찾으면 여호와 경외하기를 깨달으며 하나님을 알게 되리니(잠

2:1-5)

다르게 말하면, 당신은 그분에게서 듣기 위해서 당신의 귀를 그분께 바짝 기울여야 한다는 것이다.

> 딸이여 듣고 보고 귀를 기울일지어다 네 백성과 네 아버지의 집을 잊어버릴지어다 그리하면 왕이 네 아름다움을 사모하실지라 그는 네 주인이시니 너는 그를 경배할지어다(시 45:10-11)

당신이 그분께 더 가까이 갈수록, 당신은 그분께서 말씀하시는 것에 더욱 순종하게 된다. 일단 당신이 그분의 음성에 익숙해지면, 당신은 순종에 대한 책임감이 더욱 강해진다. 내가 그랬듯이, 불순종에는 아무런 보상이 없고 다음 기회에 순종하기 위해 은혜를 구할 수밖에 없다는 것을 알게 된다.

하나님의 음성을 듣는다는 것은 초자연적인 것이며, 당신은 그분의 음성을 듣는 것과 순종하는 것에 있어서 하나님의 은혜가 필요하다. 당신은 이미 그런 노력을 해왔을 수도 있으나, 더욱 매진하기를 바란다. 하나님이 함께하시면 모든 것이 풍성하다.

하나님께서는 불가능한 것을 하도록 당신을 부르셨다

하나님께서는 당신이 이미 알고 있는 것에 대해서는 말씀하지 않으시며, 스스로의 힘으로 할 수 있는 것을 하도록 부르시지는 않는다.

그 이유는 하나님은 당신과 하나님과의 관계를 발전시키기 원하며, 그것은 반드시 믿음과 신뢰 위에 세워진 관계이기를 원하기 때문이다. 당신은 다른 사람의 믿음에 기대서 살 수 없다. 당신은 하나님과의 교제를 지속시킬 필요가 있으며 그분과 대화할 필요가 있으며, 그리고 그분께서 당신에게 말씀할 때 그것을 들어야(숨을 들이마시는 예언)할 필요가 있다.

당신은 귀에 들리는 육성으로 그분의 음성을 듣지는 못할지도 모른다. 그분 역시 모든 말씀을 "주께서 이르시되"라고 시작하지는 않으신다. 때로는, 그분은 신음이나 눈썹을 올리는 것과 같은 방법으로도 교통하시며 점점 더 당신은 그분의 음성이 무엇인지를 배우게 될 것이다. 당신은 어떤 일을 하기 전에 그분의 음성을 기다리는 법을 배우며, 그분께서 당신에게 무엇인가를 하라고 말씀하실 때 즉각적으로 반응하는 것 또한 배우게 될 것이다. 때로는 그분께서 말씀하신 것이 이해되지 않을 것이며, 특별히 그분께서 비유적으로 말씀하실 때는 더욱 그럴 것이다. 다른 때에는 그분께서 당신에게 말씀하신 것이 너무나도 이치에 닿아서 말씀이 당신의 마음을 녹여버리기도 할 것이다. 그분은 기묘의 신이시며 지혜의 신이시다. 그리고 그분은 그분의 풍성함을 당신과 나누기 원하신다.

하나님의 음성을 듣고 순종의 결과로 인해 당신은 한계상황에 처하게 될 수도 있다. 당신은 불편함에 처하기도 하여 심지어 핍박을 받을 수도 있다. 그러나 그것은 가치 있는 일이 될 것이다.

핍박이 시작되었을 때 초대교회는 어땠을 거라고 생각하는가? 그들은 경이적인 성장과 놀랄만한 조화를 즐겼다. 아나니아와 삽비라의 충격적인 죽음과 권세자로부터의 질책과 채찍질을 제외하고는 수천 명의 사람들이 치유 받았고, 자신들의 삶을 서로 함께 나누었으며 복음을 전파했다.

> 믿는 무리가 한마음과 한 뜻이 되어 모든 물건을 서로 통용하고 자기 재물을 조금이라도 자기 것이라 하는 이가 하나도 없더라 사도들이 큰 권능으로 주 예수의 부활을 증언하니 무리가 큰 은혜를 받아… 하나님의 말씀이 점점 왕성하여 예루살렘에 있는 제자의 수가 더 심히 많아지고 허다한 제사장의 무리도 이 도에 복종하니라(행 4:32-33; 6:7)

> 사울은 그가 죽임 당함을 마땅히 여기더라 그 날에 예루살렘에 있는 교회에 큰 박해가 있어 사도 외에는 다 유대와 사마리아 모든 땅으로 흩어지니라(행 8:1)

이 한 구절로는 개인과 가정들이 모든 것을 내려놓고 살기 위해 도망쳐야만 했던 것이 어떤 것이었는지를 다 그려낼 수 없다. 핍박과 강제적인 흩어졌음에도 불구하고 복음의 메시지는 널리 확산되었으며, 오래되지 않아서 예수 그리스도의 교회는 이방인들을 껴안았다. 믿는 자들은 계속해서 믿었고, 기도했으며, 성령님의 능력과 은혜 안에서 순종했다.

다소의 사울은 아마도 최악의 핍박자였으며, 당신은 그가 가장 늦게 회심할 것으로 예상했을 것이다. 그리고 그의 이야기는 초대 교회의 신자들이 얼마나 간절히 하나님의 음성을 들었었는지에 대한 단면을 우리에게 보여준다. 평범한 형제로서, 똑같은 이름의 아나니아(땅을 판 아나니아와는 무관한 것으로 보이는)가 하나님으로부터 예언의 말씀을 받았다.

> 그때에 다메섹에 아나니아라 하는 제자가 있더니 주께서 환상 중에 불러 이르시되 아나니아야 하시거늘 대답하되 주여 내가 여기 있나이다 하니 주께서 이르시되 일어나 직가라 하는 거리로 가서 유다의 집에서 다소 사람 사울이라 하는 사람을 찾으라 그가 기도하는 중이니라 그가 아나니아라 하는 사람이 들어와서 자기에게 안수하여 다시 보게 하는 것을 보았느니라 하시거늘 아나니아가 대답하되 주여 이 사람에 대하여 내가 여기 사람에게 듣사온즉 그가 예루살렘에서 주의 성도에게 적지 않은 해를 끼쳤다 하더니 여기서도 주의 이름을 부르는 모든 사람을 결박할 권한을 대제사장들에게서 받았나이다 하거늘 주께서 이르시되 가라 이 사람은 내 이름을 이방인과 임금들과

이스라엘 자손들에게 전하기 위하여 택한 나의 그릇이라 그가 내 이름을 위하여 얼마나 고난을 받아야 할 것을 내가 그에게 보이리라 하시니 아나니아가 떠나 그 집에 들어가서 그에게 안수하여 이르되 형제 사울아 주 곧 네가 오는 길에서 나타나셨던 예수께서 나를 보내어 너로 다시 보게 하시고 성령으로 충만하게 하신다 하니 즉시 사울의 눈에서 비늘 같은 것이 벗어져 다시 보게 된지라 일어나 세례를 받고(행 9:10-18)

하나님으로부터 예언적 메시지를 받을 수 있는 능력이 얼마나 중요한 것인지 당신은 아나니아 사건을 통해 깨달았는가? 그도 역시 위험을 직면하고서라도 하나님께 순종했어야만 하지 않았는가? 하나님께서 그에게 하라고 말씀하신 것은 몇 가지의 이유 때문에 불가능하게 들렸다. 그러나 그는 정확하게 들었고, 그것에 복종했다.

이것은 내가 보기에는, 낯선 이웃집에 가서 문을 두드려 냉대 받는 전도를 시행하는 것보다도 철저한 신앙을 보여준다. 그러나 아나니아는 하나님으로부터 들었고, 그는 자신이 보냄을 받았음을 알았다.

예수님께서 당신에게 무엇을 하라고 하시든지 그것을 행하라. 너무 많이 질문하거나, 두려움에 의해 망설이지도 말라. 가나의 혼인잔치에서 마리아가 하인들에게 했던 몇 마디의 말이 우리의 모토가 되어야 할 것이다. "너희에게 무슨 말씀을 하시든지 그대로 하라"(요 2:5).

예수님께서 기적을 일으키실 것이다

　예수님께서 가나의 혼인잔치에서 물을 포도주로 변화시키셨듯이, 그분께서는 당신처럼 평범한 사람을 사용하셔서 기적을 만드신다. 모든 창조적인 기적에서 볼 수 있듯이, 예수님께서는 소경을 고치시기 위해 흙에 침을 뱉으시거나, 물고기 두 마리와 보리떡 다섯 덩이를 받으셨던 것 처럼 평범한 어떤 것을 사용하셨다. 그분께서는 사람에게 말씀하셔서 그것에 반응하게 하셨고, 상호작용을 통하여 기적을 만드셨다.

　개인적인 예를 들어보겠다. 몇 해 전, 나는 애틀랜타 공항에서 비행기를 갈아타기 위해 기다리고 있었다. 나에게는 음식을 먹을 수 있는 시간이 있었고, 항공사 직원이 내가 가야 할 게이트가 A3라고 알려줘서 나는 A3게이트 옆에 위치한 식당을 찾았다. 식당은 사람들로 붐볐고 순서를 기다리는 사람들의 줄이 문밖까지 나와 있었다. 그곳에 가자마자 나는 그 직원이 작은 실수를 범한 것을 알게 되었다. 나는 A33게이트로 가야 했던 것이다. 그래서 나는 매우 서둘러야 했으며 마침 비어있는 의자를 하나 찾아 먼저 앉아있던 여자분에게 앉아도 좋으냐고 물었고, 그녀는 괜찮다고 말했다. 그래서 나는 앉아서 음식을 주문했으며 샌드위치를 먹고 있는 그 여인 곁에 앉아있었다. 그녀는 좋은 인상이었고, 60세 정도 돼 보였다. 나는 먹으면서, CNN에서 방영되고 있는 풋볼 점수를 보고 있었고, 또한 동시에 전화를 걸어 내가 착륙했을 때 누가 공항에 나와 줄 건지를 확인하고 있었다. 성령님은 내

머릿속의 이 모든 소음을 뚫고 말씀하셨다. "그녀에게 어떻게 지내느냐고 물어보아라."

충분한 시간이 없다고 느꼈지만 나는 말했다. "안녕하세요, 어떻게 지내시나요?" 그녀의 대답은 다음과 같았다. "음, 저는 캘리포니아에 살고 있는 딸을 만나러 가고 있어요. 저는 30년 동안 결혼생활을 해왔고, 남편은 군대에 있었지요. 우리는 세계를 돌아다니며 생활했었어요. 몇 달 전에 남편은 저에게, 그 모든 세월 동안 결코 저를 사랑한 적이 없으며, 그 동안 첩을 두고 있었다고 말했어요. 현재 우리는 이혼했고, 모든 소유를 팔았으며, 그는 은퇴했으며 남미에서 살 계획이지만, 나는 이제 어디로 가서 살아야 할지를 모르겠네요."

그녀의 삶은 완전히 산산조각이 났으며, 부서지고, 황폐해져 있었다. 나는 떠오르는 첫 번째 생각을 말했다. "아주머니, 하나님께서 당신을 사랑한다는 말을 하시기 위해 당신에게 저를 보내셨습니다." 그리고 90초 동안 나는 내가 사고를 당했을 때 하나님께서 나에게 어떻게 긍휼을 베푸셨는지에 대해 간증했다(그녀는 나를 바라봄으로써, 내가 겪은 사고가 작은 것이 아니었음을 알 수 있었다). 그리고 나서 그녀에게 말했다. "당신에게 일어난 일은 우연이 아닙니다. 하나님께서 당신을 돌보아 주실 것입니다. 예수님께서 당신을 사랑하세요." 나는 그녀에게 인쇄된 나의 간증문을 주었고, 전화번호를 주며 나중에 나에게 전화를 걸고 싶다면 전화하라고 말해주었다. 그녀는 소리 내어 흐느꼈고, 그녀의 마스카라가 흘러 내려 아름다운 스웨터에 얼룩이 묻었다.

나는 더 이상 시간이 없었다. 비행기를 놓치지 않으려면 그곳을 떠나야만 했다. 당시 나는 울고 있었다. 나는 그녀의 상황이 어떻게 진전되었는지는 모르지만, 내가 그녀에게 작은 소망과 회복할 기회를 주었다는 것을 알고 있다.

하나님께서는 게이트를 잘못 찾아간 실수를 사용하셔서 짧은 예언적 말씀을 전하도록 하셔서 누군가의 삶이 달라지게 하셨다. 우리가 이 일에 마음을 연다면 이와 같은 것은 더 많이 일어날 수 있다.

좋은 소식은, 하나님께서는 사랑이 많으시며 자비로우시다는 것이다. 그리고 그분은 우리의 주의를 요구하신다. 우리는 그분의 종이며, 그분은 우리가 무엇을 해야 할지를 우리에게 말씀하실 수 있다. 나는 그분께서 이 모든 방법을 사용하셔서 우리로 하여금 일하도록 하기 위해서 뿐 아니라, 우리가 그분의 음성을 들을 수 있도록 때때로 우리의 길을 막으시거나 우리를 힘들게 하신다고 생각한다.

하나님께서 당신을 교회의 한 부분으로 부르신다

개인적으로 우리는 교회라고 불리우는 예언적 섬김의 공동체에 소속되어 있다. 여기에서도 예수님은 우리가 따라야 할 본이 되신다. 그분께서 스스로를 모든 사람의 종이라고 부르셨기에, 우리는 모든 사람의 종이신 예수님을 섬기는 종들이다(요 13:12-16을 보라). 예수님은 왕 중의 왕이요 만유의 주님이지만, 그분은 모든 사람을 섬겨 종의 본이 되시려고 오셨다. 당신이 매우 큰 개인적인 사역을 가지고 있다고 생각할지라도, 가장 크고 위대한 사역은 모든 사람의 종이 되는 것이다.

우리가 따라야 할 본이신 예수님과 함께, 우리는 겸손히 뒤따르는 종들로서 함께 일하며, 하나님의 예언적인 인도 아래 공동의 목적을 위해서 성령님께서 우리를 이끄심으로 인해 섬긴다. 최고의 동기를 가지고 있다고 할지라도, 탈진에 이르기까지 우리 자신을 초점 없이 쏟아 부어서는 안 된다. 우리는 하나님에 의해 인도 받아야 하며, 개인적으로나 공동체로서 모두 순종해야 할 의무가 있다.

성경은 베드로전서 2장 5절에서, "예수 그리스도로 말미암아 하나님이 기쁘게 받으실 신령한 제사를 드릴 우리를 성령의 집으로 함께 지어져가는" '산 돌' 이라고 부른다. 우리 각자는 신적으로 부여된 부르심을 지니고 있으며, 그것에는 서로가 함께 지어져 가는 것이 포함된다. 우리가 다른 사람들을 만날 때, 우리는 그리스도의 형상으로 함께 변화될 것이며, 그분께 복종하는 삶을 살 수 있는 능력 안에서 성숙하게 될 것이다.

세상을 향한 우리의 메시지는 단지 말이나 글뿐이 아닐 것이다. 대부분의 영역에서, 그것은 우리의 변화된 삶과 기사와 표적을 통해 드러난 하나님의 사랑의 능력을 통하여 나타날 것이다. 하나님의 왕국은 선포와 증거를 통해 나타난다.

초대교회에 대한 또 다른 예가 있다. 예루살렘의 제자들은 바나바를 안디옥에 보내어 그들을 돕고자 했다. 성경은 그가 언제나 주님의 음성을 들었다는 것을 말해준다. 그의 방문이 좋은 결과로 나타났다는 것이 그것을 증명한다.

> 그가 이르러 하나님의 은혜를 보고 기뻐하여 모든 사람에게 굳건한 마음으로 주와 함께 머물러 있으라 권하니 바나바는 착한 사람이요 성령과 믿음이 충만한 사람이라 이에 큰 무리가 주께 더하여지더라(행 11:23-24)

잠시 후에 바나바는 다소로 가서 바울을 안디옥으로 데려온다. "만나매 안디옥에 데리고 와서 둘이 교회에 일 년간 모여 있어 큰 무리를 가르쳤고 제자들이 안디옥에서 비로소 그리스도인이라 일컬음을 받게 되었더라"(행 11:26).

대개의 사람들은 바나바의 이름이 그리스어로 '격려의 아들'이라고 말한다. 그러나 실제적으로 그의 모국어인 아람어로는 '예언의 아들'에 더 가깝다('바'는 '무엇의 아들'이고 '나바'는 '예언'이다).

바나바는 하나님의 음성을 듣고자 했으며, 그는 하나님의 생명으로 거듭난 안디옥의 새신자들이 하나님의 생명을 받아들이도록 하는 일에 너무나 성공적으로 삶을 살았기에 불신자들은 그들을 '그리스도인들' 혹은 '작은 그리스도들'이라고 부르기 시작했다. 안디옥 시민들은 신자들을 '예루살렘으로부터 온 무리'라던가 '유대인과 그리스인의 무리'라고 부르지 않았다. 그들은 그 사람들의 생활방식을 관찰했고, 그들이 예수님께서 하신 모든 일들을 하는 것을, 그리고 그것을 예수님의 이름으로 하는 것을 보았던 것이다. 그들은 말씀을 선포했고, 기도했고, 예언했고, 병자에게 손을 얹고 기도하여 고쳤다. 그들은 생명의 언어를 말했고, 서로를 사랑했으며 마치 예수님과 같았다.

그들은 하나님의 사랑, 능력, 그리고 열정을 표현하는 예언적 섬김의 공동체였다.

나도 이러한 공동체의 일원이 되기 원한다. 당신도 그렇지 않은가? 나는 모든 사람들을 축복하고 용감하고 사랑스러운 몸을 이루는 사람들의 한 부분이 되고 싶다. 안디옥의 초대 제자들이 그랬듯이, 내가 나의 주님이신 예수 그리스도를 성육신(incarnation) 한 것이라고 말하는 것은 지나치지 않다.

그렇게 하기 위해서 나는 예언적인 종이 되어야만 한다. 그분께서 원하는 것을 내가 할 때에, 나는 하나님의 음성을 듣는 방법을 더 배워야 한다. 나는 그분과 다른 사람들에게 겸손하고 복종하는 방법을 배울 필요가 있다. 그리고 나는 당신도 나와 함께 이 길에 동참하길 바란다.

기도

주님, 우리는 당신의 선하심을 손으로 느끼고 눈으로 보았습니다. 하나님의 나라를 확장하기 위해, 다른 사람들을 당신과의 완전한 관계 속으로 불러들이기 위해, 당신의 사랑을 표현하기 위해서 우리를 촉구하시는 그 무엇이 우리 안에서 불타오릅니다. 우리 각자가 모두 하나님의 나라에서 예언자가 된다는 것을 들을 때, 우리의 영이 약동합니다.

당신의 성령으로 우리의 심령을 채우시며, 당신의 고요한 음성을 들을 수 있는 우리의 영적인 귀를 열어주십시오. 우리는 마음을 다해 당신께로 집중합니다. 우리는 당신이 우리의 목자요, 안내자요, 그리고 보호자가 되시기를 원합니다. 우리의 집중을 방해하는 많은 소리들 가운데서 당신의 음성을 깨닫는 방법을 배우기 원합니다. 우리는 머뭇거리지 않고 완전하게 당신께 복종하기 원합니다. 바로 지금 우리는 우리의 믿음을 회복시켜서, 우리가 진정으로 산 돌들이 될 수 있도록, 그리고 교회의 한 부분으로서 당신의 살아있는 영과 함께 살아있는 개인들로서, 당신의 음성을 들을 수 있는 능력을 회복시켜 주실 것을 구합니다. 아멘.

The Prophetic Made Personal

예언적 교회의 풀어짐

The Prophetic Made Personal

02. Releasing the Prophetic Church

예언적 교회의 풀어짐

당신은 내가 극적인 방법으로 예언자의 길로 뛰어들었다고 말할지 모르겠다. 당신이 나의 간증이나 책《천국으로 떨어지다》(Falling to Heaven)를 이미 듣거나 읽었다면, 내가 스카이다이버였고, 끔찍한 비행기 사고로 인해 죽음 직전까지 갔었다는 사실을 알고 있을 것이다. 부러지고 불에 타버린 나의 육체는 가까스로 구출되었고, 나는 그 후 회복되기 위해 오년 반을 병원에서 보냈다.

이른 새벽 내가 살아있다기보다는 죽은 것에 더 가까웠을 때에, 나의 영이 육신을 벗어나 즉각적으로 영적인 세계로 들어갔다. 들어본 적이 없었지만, 나는 영적인 세계가 실제적인 세계라는 것과 내 영이 영적인 세계에 실제로 존재한다는 것을 알았다. 그 세계의 색상들은 생생했다. 시간은 물리적 세계에서만 측량되는 것이기에, 영원에 대한 완전한 지각이 내게 있었다.

나는 어느 곳을 향해 여행하고 있었다. 거대한 공허와 흑암이 나를 조여 오는 것을 느꼈다. 그것은 마치 누군가가 어두운 방안에서 문을 닫고 있는데 실오라기 같은 한 줄의 빛만이 새어 들어오는 것과 같았다. 기분이 좋지 않았다. 나는 그곳에서 절대적인 공허와 완전한 부재(不在)를 느꼈으며, 영원토록 지속될 것임을 알았다. 어떤 형태의 빛도, 소리도, 움직임도 없었다. 오직 2센티미터 정도의 하얀 빛만이 남을 때까지 암흑이 나를 조이고 있었다.

나의 영은 내가 응급실에 실려 왔을 때 그랬던 것처럼 부르짖기 시작했다. "하나님, 죄송해요! 저에게 한 번만 더 기회를 주세요!" 내가 아무리 훌륭하고, 어떤 어려움 속에서도 스스로 극복할 수 있는 뛰어난 스카이다이버이고, 용감하고, 재물이 있고, 뛰어난 용모와 카리스마가 있을지라도 임박한 죽음 속에서 나는 아무것도 할 수 없었다. 내가 부르짖자마자 나는 아름답고 순수한 하얀 빛 안에 있었다.

어딘지는 모르지만 나는 그 빛 안에 있었다. 새 예루살렘이라든가 성도들을 만났었는지를 기억할 수 없지만, 내가 본 것은 하나님의 영광이었다. 그리고 그분의 임재 안에는 충만한 기쁨이 있으며, 그분의 오른손에 영원한 즐거움이 있었다(시 16:11을 보라). 그분의 영광은 황금의 액체와도 같은 발광체이며, 나의 앞과 위와 아래와 뒤편에서 영원한 빛을 발산하고 있었다. 그 빛이 나를 관통했다. 그것은 모든 것을 담고 있었다. 그것은 맥박치며 힘있게 빛을 발산했으며, 하나님의 모든 사랑으로, 그분의 모든 능력으로, 그분의 모든 권세로, 그분의 모든 위엄으로 반짝이고 있었다. 나는 하나님께서 영원토록 나를 돌보아주실 것이라는 것을 알았다.

나는 그곳에 머물고 싶었지만, 수년 후에 발생하게 될 이 땅에서의 미래의 일들을 보는 것임을 알았으며 그때까지 알지 못하던 사람들을 보았다. 나는 아내를 아직 만나지도 않았는데, 나의 아내 바바라를 보았다. 나는 어떻게 미국 안에 마약 범죄 현장이 펼쳐지는가와 그것이 얼마만큼의 공포를 가져오는지를 보았다. 한순간에 수년이라는 시간을 보았다.

아무런 설명을 듣지 못한 채 지구로 되돌아왔다. 그곳에 이르렀던 동일한 방법으로, 공간과 시간과 영적 세계의 영역을 여행하며 지구의 영역으로 되돌아온 것이다. 나의 영이 나의 몸 안에 정착하자, 나는 실제로 나의 영이 육신의 살을 밀어내고 들어오는 것을 느꼈다(커다란 나무에 달린 무성한 잎사귀들을 통과하여 불어오는 바람이 어떠할지를 상상해 보라) 나는 나의 눈으로 보기 시작했고(오직 한쪽 눈으로만 볼 수 있었다), 나의 귀로 다시 듣기 시작했으며, 놀랍게도 내가 말하는 소리를 들었다. 섭씨 41도의 고열이 내렸고, 처음으로 머리를 뉘고 잠이 들었다. 잠에서 깨었을 때, 나는 마치 평안의 바다 위를 표류하는 뗏목을 타고 있는 듯했다. 내 주위에는 거대한 의학기구들과 매우 진지한 모습의 의사들과 간호사들이 나를 들여다보고 있었다. 그저 나를 아연실색하게 하는 이 평안 속에 잠겨있었다.

나는 여전히 매우 위중한 상태였고 죽은 자나 다름없었다. 마치 차에 치어 죽은 사람처럼 말이다. 나는 한쪽 눈을 실명했고, 두 다리 모두 불구가 되었으며, 뇌손상을 입었고, 식도에는 구멍이 났다. 의료진들은 심각한 나의 상태를 염려하며 내가 죽어가는 것을 측정하고, 확인하고, 기다리고 있었다.

 그 후 한 달 정도 후에도 나의 상태는 여전히 심각했는데 중환자실의 어떤 환자가 포도상구균에 감염되어 중환자실의 모든 환자를 이동시켰다. 만약 내가 감염이라도 된다면 나는 죽게 될 것이기 때문이었다. 의료진은 나를 위해 1층에 임시로 중환자실을 만들었다. 어느 날, 한 남자가 자신의 성경책을 들고 복도를 쿵쾅거리며 걸어와서는 나의 방에 멈춰 섰다. 그는 자신을 소개하며 나를 위해 기도해도 되겠느냐고 물어왔다. 그리고는 나에게 성경을 읽어주었다.

 그가 성경을 읽기 시작하자(어느 부분이었는지는 모른다), 내 뱃속에서 무언가가 요동치기 시작했다. 그가 하나님의 말씀을 말하기 시작하자마자, 나는 요동치기 시작했다. 내가 너무나도 심하게 움직였기 때문에 침대 곁의 금속 손잡이가 침대 틀에 부딪히며 소음을 냈다. 내 속에서는 말이 형성되고 있었으며, 바로 그때, 마치 화산처럼, "나는 목사나 그와 같은 사람이 되어야만 하겠어. 나는 거듭났어"라고 내뱉었다. 자, 이것은 기독교 방송을 시청하기 전의 일이고, 나의 배경의 그 무엇도 나에게 '거듭나다'라는 단어를 제공해줄 만한 것이 없었다.

 그 남자는, "진정하세요, 마음을 가라앉힐 수 없겠어요? 내가 간호사를 불러올 테니 좀 조용히 계세요. 이제 걱정하지 말고요"라고 말했다. 그리고는 사라져버렸다. 안타깝게도 그 남자는 자신이 나를 너무 흥분시켰다고 생각했던 것이다. 나는 다시는 그를 보지 못했다.

 실제로 발생한 일이 무엇이었는가 하면, 하나님의 말씀이 읽혀지자, 내 안에 있던 하나님의 영이 흥분했으며 나는 예언을 하게 되었다. 이 예언은 내 머리에서 나온 것이 아니라 바로 내 영이 하나님의 말씀을 들을 때 내 안에서부터 그 말들이 나온 것이다. 그리고 내가 회복하여 병원을 떠나기까지는 아직도 겪어야 할 고통이 남아있었지만 내가 말한 예언은 진리였다. 오늘날 나는 바로 '목사나 그와 같은 사람' 인 것이다.

나의 길고 긴 회복과 사회 복귀 치료 과정 중에 나는 이 사건과 관련된 일을 말할 수 있는 사람을 아무도 알지 못했다. 일차적으로, 나는 회복하는 것을 염려하고 있었지만 이 시기를 통해 나는 나와 하나님과의 관계에 대하여 배우고 있었다. 나는 사람들이 이러한 방법으로 하나님의 음성을 듣는 것이 보편적인 것인 줄 생각했지만, 그것에 관한 식견은 가지고 있지 않았다.

그러나 나는 당신이 그 시점에서는 내가 하나님께 실제로 쓸모 있는 사람이 아니었다는 것을 알기 원한다. 내가 교회의 일원이 되기까지 나는 그분께 쓸모 있는 사람은 아니었다.

당신은 반드시 장소를 가지고 있어야 한다

하나님과의 놀라운 경험을 한 수많은 개인들이 있지만, 단순히 그들이 자신들이 쓰임 받을 수 있는 장소에 있지 않기 때문에 그들이 주님과 그분의 왕국에 쓰임 받지 못하는 것이라고 나는 믿는다. 우리는 장소를 가지고 있어야만 한다. 우리는 지역교회라는 맥락에서 움직여야 한다.

바울이 고린도 성도들에게 보낸 첫 번째 서신에서, 그는 교회를 다양한 장기들과 지체들을 지닌 몸으로 묘사한다. 그 당시뿐 아니라 지금도 이 말씀은 진리이다. 우리 각자는 그리스도의 몸을 이루는 구성 요소이다. 우리는 함께 있어야 제 기능을 발휘할 수 있다. 서로를 떠나서 우리 각자는 다만 한 조각의 실험실 견본에 지나지 않는다.

당신은 그리스도의 몸의 또 다른 부분을 필요로 한다. 만약 당신이 예언자라면, 아마도 당신은 '입' 일 것이지만, 입 안의 모든 부분들(혀, 치아, 입술)과의 협력이 없다면, 당신은 하나님께서 당신에게 주신 말씀을 말할 수 없을 것이다. 몸의 나머지 부분들도 없다면 당신은 많은 것을 이루지 못할 것이다. 이것이 어쩌면 하찮게 들릴지 모르겠지만 사실이다.

지역교회는 주일 모임만을 위해 있는 것이 아니다. 교회는 관객을 위해 퍼포먼스를 하는 것이 아니라 성령님을 주고받는 살아있는 유기체가 되어야 한다. 하나님은 당신이 자신과 다른 사람을 비교하느라, 자신들의 은사들을 탐내느라 시간을 낭비하는 것을 원치 않으신다. 그분께서는 당신이 무엇이 되어야 할지를 발견할 수 있도록 도우실 것이며, 당신이 교회 안에서 성장할 수 있도록 도우실 것이다. 믿는 자들의 몸 가운데 당신의 위치를 발견함으로써 당신도 주고받기를 시작할 수 있도록 하라.

오순절 날에 성취된 요엘의 예언은 모든 사람이 성령으로 충만하게 될 것을 예언했다. "그 후에 내가 내 영을 만민에게 부어 주리니 너희 자녀들이 장래 일을 말할 것이며 너희 늙은이는 꿈을 꾸며 너희 젊은이는 이상을 볼 것이며"(욜 2:28). 당신도 알듯이 이 예언은 교회의 시초가 되었다. 결코 그 이전에는, 하나님의 특별한 허락 안에서, 하나님의 영이 이처럼 자유롭고 관대하게 주어짐으로 예수님께서 예언하셨던 것(이사야 선지자를 인용하여), "나를 믿는자는 성경에 이름과 같이 '그 배에서 생수의 강이 흘러나오리라' 하시니"(요 7:38)의 시작과 성취가 있지 않았다.

이제 모든 개인들은 성령님의 생수를 고갈되지 않도록 공급받는다. 성령님의 쏟아 부어짐은 어떤 새로운 것을 창조한다. 하나님의 사랑만으로 서로 묶여진 사람들로 이루어진 하나의 몸이 된다.

그분의 영의 내재함 속에서 성도들은 그분과 함께 사는 것을 배운다. 각각의 지체가 서로 떨어질 때, 생수는 흐르지 않고 침체되어 침전물이 되어 버린다. 서로 함께 그들은 왕국의 생명을 탐험하며 다른 사람들에게 그 생명을 소개할 수 있다. 흩어질 때, 그들은 길가에, 자갈밭이나 혹은 가시덤불에 실수로 심겨진 씨앗과도 같다(마 13:1-9을 보라). 각각의 지체들은 함께 성령님께서 각자에게 부여하신 성령의 은사들을 갈고 닦아 개발시키면서 하나님의 영의 인도를 받는 것이다. 흩어진다면 성도들은 이 땅 위에 임하는 하나님 아버지의 풍성함을 결코 깨닫지 못할 것이다.

각각의 교회는 가장 효율적이고 효과적으로 역할을 다 할 수 있도록 성령님의 모든 은사들이 필요하다. 무엇이 최고의 은사인가? 지금 가장 필요한 은사가 최고의 은사이다. 예언적 은사는 다른 은사들을 활성화시키고 자극하며 혹은 격려한다. 내게 있어 이것은 지난 수년 동안의 사역에 있어서 그렇게 보여 왔다. 단지 이 이유만으로도 예언의 은사는 중요한 은사인 것이다.

우리는 성령님의 은사들을 진열장 안에 수집해 놓아서는 안 된다. 은사들은 교회의 사역을 위한 도구들이며, 교회의 사역이란 곧 오늘날 세상 가운데서의 예수님의 사역이다.

예수님의 사역은 종종 그다지 매력적이지 않다. 목사는 종이라는 의미고 목회는 섬김이라는 의미다. 사람들이, "나는 사역을 하기 원합니다"라고 말할 때, 종종 사람들은 그 말을 이해하지 못한다. 그들은, "나는 종이 되기를 원합니다"라고 말해야만 할 것이다. 사람들이 사역을 시작할 때, 그들은 어떤 사역 기관으로 가서 자신들을 사역 기관 안에 플러그를 꽂는다. 그러나 그 대신, 주인께서 하기 원하시는 그것에 플러그를 꽂아야 하는 것이다. 내가 장담하는 바, 그분께서는 결코 그들에게 나가서 홀로 사역하라고 지시하지 않으신다는 것이다.

신약 교회는 사도행전과 서신서들에 정확하게 기록되어 있듯이 유기체로서 성장했다. 1대 1이든지 혹은 큰 무리의 모임에서든지 생명이 새로운 생명을 낳는다. 하나님은 각자 개인을 생기 있는 것으로써 존중하면서도 각자가 주고받을 때에 더욱 장대한 것을 완성한다. 그것이 그리스도의 신부를 의미한다.

하나님은 모든 교회가 예언적이기 원하신다

고린도전서 14장 1절은 우리에게 실제적인 충고를 준다. "사랑을 추구하며 신령한 것들을 사모하되 특별히 예언을 하려고 하라." 그러므로 당신에게 가장 먼저 요구되는 것을 당신이 간절히 원해야 한다. 당신은 단지 강단에 앉아 하나님께서 당신 안으로 계시를 다운로드해 주실 것이라고 소망할 수는 없다.

바울이 이 서신을 쓴 또 다른 이유는 교회를 위함이었다. 사람이 예언자가 되기를 사모할지라도, 그들이 예언의 은사로 그들의 형제들과 자매들을 사랑하고 섬겨야만 할 것이다. 당신은 운전면허증을 취득하듯 예언할 수 있는 면허증을 취득하지 않는다. 당신은 모든 자들의 위대한 종이신 그분의 음성을 들으며, 그리고 그분께서 당신에게 하라고 하신 것을 행하며 당신의 삶을 섬김 안에 내려놓아야 하는 것이다.

하나님은 당신이 오직 하나의 목적에만 집중하기를 원하신다. 그것은 다른 사람들의 덕성을 북돋아주고, 세워주는 것이다. 성경은 이렇게 말한다. "그러므로 너희도 영적인 것을 사모하는 자인즉 교회의 덕을 세우기 위하여 그것이 풍성하기를 구하라"(고전 14:12). 당신은 당신에게 예언해 줄 사람들이 필요하며, 당신의 머리를 계속해서 똑바로 들 수 있게끔 해주는 사람들이 필요하다. 또한 당신은 예언적 은사들이 풀려나가야 할 필요가 있는 사람들을, 즉 당신의 예언적인 공급을 전이해 줄 수 있는 사람들을 찾아야 할 필요도 있다.

하나님은 모든 교회가 영혼들을 구원하며 예배 안에서 열정적이기를 원하듯 모든 교회가 예언하기를 원하신다. 예언의 역할 중에는 다른 크리스천들을 활성화시키고, 자극하고, 그들이 성경적으로 예언할 수 있도록 도움을 주는 것이 있다. 이 역할은 그들이 다른 사람들 안에 있는 영적인 은사들을 활성화시키고 강화시키기 위해 자신들의 예언적인 은사들을 사용해야 한다는 것이다.

내가 이미 언급했듯이, 하나님은 실제적인 방법으로 우리 삶 가운데 지속적인 소통을 원하기 때문에, 크리스천의 삶은 예언적이어야 한다. 물어볼 것도 없이, 하나님께서는 모든 교회가 되살아나고 그분의 지시대로 섬기고 사랑하기를 원하신다.

예언적인 교회는 무엇과 같은가?

나는 모든 개교회들이 교단과 상관없이 예언하는 교회들이 되어야 한다고 생각한다. '예언이 활성화된 교회' 라는 것이 '괴상한' 것을 의미하지는 않는다.

그것은 단순히 교회가 성경 말씀을 포함하여 그분께서 하신 말씀에 의해서 동기부여 됨을 의미한다. (실제로 만약 당신이 예언의 말씀을 전달하고 있다는 것에 대한 확신을 원한다면 단순히 성경에서 찾을 수 있는 예수님의 말씀을 반복해서 읽으라.) 예언이 활성화된 교회란 곧 하나님의 기름 부으신 말씀에 의해 움직이는 교회이다.

그런 교회는 수많은 프로그램으로 인해 떠들썩하거나 소란스러울 필요가 없다. 예언적인 교회는 크거나 혹은 작을 수 있으며, 떠들썩하거나 혹은 조용할 수도 있다. 아주 많은 프로그램을 가질 수도 있고, 단지 몇 개만을 가질 수도 있다. 예언적 교회의 뚜렷한 특징은 교회가 무엇인가를 하기 전에 먼저 하나님의 말씀을 듣는다는 것이다. '예수님을 위한 조깅', '그리스도를 위한 가라데(태권도와 유사한 일본의 호신술)'와 같은 현명한 이름들을 붙인 프로그램들에 영감을 불어 넣어주시는가? 그러실 수도 있고 그렇지 않으실 수도 있다. 그분께서 일단의 무리를 일깨우셔서 밤새도록 금식하며 기도하게 하시겠는가? 그분께서 팀들을 준비시키고 파송하시겠는가? 그분께서 하고 계시는 일을 당신은 어떻게 알 수 있겠는가? 대부분의 경우, 당신은 그 일이 맺은 열매를 봄으로써 하나님의 뜻인지 알게 될 것이다. 또한 당신은 신자들 중의 특정한 지체가 건강한 신앙생활을 하고 있는지를 통해서도 알게 될 것이다.

그러므로, 건강한 예언적 교회는 과연 무엇과 같은가? 세부사항은 다양할 수 있겠으나, 건강에 대한 몇 가지의 특징적인 표시들이 있다.

여기에 중요한 사항이 있다. 나는 위에서 예언자들은 다른 사람들에게 덕을 끼치는 데에 중점을 둔다는 것을 말했다. 덕을 끼친다는 것은 '세운다'는 것을 뜻한다. 예언적인 교회는 언제나 사람들을 도덕적으로 그리고 영적으로 세운다. 다른 말로 하면, 예언적 교회는 덕을 끼치는 장(場)이다.

그와 같은 교회는 역동적이지만 허위나 속임수가 있지는 않다. 그 교회는 사랑과 빛 때문에 역동적이다. 당신이 덕을 끼치는 교회에 속해 있다면, 당신은 도덕적으로 그리고 영적으로 세움 받음을 느낄 것이다. 어쩌면 당신은 예배드리기에는 너무나 지친 상태로 교회에 들어올 수도 있지만, 그 문 안으로 들어온 이후로 무엇인가가 변한 것을 느끼게 될 것이다. 당신은 가르침과 권면, 목적의식, 공동체에 대한 인식으로 인해서 격려 받고 힘을 내어 집으로 돌아가게 될 것이다.

또 다른 특징인즉 예언적인 교회는 위로의 장소라는 것이다. 사람들은 언제나 주님과의 친밀한 관계 속에서 안정감을 찾게 되는데, 예언하는 것보다 더 그와 같은 관계를 만드는 것은 없다. 선지자들을 통하여 하나님께서는, "내가 너희와 함께 하노라. 너희는 나의 백성이니라"고 말씀하신다. 당신은 그것을 사람들의 말 속에서 찾을 수 있으며, 그들의 얼굴에서 볼 수 있을 것이다.

의심할 것도 없이 예언적인 교회는 비전적인 교회이다. 그 교회는 방향이 있으며 어느 곳으로든지 움직인다. 교회의 지체로서 사람들은 확실한 지시에 의하여 지켜야 하는 현실적인 단계들을 밟아 오르고 있다. 그들은 단지 마지못해 무엇을 하는 척하지 않으며, 그 누구도 흉내 내지 않는다. 그들은 각자의 고유한 목적지를 향하여 여행을 함께 한다.

예언적인 교회는 가상 비행기와 같지 않다. 이것에 대해 설명해 보겠다. 깜짝 놀라겠지만, 나는 지금도 비행을 좋아한다. 나는 그 사고 후에도 비행기에서 뛰어내렸었다. 나는 정말 스릴과 액션을 너무나도 좋아한다. 현대의 가상 비행기들은 몹시 정교하기 때문에 나에게 거의 실제와 같은 스릴을 안겨준다. 그들은 당신에게 가상의 날씨를 주고, 천둥, 번개를 치기도 하는데, 진동하고 흔들리기도 한다. 고도를 잃기도 하고, 항공 착빙되기도 한다. 그리고 '추락' 하기도 한다. 그렇지만 당신이 가상 비행기를 걸어 나오면, 어느 곳으로도 여행하지 않았다는 것을 알게 된다. 어떤 교회들이나 사역들은 이것과 같이 특수효과를 누리고 있기도 하다.

그렇지만 예언적인 교회는 실제로 움직인다. 교회는 어디로인가 가고 있으며, 그 안의 사람들은 목적지에 도달하기를 열망한다. 예언적인 교회의 지도자들은 두려움 없이 성도들을 약속의 땅으로 이끌어 간다. 지역 모임의 예언적 사명은 개인적이면서도 상호협력적이다. 서로를 향한 진정한 사랑을 보여주는 것은 각자의 삶을 위한 하나님의 목적들을 성취하도록 서로를 돕는다는 것을 의미한다.

예언적인 교회의 지도자들은 교회 안의 모든 은사들이 서로 협력해야 함을 알고 있다. 예언적인 교회란 협력하는 교회다. 교회의 다양한 부분들은 서로 협력 관계 안에 있게 될 것이고, 서로를 무장시키게 될 것이다. 교회의 정체성은 영혼구원이나, 성경 공부 혹은 예언에 관한 것만이 아닐 것이다. 실제로 각각의 은사들은 다른 사람들을 세워가기에 바쁠 것이다. 예를 들어 과거에 우리들은 예언자들과 목사, 교사들 사이에서 어느 정도의 갈등을 보았다. 건강한 예언적인 교회에서는 가장 강한 성격의 사람일지라도 동일한 주님께 모두 귀 기울일 것이며, 그들 모두가 같은 책에 기록될 것이다. 예언자로서 좋은 가르침 아래 앉아서 배움으로써 내가 얻은 혜택을 다 말할 수 없다. 주의하라, 나는 '가르침 아래 앉아서' 라고 말했다. 나는 하나님으로부터 받는 계시에 대해서 '내가 언제나 옳다'는 나의 권리를 포기해왔다. 나는 나를 책임져 줄 사람이 필요하다. 그것이 나에게 그리고 교회에게 좋은 것이다.

우리는 은사 경쟁을 하는 것이 아니다. 우리는 동일한 심포니에서 각기 다른 악기를 연주하는 것이다. 우리의 유일한 경쟁자는 우리를 나뉘고, 서로를 오해하도록 애쓰는 마귀다.

우리는 서로에게 축복과 능력을 나누어 준다. 나는 본성적으로 관리자는 아니지만 지난 팔년에서 십년 가까이 훌륭한 관리자들이 내 주위에 있었으므로 좋은 관리에 대해서 배웠다. 나는 나의 일차적인 은사들을 사용하기를 원하나 때로는 상황에 따라 관리하기도 한다. 나는 설교하고 기도하고 예언할 때 더욱 힘이 솟는다. 하지만 나는 하나님께서 그리스도의 몸된 지체들 안에 창조하신 고유성과 다양성과, 그 안에 세우신 서로를 보완하는 특성들을 감사드린다.

연합하면 서고, 나뉘면 무너진다

내가 스카이다이버였을 때, 나는 오직 스카이다이버들하고만 어울리길 원했다. 나는 스카이다이버들을 우상화했고, 내가 마치 엘리트 지도자 집단 중 한 사람인 것처럼 느꼈다. 그러나 예수 그리스도의 교회는 다양하게 뒤섞인 무리들이 있다. 우리 가운데 대부분은 예수님을 제외하고는 공통점이 없다. 우리는 각각 다른 계층에 있고 서로가 다르다. 우리는 정말 오직 주님 때문에 함께 있는 것이다. 그분께서는 우리 모두를 그분의 몸이라고, 그분의 가족이라고, 그분의 양무리라고, 그분의 신부라고 부르신다. 그분께서는 우리 모두를 사랑하시며, 우리가 서로를 사랑하며 감사할 수 있도록 만드신다.

지나온 수십 년간 교회는 굴곡을 지나왔다. 목회자들은 성도들을 실족케 했고, 그리스도인들은 서로에게 공격을 가했다. 때로 그것은 마치 교회들이 광야 가운데에서 방황하는 듯 보였다.

그럼에도 불구하고, 하나님께서는 신실하셨다. 이제 나는 우리가 한 고비를 넘고 있다고 믿는다. 그분과의 친밀함을 강조하며, 우리는 연합에 대하여 보다 더 많이 듣고 있다. 이것은 마치 웃는 얼굴을 하고 있는 사람들의 사진을 모아 붙여놓은 것 같은 위조된 연합이 아니다. 이것은 의로운 성품에 근본을 둔 연합이다. 하나님께서는 단지 상황에 대처하는 방식이 아닌 더 근본적이고 나은 방법을 생각하고 계신다. 그분께서는 우리를 다스리기를 원하신다.

당신이 다른 그리스도인과 진정한 연합을 이룰 수 있는 곳마다 신실함으로 그렇게 하라. 분열을 따르지 마라. 또한 당신이 거룩 안에서 성장할 수 있고 다른 사람들을 거룩 안에서 성장할 수 있도록 격려할 수 있다면 어떤 것이라도 하라. 거룩은 신앙심과는 관계가 없다. 거룩은 하나님의 은혜로부터 말미암는다. 그것은 그분의 임재 안에서 시간을 보냄으로써 당신의 영과 혼이 하나님으로 인해 각인될 때 나타난다.

연합된 심령으로 하나님의 사람들은 전례 없는 기도로 하나님을 찾고 있다. 그들은 주님과 함께 교통하고, 대화하며, 동행하고, 그분의 임재를 지속적으로 경험하는 개인적이고 친밀한 관계로 돌아가고 있으며 그것은 이전보다 더욱 성숙한 관점에서 비롯한다. 그리스도의 몸된 지체들은 내적이고 개인적인 축복 그 이상의 것을 갈구한다. 사람들은 진정한 부흥을 갈망하고 있다. 그들은 그들의 손을 녹일 수 있는 모닥불보다 더 뜨거운 것을 찾고 있다. 그들은 하나님을 위해 화염으로 전진하기 원한다.

예언적인 교회는 이 모든 것들을 온전히 행한다. 그들은 세상의 소리와 목자의 음성을 구분하여, 하나님께 속한다는 것의 참된 의미를 좇아가고 있다. 예수님께서 말씀하셨다.

> 내 계명은 곧 내가 너희를 사랑한 것 같이 너희도 서로 사랑하라 하는 이것이니라. 사람이 친구를 위하여 자기 목숨을 버리면 이보다 더 큰 사랑이 없나니 너희는 내가 명하는 대로 행하면 곧 나의 친구라(요 15:12-14)

올바른 종류의 교회

내가 병원에서 퇴원하고 교회를 다녔을 때 나는 견고하고 건강한 교회가 무엇인지에 대한 가장 기본적인 이해도 하지 못했다. 내가 선택한 교회는 '신약 교회', '성경의 신조를 따르는 교회'로서 스스로 자부심을 품은 교회였다.

이 교회는 바른 예배 팀과 행정을 하기 위해 열심히 일했으며, 우리는 바른 열매와 성령의 은사들을 발전시키는 것에 대해 이야기했다. 또한 우리는 모든 성도들이 우리 교회가 올바른 교회라는 것을 분명히 알기를 원했다.

그 교회는 전혀 나쁜 곳이 아니었다. 사실 우리는 매우 높은 영향력을 가지고 있었고 매우 헌신적이었다. 그렇지만 사람들은 교회가 예수님께 속한 것이라는 생각을 온전히 이해하지 않았다. 바른 교회에 대한 실마리를 찾기 위해 성경을 자세히 보면서 우리가 바른 것을 하고 있다고 생각했지만 정직하게 말해서, 우리는 협소한 시각을 가지고 있었다.

예언적인 교회 안에서는 예배를 평가할 때 발견할 수 있는 의로움의 증거, 행정적인 구조, 혹은 예배실에 앉아있는 잘 생기고 이상적인 인물을 찾을 수 없을 것이다. 예언적 교회에 대한 증거는 요한계시록 19장 10절의 "예수의 증언은 예언의 영이라"에서 찾을 수 있다.

예언의 영은 건강한 교회의 모든 특성들을 통합한다. 건강하고 예언적인 교회에서 예수님은 존귀케 되시며, 그분의 영은 자유롭게 운행하시고, 생명을 주는 하나님의 시냇물이 막힘없이 흐르며, 예수님을 닮는 것이 성취할 수 있는 목적이 되며, 그리고 모든 외적인 모습들이 그분의 형상을 닮는다. 사람들이 건강하고 예언적인 교회에 오면 그들은 예수님을 만난다.

예수의 영은 대언의 영이다. 그리고 예언적이든 아니든 교회의 증거는 사람들이 예수님께 배운 것으로 무엇을 하느냐에 달려 있다.

예수님께서는 제자들에게 두 아들을 둔 남자에 대한 이야기를 들려주셨다(마 21:28-31을 보라). 이 이야기를 현대적으로 표현하면 다음과 같다. "아들들아", 그 남자가 말했다. "오늘은 밖에 나가서 포도원 일을 하려무나." 그중 한 명이 말했다, "아버지, 나는 차라리 비디오 게임을 할래요." 그리고 그는 집 안에 머물렀다. 그런데 다른 아들은, "알았어요, 제가 갈께요" 라고 말했다. 하지만 결국 그는 가지 않았다. 잠시 후, 맏아들은 그의 마음을 바꾸고 아버지의 말씀에 순종하기로 했다. 그러나 순종할 것처럼 행동했던 아들은 전혀 그렇게 하지 않았다.

예수님께서는 어느 아들이 종국에 하나님의 뜻을 순종한 것이냐고 질문하셨다. 어느 아들이 올바른 교회의 모습을 보여주는가?

예언 - 개인적인 것인가 아니면 협력적인 것인가?

예언적인 교회는 유명한 예언적인 목사가 있다거나 혹은 아주 잘 알려진 '예언 학교'를 가지고 있다고 해서 스스로를 그렇게 부르지 않는다. 예언적인 교회는 누구의 거실에서도 모일 수 있고, 그 모인 곳이 생명으로 넘쳐흐른다. 예언적인 교회의 생명의 흐름은 생명 되신 주님의 말씀 그 자체이다.

그러한 환경에서는 예언자 개개인들이 두드러지게 드러나지 않는다. 모든 사람들이 다양한 방법으로 예언을 하지만, 그들은 한 교회에

속해 있으면서 각각의 예언자들은 교회에 기여한다. 그들은 독보적인 존재들도 아니며, 그렇다고 얼굴 없는 집단의 일원도 아니다. 그들은 모두 같은 목적 곧, 주님의 음성을 듣고 순종하기에 서로의 공로를 가치 있게 여긴다. 성령님의 생명이 전체 교회를 통해 흐른다.

예언을 하는 개인들은 종종, "나는 단지 하나님께서 나에게 하기 원하시는 그것을 하기 원할 뿐이에요"라고 말하지만 정작 결정을 짓는 것에는 힘들어 한다. 너무나 많은 사역에 눌려 그들은 아무 것도 하지 않는다.

다른 한 편, 어떤 사람들은 하나님의 음성을 그들 스스로가 들어야만 하고 오직 그들만이 해석해야 한다고 믿기 때문에 파선하게 된다. 그들은 마치 하나님의 말씀을 듣기 위하여 다른 모든 외부 자원들을 일축해버린다.

요한일서는 하나님의 음성을 듣기 위한 독자적인 접근을 뒷받침 해 준다.

> 너희는 주께 받은 바 기름 부음이 너희 안에 거하나니 아무도 너희를 가르칠 필요가 없고 오직 그의 기름 부음이 모든 것을 너희에게 가르치며 또 참되고 거짓이 없으니 너희를 가르치신 그대로 주 안에 거하라(요일 2:27)

다른 사람들이 무슨 필요가 있겠는가? 그냥 '그분 안에 머물고', 그분께서 당신이 알아야 할 필요가 있는 모든 것들을 당신에게 말씀해

주실 것이다. 그렇지 않겠는가?

그리고 만약 당신이 그분 안에 머물기를 원한다면 당신은 그분의 몸 안에, 교회 안에 머물게 될 것이다. 요한이 이것을 언급하기 전에 그는 자신이 그리스도의 몸인 믿는 자들에게, '자녀들에게', '아비들에게', '젊은이들에게' 이것을 말하고 있음을 분명히 적었다. 그러고 나서 그는 어떻게 적그리스도들을 구별할 수 있는지를 적었으며 그들이 누구인지에 대한 단순한 증거를 준다. 그들은 교회를 떠난 자들이다.

> 그들이 우리에게서 나갔으나 우리에게 속하지 아니하였나니 만일 우리에게 속하였더라면 우리와 함께 거하였으려니와 그들이 나간 것은 다 우리에게 속하지 아니함을 나타내려 함이니라(요일 2:19)

자, 이것은 교회를 떠난 모든 사람들이 적그리스도라는 의미가 아니다. 이것은 자신이 예언자라고 하면서 공동체적인 그리스도의 몸의 친교로부터 자신을 제외시킨 사람을 무조건적으로 신뢰해서는 안 된다는 것을 확실히 하고자 하는 것이다. 그리스도의 몸을 구성하는 다른 지체들의 확증과 균형 없이도 정확하고 지속적으로 하나님의 음성을 들을 수 있다고 기대해서는 안 된다.

하나님께서 당신에게 말씀하시고 당신을 인도하시는 가장 보편적인 방법은 교회를 통해서다. 물론, 모든 사람들은 하나님과의 개인적인 관계를 가질 필요가 있으며, 그 관계는 예언적이어야 한다. 하지만 하나님께서 당신에게 말씀하실 가장 일반적인 방법은 예언적인 가르침과 설교를 통해서, 예배를 통해서, 다른 누군가의 사역을 통해서, 그리고 환경들을 통해서이다.

순회하는 예언자들

순회하는 예언자들은 특별히 지역 교회에 정착하지 않고 이 교회에서 저 교회로 계속 이동하기를 원하는 사람들이다. 그들은 동료 그리스도인들과의 지속적이며 평범한 생활방식을 도외시하기로 선택한 사람들이다.

사람들은 지역 교회의 일원이 되는 것을 통하여 매우 실질적인 방법으로 속임수로부터 보호 받게 된다. 지구 전역에 걸친, 그리고 수천 년 동안의 위대하고 신비한 그리스도의 몸인 교회는 결국 개별적으로 세워진 지역 교회로 이루어진다. 지역 교회에서 사람들은 서로를 안다. 이들은 지리적으로 같은 영역에서 산다. 그들은 지역의 직장에 다니며, 그들의 자녀들을 지역 학교에 보내고, 서로의 집들을 방문한다. 그들은 단지 일주일에 한 번 정도의 모임에 참석하는 것으로 그치지 않는다. 그들은 인격적으로 서로를 알게 된다.

지역 교회라는 배경에서 예언적인 말씀을, 특별히 방향을 제시하는 말씀을 판단하는 것은 많은 요소들에 그 기반을 둘 수 있다. 순회 예언자들일 경우, 말씀을 받도록 의도된 자는 그 예언자가 얼마나 헌신

하느냐와는 거의 상관이 없다. 단지 그 예언자의 인격과 과거의 경험이 일반적인 것으로 받아들여진다. 교회 안의 다른 사람들에게 예언하는 사람은 '달리는 자동차처럼 지나가고 마는' 말씀이라든지 '뺑소니 운전자' 식의 예언을 선언할 수 없다.

나와 나의 아내 바바라처럼 사역을 위해 집을 떠나서 순방하는 것을 직책으로 삼는 예언자들은 어떠한가? 나는 당신이 한 장소에서 다른 장소로 옮겨 다니는, 컨퍼런스와 다른 모임에서 설교하고 예언하는 사람들이 독불장군과 같은 사람들이 아니라는 것을 발견할 것이라고 생각한다. 우리가 아는 모든 이들이 유사한 사역들에 있어서 튼튼한 지역적인, 그리고 지역 밖의 이 두 가지 모두와 관계를 하고 있으며, 또한 종종 동년배들에게 구체적인 의무를 행사하고 있다. 그들 가운데 어떤 이들은 좀 더 많은 회중들을 위해 그들의 모교회들로부터 파송되었을 것이다. 그들은 그들의 배우자들과 자녀들과 함께 그들의 가정 교회에서 많은 시간을 보내며, 사람들의 축복과 기도의 날개 아래에서 사역하고 있다.

예언적인 교회 안에서의 실제적인 훈련

하나님의 귀한 장로인 라티 맥도노우는 우리 가정이 속한 교회와 나와 나의 아내를 포함한 많은 사람들의 아버지이자 예언자이시다. 그는 다음과 같이 간결하게 말한다. "모든 사역들 가운데에서도 예언적인 사역은 실제적인 훈련이 필요합니다."

이 말씀은 사실이다. 예언자들은 그들이 사역하는 사람들에 대한 실질적인 훈련이 필요할 뿐 아니라, 일상적인 현실 속에 그들의 예언이 뿌리내리도록 하는 것이 필요하다. 그들은 헌신적이며, 자신들이 하나님께로부터 들은 음성을 해석하도록 도와줄 수 있는 믿음의 친구들과 함께 있으면서 실제적인 훈련을 받아야 한다. 예언자들이 그리스도의 몸인 교회와 연결되는 것은 그들에게 높은 안정성과 정확성을 준다.

주님 안에 머문다는 것은 주님의 양무리 가운데 머문다는 뜻이다. 성령님께서 교회에게 주신 모든 은사들은 그분의 몸인 교회에 주신 것이며, 교회에 의해서 평가되어야만 한다. 건강한 예언적인 교회란, 그들이 행하는 모든 것에서 주님께 인도함 받기를 추구하는 사람들의 모임이기 때문에 교회는 모든 사람들에게 예언적인 장소이다.

기도

아버지, 예언적인 사역이 '거듭나는' 일만큼이나 당신의 음성을 듣고 그리스도의 몸의 일부가 되는 것만큼이나 단순한 것으로 인해 감사드립니다. 또한 예언적 사역이 우리의 능력에서 크게 벗어난 신비한 것이거나, 사막의 동굴에서 살도록 강요받는 것 같은 어려운 일이 아닌 것으로 인해 감사드립니다.

사실상 우리의 개인적인 예언 사역들이, 예언적인 교회와 지역 교회에서 행할 수 있고 또 그래야만 한다는 것으로 인해 아버지께 감사드립니다. 우리는 그리스도의 몸에 심겨지길 원하며, 그곳에서 성장하고 번성하길 원합니다. 지역 교회들이 사랑으로 가득하고, 현명한 지도력과 건강하고 예언적인 교회가 되도록 축복하소서. 생명을 공급하시는 영으로서 축복하소서. 그들을 권면의 영과 위로와 비전과 협력, 그리고 당신의 아들 안에서의 진정한 연합으로서 축복하소서.

사람들이 지역 교회들을 방문할 때, 그들로 하여금 예수님을 만나게 하소서! 아멘.

계시와 믿음

The Prophetic Mule Personal

03. Revelation and Faith
계시와 믿음

가장 위대한 모험들이 성령님의 영역에서 발견될 수 있다. 내가 아이들과 놀아줄 수 있도록, 그리고 수영을 하고, 오토바이를 타고, 스카이다이빙을 하고, 나의 스키장비에서 불꽃이 튀길 만큼이나 빠르게 스키를 할 수 있도록 하나님께서 나의 몸을 회복시켜주신 것과 함께, 짜릿한 모험과 같은 성령님의 임재 가운데 머무는 짧은 순간을 나는 여전히 좋아한다.

당신이 나처럼 모험을 즐기는 사람이든지 아니든지, 하나님께서는 모든 유형의 사람들을 창조하셨으며, 성령님의 임재 안에서의 온전한 경험으로 사람들을 데려오실지를 알고 있다. 그분께서는 당신을 위해 그렇게 하기를 원하신다. 왜냐하면 공동체적으로든 개별적으로든 그분께 사람들이 진실로 중요하기 때문이다.

그분께서는 우리를 구속하시기 위하여 그분의 아들이신 예수 그리스도를 보내셨을 뿐 아니라, 그분의 뜻을 성취하시기 위해 사람들을 사용하려고 모든 것을 준비하셨다. 심지어 그분께서는 그분의 아들이 우리의 중재자가 되도록 세상에 보내셨다. 그 후에 그분께서는 모든 개인들에게 성령님을 직접적으로 보내셨다. 당신은 하나님께서 교회를 구성하는 사람들에게 믿음으로 위대한 일들을 할 수 있도록 힘을 주시고 무장시키신다는 것을 알 수 있다.

하나님께서는 사람들의 믿음을 통해 자신을 세상에 드러내신다. 그분의 영이 이 땅에 역사할 때에 나타나는 치유, 기적, 능력의 나타남, 예언은 믿음에 의해서 활성화된다. 그리고 그 믿음은 매우 사적이며, 일대 일의 관계적인 것이다. 그것은 마치 하나님께서 한 사람 한 사람의 손을 잡고 계시는 것과 같다.

어디에서 이런 관계적인 믿음이 오는가? 믿음은 계시의 영을 보내심으로써 우리가 그분이 원하는 것이 무엇인지를 명확히 알도록 돕는 분에게서 온다. 우리 스스로의 영감과 지혜로는 결코 충분하지 못할 것이다. 바울을 이렇게 말했다.

> 형제들아 내가 너희에게 나아가 하나님의 증거를 전할 때에 말과 지혜의 아름다운 것으로 아니하였나니 내가 너희 중에서 예수 그리스도와 그가 십자가에 못 박히신 것 외에는 아무 것도 알지 아니하기로 작정하였음이라 내가 너희 가운데 거할 때에 약하고 두려워하고 심히 떨었노라 내 말과 내 전도함이 설득력 있는 지혜의 말로 하지 아니하고 성령의 나타나심과 능력으로 하여 너희 믿음이 사람의 지혜에 있지 아니하고 다만 하나님의

능력에 있게 하려 하였노라(고전 2:1-5)

바울처럼, 아마도 당신은 오래 전에 당신이 가진 인간적인 능력이 하나님과 함께하는 삶이 원하는 것들을 충족시킬 수 없다는 것을 알게 되었을 것이다. 당신의 삶 속의 환경들을 통하여 하나님께서는 당신의 능력의 한계를 깨닫게 하신다. 그분께서 그렇게 하시는 것을 기뻐하라! 나는 약함과 두려움 가운데 당신이 무릎 꿇고 심히 떠는 것은 언제나 믿음으로 나아가는 첫 걸음이라고 생각한다. 주님께 부르짖음으로 하늘의 창들이 열린다. 하나님께서는 어떤 방식으로든 그분을 당신에게 나타내신다. 그분의 예언적인 계시는 언제나 당신의 믿음을 복구시키고 새로운 믿음에 불꽃을 피운다. 당신의 믿음은 기쁨이 가득한 힘과 승리의 모험들로 가득한 대로가 될 것이다.

불신앙으로부터 일어서기

당신은 성경에서 간질병 아들을 위해 애타게 치유를 구하는 아버지에 대한 이야기를 아는가? 분명히, 그 남자는 자신의 한계에 직면하였고 그의 가족이나 친구들의 능력 또한 한계에 이르게 되었다. 예수님의 동료인 제자들조차도 그를 도울 수가 없었다.

그러자 예수님께서 직접 나타나셨고(다른 말로 하면, 이 남자는 하나님으로부터의 방문을 받게 된 것이며, 그것이야말로 그가 받을 수 있는 최고의 계시였다),

예수님께서 그에게 그의 아들에 대해 질문하셨다. 그의 아버지는 소리 질렀다.

"귀신이 그를 죽이려고 불과 물에 자주 던졌나이다 그러나 무엇을 하실 수 있거든 우리를 불쌍히 여기사 도와주옵소서 예수께서 이르시되 할 수 있거든이 무슨 말이냐 믿는 자에게는 능히 하지 못할 일이 없느니라 하시니 곧 그 아이의 아버지가 소리를 질러 이르되 내가 믿나이다 나의 믿음 없는 것을 도와주소서 하더라"(막 9:22-24)

우리 각자는 그 간절한 아버지와 스스로를 동일시 할 수 있다. 왜냐하면 우리 또한 그와 같은 수준의 믿음을 가지고 있기 때문이다. 하지만 우리는 어떤 상황에 처해 있더라도 그것을 이겨내기 위한 믿음을 갖기 위해서 날마다 새로운 하나님 아들의 계시가 필요하다. 예수님께서 그 아버지의 애타는 호소에 근거하여(아버지 자신이 슈퍼맨이 될 필요가 없었다는 점을 주목하라.) 그 소년을 치유하시고 구속하신 것처럼, 예수님을 믿을 수 있는 능력을 달라는 간구에 근거하여 예수님께서는 당신과 나를 위해 오신다.

그분께서 돌보신다는 것을 스스로 증명하셨기에 우리는 그분을 신뢰한다. 그분께서 우리에게 자신을 드러내셨기에, 그리고 그 후로 계속하여 그분의 신실함을 증명하셨기에, 우리는 그분을 신뢰한다. 시간이 흐르면서 우리는 계시의 영에 의존하는 법을 배우고, 그것을 통해 믿음은 더욱더 전파된다. 하나님께서 우리의 믿음을 계속 성장시켜 주실 때 우리의 삶은 믿음의 도전이 된다.

아주 잘 알려진 지도자이며 교회 개척자인 한 사람이, 지저스 무브먼트(Jesus Movement: 예수 그리스도 운동: 젊은이들의 열광적인 무교회주의 그리스도교 운동 – 역자 주)가 있었던 시기에 자신은 사람들이 모든 것에 대해서 "하나님께서 나에게 이것을 말씀하셨어요", "하나님께서 나에게 저것을 말씀하셨어요"라고 말하는 그런 교회에서 성장했다고 말했다. 그는 그 모든 주장들이 전부 하나님께로부터 온 것일 수는 없다는 것을 알았다. 대부분의 사람들은 자신의 생각을 말할 때가 많았다. 그래서 그는 오직 문자로 적힌 성경 말씀에 충실하기로 했다.

그러다 보니 이미 그의 삶에서 많은 부분을, 심지어 불신앙의 견고한 진이 그것을 가로막도록 허락하는 지점까지 예언적인 사역을 방치하고 거절하면서 보냈다. 그런데 1980년대 말, 그는 기도 운동에 가담했으며 자신도 주님의 음성을 듣기 시작했다. 이제 그는 사람들이 진실로 하나님으로부터 음성을 들을 수 있다는 것을 발견하게 되었고, 그 사실을 아는 것이 그에게 매우 가치 있는 일임을 깨닫게 되었다. 위의 것들이 불신앙으로 가게 하는 흔한 이유이다. 사람들이 예언자들에게 문을 닫고 가로막는 데에는 이유가 있다. 하지만 하나님의 사랑은 결코 실패하지 않는다. 하나님에 대한 첫사랑을 회복하는 것을 중요하게 여기는 요즈음 우리는 하나님의 음성을 재발견하고 있다.

믿음이 없이는 아무것도 발생하지 않는다

　실행되지 않는 믿음은 아무것도 아니다. 믿음이 능동적으로 사용되지 않는 한, 나는 믿음은 존재하는 것이라고 말할 수 없다. 믿음이란 앞으로 전진하는 행동이다.

　당신은 하나님을 제외한 다른 많은 것들에 믿음을 가질 수 있다. 당신의 능력에 대한 믿음, 당신의 배우자나 목사에 대한 믿음, 당신이 먹는 음식에 대한 믿음, 당신이 교차로에 다다랐을 때, 다른 운전자들이 빨간 신호등에 달려오지 않을 거라는 믿음. 모든 종류의 믿음은 어떤 것에 대한 사전 지식, 이해력, 이해 차원의 정도에 따라서 시작된다.

　내가 이 장에서 말하고 있는 종류의 믿음을 실천할 수 있기 위해서는 하나님의 왕국에 대한 더 많은 이해가 필요하다. 다른 무엇인가가 당신에게 계시되어야 한다.

　믿음 안에서 살기 위해 당신은 하나님이 주시는 여러 가지 계시가 필요할 것이다. 당신은 때에 맞는 계시들이 필요할 것이다. 그 계시를 받기 위해서는 당신은 성령님과의 지속적인 관계를 가질 필요가 있다. 그럴 때 그분께서는 당신에게 수월하게 말씀하실 수 있다. 그분께서는 당신이 알아야 할 필요가 있는 것들을 보여주실 수 있으며, 그럼으로써 당신은 굳게 선 믿음 안에서 움직일 수 있다. 그분께서 당신에게 자신을 드러내실 때마다, 당신은 그분에 대해서 좀 더 알게 되며, 당신의 믿음이 좀 더 자란다.

　바울은 에베소 신자들이 지혜와 계시의 영을 받아 그들이 하나님을 더 잘 알게 되기를 기도했다.

> 우리 주 예수 그리스도의 하나님, 영광의 아버지께서 지혜와 계시의 영을 너희에게 주사 하나님을 알게 하시고 너희 마음의 눈을 밝히사 그의 부르심의 소망이 무엇이며 성도 안에서 그 기업의 영광의 풍성함이 무엇이며 그의 힘의 위력으로 역사하심을 따라 믿는 우리에게 베푸신 능력의 지극히 크심이 어떠한 것을 너희로 알게 하시기를 구하노라(엡 1:17-19)

그는 로마의 신자들에게, "믿음은 들음에서 나며 들음은 그리스도의 말씀으로 말미암았느니라"(롬 10:17)라고, 믿음이 없이는 아무것도 발생하지 않는다고 말했다. 히브리 신자들에게 보낸 편지의 작가는 히브리서 11장 6절에, "믿음이 없이는 하나님을 기쁘시게 하지 못하나니 하나님께 나아가는 자는 반드시 그가 계신 것과 또한 그가 자기를 찾는 자들에게 상 주시는 이심을 믿어야 할지니라"라고 썼다.

하나님은 주시는 분이시며 우리는 받는 자들이다. 그렇지만 하나님의 음성을 들음으로써 얻게 되는 믿음이 없이는, 우리는 한 가지도 받을 수 없다(롬 10:17을 보라). '하나님의 음성을 들음으로써' 라는 것은 계시와 동일한 것이다. 개인적인 계시에는 능력이 있다. 그것은 우리의 편견과 세계관을 바꾼다. 그것은 우리의 마음과 감정과 뜻을 변화시킨다. 예를 들어 나다나엘에게 무슨 일이 일어났는지 보자.

"네가 무화과 나무 아래에 있을 때에 보았노라"

예수님께서 결코 그분의 자연적인 눈으로는 나다나엘이 무화과 나무에 있었음을 볼 수 있을 만큼 근접하지 않았는데도 그에게, "너를 무화과 나무 아래에서 보았다"라고 말씀하셨다. 이로써 나다나엘은 자신의 냉소적인 불신앙에서 전적인 믿음으로 들어갔다. 다시 설명하면 예수님께서는 나다나엘에 대하여 그가 정직한 사람이라는 계시를 가지고 계셨고, 또한 그를 무화과나무 아래에서 보았노라고 그에게 말씀하셨을 때, 나다나엘은 예수님에 대한 즉각적인 믿음을 가졌다.

빌립이 나다나엘을 찾아 이르되 "모세가 율법에 기록하였고 여러 선지자가 기록한 그이를 우리가 만났으니 요셉의 아들 나사렛 예수니라"(요 1:45).

> 나다나엘이 이르되 나사렛에서 무슨 선한 것이 날 수 있느냐
> 빌립이 이르되 와서 보라 하니라(요 1:46)
>
> 예수께서 나다나엘이 자기에게 오는 것을 보시고 그를 가리켜 이르시되 보라 이는 참으로 이스라엘 사람이라 그 속에 간사한 것이 없도다(요 1:47)
>
> 나다나엘이 이르되 어떻게 나를 아시나이까 예수께서 대답하여 이르시되 빌립이 너를 부르기 전에 네가 무화과나무 아래에

있을 때에 보았노라(요 1:48)

나다나엘이 대답하되 랍비여 당신은 하나님의 아들이시요 당신은 이스라엘의 임금이로소이다(요 1:49)

예수께서 대답하여 이르시되 내가 너를 무화과나무 아래에서 보았다 하므로 믿느냐 이보다 더 큰 일을 보리라 또 이르시되 진실로 진실로 너희에게 이르노니 하늘이 열리고 하나님의 사자들이 인자 위에 오르락 내리락 하는 것을 보리라 하시니라 (요 1:50-52)

계시가 나다나엘의 믿음을 풀어냈다. 이것이 훌륭한 방법이다. 처음에 나다나엘은 어떤 믿음도 가지고 있지 않았었다. 그의 반응은 믿음으로 충만한 것이 아니었다. 그때, 예수님의 계시로 인하여 그의 믿음 계량기의 눈금 바늘이 불신앙으로부터 신앙으로 온전히 올라간 것이다.

다만 시작일 뿐임을 그에게 알리시면서 예수님께서는 나다나엘의 반응을 시발점으로 사용하신다. 누군가가 무화과 나무 아래 서 있는 것을 본다는 것은 지식과 계시에 대한 지혜의 말씀이자 계시의 짤막한 묘사이다. 그리고 예수님께서는 그의 삶을 마치시기 전, 나다나엘이, "하늘이 열리고 하나님의 천사들이 인자 위에 오르락 내리락 하는 것을 보리라"고 약속하셨다. 다른 말로 하자면, 장래에 나다나엘은 훨씬 더 위대한 계시들을 받을 수 있다는 것이다. 그리고 우리 또한 그 래야만 한다!

예수님의 말씀은 야곱이 하나님의 천사들이 하늘의 사닥다리에서 오르락 내리락 하는 것을 보았던 때를 기억하게 한다(창 28: 10-18을 보라). 모든 유대인들은 그 이야기를 알고 있다. 그리고 그것이 벧엘에서 일어난 일이라는 것을 안다. 벧엘이라는 이름의 뜻은 '하나님의 장소'이다. 하나님으로부터의 계시는 하나님의 임재 안에서, 하나님의 장소에서 발생한다.

믿음은 관계적이다

많은 사람들은 믿음을 기도 응답의 한 수단으로 여긴다. 그들은 믿음이 그들과 하나님과의 관계 안에 포함되어 있다는 사실을 간과한다.

당신이 하나님과 관계를 맺을 때, 그분께서는 당신에게 자신을 드러내시며, 당신은 하나님을 더 잘 알게 된다. 당신이 그분에 대해서 듣고 읽어왔던 것들이 문득 뚜렷해지면, 당신은 믿음을 얻게 된 것이다. 그러므로 믿음이란 관계적이며 계시적인 두 가지 측면이 있다.

믿음은 하나님의 왕국에 이르게 하는 열쇠이며, 또한 계시의 영은 믿음을 풀어준다. 계시가 없다면 우리는 허우적거리게 된다. 계시와 함께(종종 매우 단순한 단계에서 무화과 나무의 계시는 심오한 신학적 의미를 내포하지는 않는다), 우리는 밝아진 눈과 맑아진 심령의 믿음으로 일어서서 걷기 시작한다. 계시는 믿음을 점화시키고 불타오르게 한다. 계시는 혼돈된 세상에 얽매이지 않고 하늘의 뜻에 집중하도록 우리를 변화시킨다.

마태복음 16장 16절에서, "예수님께 주는 그리스도시요, 살아 계신 하나님의 아들이시니이다"라고 말했을 때, 시몬 베드로는 명확한 계시를 받았던 것이다. 예수님께서는 그 기회를 베드로의 삶의 방향을 바꾸는 것에 사용하셨다. 즉각적으로, 그분께서는 그의 이름을 '반석'이라는 뜻의 '베드로'라고, 처음 이름인 '듣다'라는 뜻을 지닌 '시몬'보다 강한 의미로 명명해주시며, 자신의 교회를 베드로의 살아 있는 믿음인 반석(rock-life faith) 위에 세우시겠다는 의도를 덧붙이셨다(마 16:18을 보라). 또한 그 즉시 예수님께서는, "내가 천국 열쇠를 네게 주리니 네가 땅에서 무엇이든지 매면 하늘에서도 매일 것이요 네가 땅에서 무엇이든지 풀면 하늘에서도 풀리리라"고 약속하셨다(마 16:19).

예수님께서는 그분이 교회를 세우는 것에 대해서 확실하게 말씀하셨다. 다시 말하면, 그분께서는 믿음의 경계선을 그분의 교회라는 근본 안에 세우셨고, 천국의 열쇠를 단지 베드로에게 뿐 아니라, 예수님의 이름을 부르는 모든 제자들에게 건네주신 것이다.

우리는 어떻게 천국의 열쇠를 사용하는가? 자, 열쇠의 기능을 생각해보자. 당신은 주머니 속에 지니고 다니는 열쇠들을 가지고 무언가를 열거나 닫으며 혹은 움직이게 하거나 정지시킨다. 그렇지 않은가? 만약 당신이 당신의 차 열쇠로 시동을 걸면 그 차는 움직이게 된다. 목적지에 도착하면 시동을 끄고 열쇠를 꺼내어 주머니에 다시 넣는다. 그리고 당신의 차는 다시 운전하고자 할 때까지 제자리에 정지되어 있다. 이것이 곧 천국의 열쇠를 작동하는 동일한 방법이다. 당신이 믿음으로 행할 때 천상과 지상 두 곳에서 모두 행동을 취하는 것이다. 믿음에 점화되어 다른 방법으로는 가능하지 않는 일들이 믿음을 통해서 발생하게 된다. 열쇠가 없다면 아무런 일이 발생하지 않을 것이다.

믿음은 차 열쇠들만큼이나 실제적이고 확고한 현실이다. 당신이 믿음을 눈으로 볼 수 없거나, 손으로 만질 수 없다고 할지라도, 믿음은 반석처럼 단단한 것이다. 나는 나의 의사와 자가용 운전사를 '신뢰' 한다. 나를 넘어뜨리지 않고 지탱해줄 의자의 힘을 나는 '믿는다.' 그렇지만 나는 성경을 읽으며, 히브리서 11장 1절에서 "믿음은 바라는 것들의 실상이요 보이지 않는 것들의 증거"라는 것을 발견한다. 믿음은 눈에 보이지 않으나 견고하고 확실한 것이다.

믿음은 소망을 현실로 전환시킨다. 불확실한 세상 가운데, 앞으로 5년 동안 무슨 일들이 발생할지 모를 것이다. 그러나 믿음으로, 하나님께서 우리와 함께 하신다는 것을 알고 있다. 수집할 수 있는 정보나 사실들이라고 불리는 것들을 신뢰할 수 없지만, 예수 그리스도 안에서 자신을 드러내시고 우리에게 매일 매일 자신을 계시하시는 하나님을 우리는 신뢰할 수 있다.

그분께서는 자신을 우리를 위한 믿음의 작가요 완성자로 일컬으신다(히 12:2를 보라). 하나님께서는 그림자 속으로 피하지 않으시고 행동하신다. 그분이 생명 그 자체이시다. 그분께서는 항상 계시를 통하여 우리에게 자신을 드러내신다.

당신은 더 많은 계시를 받음으로써 더 많은 믿음을 가지기를 갈망하는가? 아니면 항상 모든 것을 주관하시는 하나님께서 그분의 영원한 시간표에서 당신의 믿음을 완성하시도록 단지 기다려야 하는 것인가? 더 많은 계시를 받기 위해 당신이 노력하고 그것의 결과로써 인터넷으로 프로그램을 다운받듯이 믿음을 받을 수 있다는 것이 과연 가능한 것이란 말인가? 이것들은 간단한 질문들이 아니다. '미래'를 향한 소망이 있어야 '현재'에 강한 믿음으로 신뢰할 수 있다.

계시는 소망을 전이한다

현재시제 안에서 강한 믿음으로 신뢰할 수 있다 할지라도 당신에게는 미래시제의 소망이 필요하다. 히브리서 11장 1절을 다시 살펴보면 "믿음은 바라는 것들의 실상이요 보이지 않는 것들의 증거니." 당신의 믿음은 당신이 바라는 대상과 동일하지 않다. 믿음은 당신이 바라는 것을 성취하는 방편이다. 그러나 만약 당신이 어떤 것을 바라지 않는다면, 당신은 믿음을 사용하는 것을 꺼릴 것이다. 당신은 목적을 설정하지 않으면 어떤 것도 하지 않을 것이다.

소망에 대한 놀라운 한 예가 누가복음에 있는 세례 요한의 사역 가운데 분명히 나타났다. "백성들이 바라고 기다리므로 모든 사람들이 요한을 혹 그리스도신가 심중에 생각하니"(눅 3:15). 믿음은 소극적인 결의가 아닌 적극적인 기대이다.

성경은 골로새서 1장 27절 후반부에서, "너희 안에 계신 그리스도시니 곧 영광의 소망이니라"고 말씀하신다. 하나님의 계시의 영이 당신의 선택사항들을 보여주신다면 당신은 좀 더 흥분하게 된다. 이제 당신은 소망을 가지고 있고, 소망은 당신이 계속 집중할 수 있도록 도울 것이다.

당신의 소망은 기대 혹은 장래에 대한 갈망이며, 소망은 기다리는 것과 관계가 있다. 믿음은 당신이 어떻게 기다리느냐와 관계가 있다. 갈라디아서 5장 5절에 이러한 믿음과 소망의 관계가 잘 나타나 있다. "우리가 성령으로 믿음을 따라 의의 소망을 기다리노니"

내가 겪은 사고 후 성령에 의해서 천상의 영역으로 이끌림 받기 전에 나는 절망적인 상태에 있었다. 아무도 나에게 회복을 위한 소망의 속삭임을 주지 않았다. 의료진들은 나를 포기했었고, 나의 몸은 너무 손상되어서 도저히 내 스스로 소망이나 믿음을 불러일으킬 수 없었다. 하지만 하나님의 영광스러운 임재 안에서, 이 땅의 그 누구도 나에게 줄 수 없는 소망을 받게 되었다. 나는 내가 영원토록 보살핌 받게 될 것이라는 사실을 깨달으면서 세상으로 되돌아왔다. 장래에 있을 많은 도전과 어려움에 대한 믿음의 씨앗들을 지닌 채 말이다.

주 예수 그리스도에 대한 계시가 없이는 우리에게 그러한 소망이 있을 수 없다. 하나님의 영이 우리들 삶의 모든 교차로마다 우리와 함께 하신다. 그분은 우리와 함께 하시는 임마누엘의 하나님이시다. 그 여정이 길고 어둡게 보일 때에라도, 그분께서는 결코 실패하지 않으신다.

어떤 흑암도 지나치게 깊지 않다

주님께서는 당신이 가지고 있는 것보다 더 많은 믿음이 필요한 상황으로 변함없이 당신을 밀어 넣으실 것이다. 그때가 언제이든지, 그분의 능력에 대한 더 많은 계시들과, 그것들을 열 수 있는 더 많은 믿음을 그분께 요청할 것을 원하신다.

폭풍이 몰아치던 밤, 배 안에 있던 예수님과 제자들의 이야기는 이것을 완벽하게 묘사한다.

> 예수께서 무리가 자기를 에워싸는 것을 보시고 건너편으로 가기를 명하시니라(마 8:18)

> 배에 오르시매 제자들이 따랐더니 바다에 큰 놀이 일어나 배가 물결에 덮이게 되었으되 예수께서는 주무시는지라 그 제자들이 나아와 깨우며 이르되 주여 구원하소서 우리가 죽겠나이다 예수께서 이르시되 어찌하여 무서워하느냐 믿음이 작은 자들아 하시고 곧 일어나사 바람과 바다를 꾸짖으시니 아주 잔잔하게 되거늘 그 사람들이 놀랍게 여겨 이르되 이이가 어떠한 사람이기에 바람과 바다도 순종하는가 하더라(마 8:23-27, 눅 8:22-25)

이 폭풍은 작은 폭풍이 아니었다. 항해의 경험이 풍부했던 제자들이(그들 가운데 많은 이들이 예수님을 따르기 전에 전문적인 어부들이었다.) 두려움에 떨었다. 그들은 물에 빠질 것이라고 생각했다. 그들이 가지고 있던 물에 대한 경험으로는 지금이 위기라는 것 외에 다른 것을 생각할 수 없었다. 그런데 예수님께서는 그들에게 믿음이 없음을 꾸짖으셨다. 물론 그 과정에서 그들의 믿음이 성장되었다.

이 경험은 그들에게 새로운 경험이었다. 이 경험은 그들이 지닌 과거의 모든 경험들을 뛰어 넘는 것이었다. 예수님께서 그들이 다른 쪽으로 갈 것이라고 말씀하시면 그들이 실제로 다른 쪽으로 갈 수 있게 된다는 경험을 처음 배웠다. 또한 그것이 폭풍이 없는 여정을 의미하지는 않는다는 것도 배우게 되었다.

강한 폭풍이 올 수도 있고, 어쩌면 당신이 그 폭풍 한 가운데에 있게 될지도 모르겠다. 그렇지만 당신의 배가 폭풍의 파도에 밀려 떠다니고, 당신이 힘겨운 삶을 사는 동안에도 당신은 믿음을 가질 수 있다. 어쩌면 당신이 폭풍을 잠재울 수는 없겠지만, 그분께 도움을 부르짖을 수는 있을 것이다. 그리고 당신이 그 힘겨운 삶을 사느라 애쓸지라도 주님께서는 당신의 믿음을 끌어올리기 위하여 폭풍 이는 바다를 사용하실 것이다. 당신이 그분의 이름을 부른다면 (그분께서 주무시는 듯이 보일 때에라도), 당신은 필요한 도움을 받게 될 것이며, 다음에 동일한 폭풍이 다가올 때, 폭풍에 대한 공포로 인해 깊은 절망에 빠지는 경우는 좀처럼 없을 것이다.

계시와 믿음에 대한 장애물들

장담하건대, 나는 폭풍에 대해서, 그리고 당신이 계시와 믿음의 길을 가는 동안 얼마나 많은 장애물들이 있을 것인지 알고 있다. 잘못된 추측들, 질문들, 그리고 의심 외에도 당신은 상처와 모욕, 공격으로 시달릴 수 있다. 배 안에 있던 제자들처럼, 당신은 눈앞에 있는 것 외에 더 멀리 내다볼 수 없을 것이며, 다만 당신의 이전 경험들과 능력으로 생각할 수 있는 방법으로만 두려운 상황들을 평가할 수 있을 것이다.

물론 당신은 문제들이 닥쳐올 때 기도하는 대신 걱정하며 무엇을 해야 할 지를 헤아릴 수 없으며, 당신 자신에 대해서 냉혹하게 비판하기도 할 것이다. "내가 잘못된 결정을 했나? 충분히 기도하고 금식했나? 교회가 잘 견디어 낼 것인가? 충분히 설명했나? 너무 많이 말했나? 도대체 왜 이런 일이 생겼지?"

당신에게 작은 비밀을 말해주겠다. 당신의 믿음이 바닥에 처한 것을 발견하게 될 때, 스스로에게 너무 많은 질문을 하지 말라. 어떤 상황 가운데 처할 때, 그것에 대해 골똘히 생각하지 말라. 당신의 지나친 염려가 부정적인 생각을 불러일으킬 것이기 때문이다. 당신의 심사숙고가 당신에게 더 많은 문제를 가져올 것이다. 당신이 듣게 되는 어떤 음성은 어둠의 음성일 것이다. 당신이 내면을 보느라 너무 바쁠 때, 눈을 들어 주님을 바라보는 것이 더 어려워진다.

당신의 내면만을 들여다보는 것은 육을 의지하는 것과 같은데, 인간적인 힘과 능력만으로는 충분하지 않다는 것을 당신은 이미 알고 있다. 불행하게도, 당신 스스로의 능력에 대한(혹은 어떤 다른 사람의 인간적인 능력에 대한) 자신의 사고방식으로 인해, 하나님 한 분께 부르짖기 전까지 대개 당신은 더 깊은 수렁 속으로 들어가게 될 것이다.

바울은 성령으로 충만한 고린도 교회의 성도들에게 "모든 은사에 부족함이 없이 우리 주 예수 그리스도의 나타나심을 기다리는(고전 1:7)" 교회에게 엄중한 서신을 기록했다. 그들의 영적 신임장에도 불구하고 그들은 예수님을 의뢰하는 것보다 자신들의 지도자들을 더 의뢰하는 인간적인 속성을 따르고 있었다. 바울은 그들을 책망했다.

> 형제들아 내가 우리 주 예수 그리스도의 이름으로 너희를 권하노니 모두가 같은 말을 하고 너희 가운데 분쟁이 없이 같은 마음과 같은 뜻으로 온전히 합하라 내 형제들아 글로에의 집 편으로 너희에 대한 말이 내게 들리니 곧 너희 가운데 분쟁이 있다는 것이라 내가 이것을 말하거니와 너희가 각각 이르되 나는 바울에게, 나는 아볼로에게, 나는 게바에게, 나는 그리스도에게 속한 자라 한다는 것이니 그리스도께서 어찌 나뉘었느냐 바울이 너희를 위하여 십자가에 못 박혔으며 바울의 이름으로 너희가 세례를 받았느냐(고전 1:10-13)

바울은 고린도 신자들이 어린아이 같은 분열을 지나 성숙해져서, 더 깊은 계시를 받을 수 있기를 원했다. 그는 그들이 최선의 것을 취하여 성장하기를 원했다. 그들이 그저 교회 개척자들로만 머물지 않기를 원했다.

때로 당신은 믿음으로 해결책을 찾지 않거나, 가장 힘든 고난의 시기를 견디지 못하여 하나님의 부르심에 합당하지 못할 때도 있다. 그것이 바로 베드로가 그의 걷잡을 수 없는 열정으로 예수님께, "나는 당신을 위해 죽을 준비가 되어 있습니다! 다른 사람들은 도망칠지라도 나는 결단코 당신을 부인하지 않을 것입니다"라고 맹세함으로써 다른 제자들을 선동하려 했을 때, 발생한 일이었다(마 26:33-35를 보라). 예수님께서는 그 말을 듣기만 했어도 베드로에 대해서 그보다 더 잘 알고 계셨다. 그분께서는 베드로의 믿음이 흔들릴 것과, 그들 모두가 자신을 버리게 될 것을 알고 계셨다. 그들 모두가 되돌아오기까지는 여러가지 기적들이 필요했다.

예수님께서 부활하신 후 베드로를 찾아내셨을 때, 베드로는 세 번씩이나 강경하게 예수님을 부인했지만 그에 반하여 예수님은 그분의 사랑에 대한 세 번의 확증을 주셨다(요 21:15-19를 보라). 베드로는 산산이 부서져 있었다. 그는 자신의 인간적인 한계와 실패를, 그리고 자신이 믿음 안에서 행동하는 대신 충동적으로 반응한다는 사실을 철저히 깨달았다. 예수님께서는 그에게 두 번째 기회를 주셨고, 베드로는 회복되었다. (당신이 예수님의 변치 않는 순수한 사랑에 대한 계시를 받게 될 때, 예수님께서는 당신이 이전보다 더 강해질 수 있도록 당신의 상처들을 치유하실 수 있다.)

흑암으로부터 솟아오르기

세상과 교회에 닥친 시련의 시기를 통해, 하나님께서 그분의 백성들이 움켜쥐고 있는 쓸모없는 것들을 흔들어버리고 계시다고 나는 믿는다. 그분께서는 우리가 얼마나 연약한지를 보여주신다. 우리의 허위성을 몰아내고 자칭 기독교인이라고 말하는 사람들이 그분의 아들 예수 그리스도를 단단히 붙잡게 되도록 만드신다. 하나님께서는 한때 살아 있었으나 지금은 상처와 모욕과 인간적인 낭패와 지도자들의 연약함으로 그 순수성을 잃어버린 교회로 우리를 주목하게 하신다. 우리가 스스로의 부서진 물탱크를 신뢰하므로 얼마나 목마르게 되었는지를 깨닫게 하신다.

> 내 백성이 두 가지 악을 행하였나니 곧 그들이 생수의 근원되는 나를 버린 것과 스스로 웅덩이를 판 것인데 그것은 그 물을 가두지 못할 터진 웅덩이들이니라(렘 2:13)

하나님은 우리가 우리의 한계에 대해 애통해 하기를 원하신다. 그리하여 우리로 하여금 되돌아서서 받아들이고 신뢰하고, 그분께서 우리를 창조하셨을 때 원하셨던 그 모든 것대로 되기를 원하신다.

동시에 그분께서는 계시의 영을 쏟아부어서, 우리로 어둠 가운데에서도 믿음으로 볼 수 있게 하신다. 그분께서는 악한 자가 낭비한 세월을 회복하고 계신다. 무엇보다도, 하나님은 우리를 회복하여 당신에게 되돌아오도록 하신다.

무한정한 통로

정리하자면, 근본적으로 믿음이란 관계에 의해서 생기며, 계시를 통해서 온다. 이 장의 서두에서, 내가 인용한 구절인 '계시'에 대한 그리스어는 아포켈립시스(apokalupsis)이다(엡 1:17을 보라). 이 단어의 의미는 '개방하다, 현현하다, 나타나다, 오다, 조명하다'이며 어원은 '뚜껑을 열어서 치우다'라는 의미가 있다.

때로 계시가 우리에게 영향을 주기까지 시간이 걸린다. 몇 번이나 당신은 귀로는 들었으나 마음으로는 동의하지 않았던 때가 있었는가? 때로 당신은 가르침을 들었거나 찬양을 불렀거나 혹은 성경의 한 구절을 백 번이나 읽었지만 아무런 특별한 일이 일어나지 않았을 수도 있다. 그런데 백 한 번째에 이르렀을 때, '꽝!' 문득 진리가 당신에게 개인적으로 다가온다. 그 말씀이 당신의 가슴에 말한다. 당신은 삶을 새롭게 인식하게 된다. 말씀이 당신 안에 살아서 역사하기 때문에 그 말씀은 당신에게 생명의 말씀이 된다. 당신을 덮고 있던 것이 사라지고 계시와 함께 확신을 얻게 된다.

당신은 더 이상 무엇을 해결하려고 애쓰지 않아도 된다. 더 이상 당신은 당신의 지적인 이해에 제한받지 않는다. 계시가 당신에게 올 때, 불현듯 믿음이 솟아오르고 모든 것이 달라진다. 계시의 영이 활동하는 것과 함께, 당신은 하나님께서 말씀하셨다는 것을 안다. 하나님께서 당신에게 말씀하셨다는 것을 당신의 영으로 알기에, 당신은 다른 사람들이 무슨 생각을 할지에 대해서 염려하지 않는다. 하나님이 당신의 상황에 친밀하게 관여하신다는 것을 아는 것은 당신의 영과 성령님은 소통한다는 것이다. 확증은 곧 당신을 통해 나타나는 놀랍도록 충격적인 믿음이다.

여기 우리의 개인적인 경험에 근거한 한 예가 있다. 수 년 전에 우리에게는 모든 경비를 지원받고 이스라엘을 여행할 수 있는 기회가 있었다. 여행은 우리가 한동안 원했던 여행이었고, 때마침 우리의 주변 형편과 잘 맞아떨어지는 시기였다. 이스라엘에 도착한 지 채 한 시간도 되지 않아 아내 바바라가 버스에서 내리다가 발목 여러 곳이 부러졌다. 돌연 우리는 텔아비브의 한 병원에 가게 되었고, 엑스레이의 결과는 수술이 필요하다는 것이었다. 나는 밖에 나가서 기도했고, 혼동의 한가운데에서 주님께서 말씀하시는 것을 들었다. "네가 할 수 있는 모든 최선을 다해 네 아내를 돌봐주어라." 그래서 나는 다시 들어가서 말했다. "바바라, 당신을 미국의 집으로 데려갈게요." 그녀는 너무나도 실망했다. 그녀는 장막절에 휠체어에 앉아서라도 기꺼이 주님을 경배하려고 했을 것이다.

대략 18개월이 지났을 때 우리 친구와 여행 안내자가 다음 번 이스라엘 여행의 경비를 지원해주었다. 그러나 우리는 두 사람의 스케줄을 꼭 맞출 수가 없었다. 마침내 바바라가, "나는 정말 내가 그곳에 가야만 한다는 것을 느껴요. 그냥 저의 친구와 함께 가겠어요"라고 말했다. 그리하여 그녀가 여행을 잔뜩 기대하고 떠날 모든 채비를 마쳤다. 그러나 떠나기 이틀 전에 나는 그녀의 여행 계획들을 재확인하였다. 아뿔사! 항공사의 누군가가 행정상의 실수를 범했고 비행기 좌석이 없었다. 끔찍한 일이 벌어진 것이다. 재앙이었다! 나는 거의 하루 반 동안이나 전화로 항공사와 실랑이를 벌였다(사실 나는 전화상으로는 꽤나 완강한 골치꾼이다.). 마침내 바바라는, "미키, 나는 내가 가야만 하는 것이 하나님의 뜻이라는 것을 알아요. 하지만 이것이 당신에게 너무나 스트레스를 주고 있네요. 제가 그냥 포기할게요"라고 말했다. 한편, 내 마음속에는 혹시나 이스라엘의 현지 사정이 위험해서 하나님께서 이 여행을 막고 계시지 않는가라는 의문이 들었다.

얼마 동안의 시간이 지난 후, 바바라는 네쉬빌에서 그녀가 받았던 예언의 말씀을 기억하게 되었다. 그녀는 가방 바닥을 뒤져서 그 예언의 말씀이 들어있는 녹음테이프를 찾아냈다. 그것은 그녀의 부러진 발목과 이스라엘을 향한 부담감, 그리고 그 나라를 위한 그녀의 중보적인 심령과, 그녀가 그 땅 가운데 있을 때 하나님께서 어떻게 그녀를 축복하실지에 대한 것이었다. 그 즉시, 그녀는 일어서더니 팔을 올리고 공중에 주먹을 불끈 쥐었다. "바로 이거야! 나는 비행기에 오를 거고, 이스라엘로 갈 거야!" 그녀는 짐가방을 챙겨서 차에 뛰어올랐고, 여행에 필요한 몇 가지 물품을 구매하기 위해 출발했다. 문이 꽝하고 닫히는 소리를 들었을 때, 나는, '와우, 바바라가 또 다시 실망하게 되면 안 되는데' 라고 생각했다. 그런 후에 집안 일을 시작했다. 내가 식기세척기에 식기를 가득 채웠을 때, 성령께서 말씀하시는 것을 들었다. "나는 너의 아내의 그런 모습을 정말 좋아한다." 그리고 나도 말씀 드렸다. "나도 그녀의 그런 점을 정말 좋아합니다."

마침내 전화벨이 울렸고, 항공사 간부가 이제는 항공기에 자리가 있다고 나에게 말해주었다. 비행기 좌석을 얻는 것이 불가능하게 보였지만 그녀는 강한 믿음으로 좌석을 얻게 되었다.

이것은 단지 소수의 사람들에게만 일어나는 특별한 영적인 체험이 아니라 모든 믿는 사람들에게 일어날 수 있다. 당신이 구원받은 그 사건조차도 계시에 믿음이 더해져서 가능했던 것이다. 어느 순간 당신은 하나님이 당신에게 무엇을 원하시든지 망설이지 않고 '예' 라고 대답할 것이다. 그 후로 줄곧, 당신은 당신의 삶을 이전과는 다르게 경영하게 될 것이다.

당신은 하나님과의 관계를 키워가야 한다. 그런데 그것은 계시의 영을 키우는 것이며 믿음 안에서 계속 성장하는 능력에 대해 기뻐하는 결과를 가져온다.

어떻게 이것을 설명할 수 있겠는가? 온 세상을 통치하시는 최상의 주권자이신 하나님께서, 당신이 그분과 관계하기를 원하는 만큼이나 개인적으로 교통하기 원하신다. 그분께서는 당신과 관계를 갖기 원하신다. 하나님은 당신과 관계를 통해 형성된 믿음 안에서 당신이 성장하기를 원하신다.

그분께서는 당신이 해야 할 일들을 계획하시며, 당신에게 그 방편들을 알려주시기를 너무나 기뻐하신다.

"우리는 그가 만드신 바라 그리스도 예수 안에서 선한 일을 위하여 지으심을 받은 자니 이 일은 하나님이 전에 예비하사 우리로 그 가운데서 행하게 하려 하심이니라"(엡 2:10).

그분의 영을 통하여 하나님께서는 그 방법을 계시하시며, 그분의 영은 모든 것을 살피신다.

기록된 바 하나님이 자기를 사랑하는 자들을 위하여 예비하신 모든 것은 눈으로 보지 못하고 귀로 듣지 못하고 사람의 마음으로 생각하지도 못하였다 함과 같으니라 오직 하나님이 성령으로 이것을 우리에게 보이셨으니 성령은 모든 것 곧 하나님의 깊은 것까지도 통달하시느니라(고전 2:9-10)

성령을 받고자 하는 모든 사람들에게 성령님은 계시의 언어로 말씀하시며, 그분의 계시는 믿음의 성장에 필요한 영양분이다.

기도

아버지, 우리는 당신의 능력 안에 살기를 원합니다. 당신께서 우리의 연약함으로부터 우리를 일으켜 세우시고 우리의 영을 당신의 영에게로 일깨워주시기를 원합니다. 우리는 혼란한 마음을 잠재우고 당신께만 집중하길 원합니다.

당신의 말씀으로 우리를 일깨우소서. 문서화된 말씀과 우리 모두를 둘러싸고 있는 당신의 예언적인 말씀 두 가지 모두를 통하여 당신을 우리에게 계시하여 주소서. 볼 수 있는 눈과, 들을 귀와, 그리고 당신께서 우리에게 주시고자 하는 계시를 받을 수 있는 마음을 주시옵소서. 더욱더 당신의 형상으로 우리를 변화시켜 주옵소서, 예수님. 아멘.

예언적 사역의 성숙

The Prophetic Made Personal

04. Maturing in Prophetic Ministry

예언적 사역의 성숙

당신과 나는 성장하는 과정 중에 있다. 해를 지나면서 우리는 하나님께서 되기를 원하시는 사람으로 변화되고 성숙해간다. 우리의 성장 과정의 많은 부분은 우리가 부족함을 느낄 때 그것들을 이해하고자 노력하는 것을 통해 성장한다. 때로 우리는 용감하게도 하나님께서 우리를 좀 더 성숙하게 하도록 허락하기도 한다.

우리의 목적은 그리스도를 닮는 것이다. 내가 이 장의 주제인 예언적 사역의 성숙에 대해서 생각해 볼 때, 자연스레 나는 실제적인 면에서 더 능숙해지고 하나님의 말씀을 더욱 잘 분별하고 전파할 수 있기를 바란다. 하지만 그것보다 훨씬 더한 그 무엇이 있다. 우리를 예수 그리스도의 형상으로 성숙하게 하실 수 있도록 성령님께 우리 자신을 내어 드리는 한, 예언의 성숙함은 자연히 이루어질 것이다.

우리의 추측들을 뒤집을 필요가 있다. 예언적 사역이 성숙해지는 것보다, 예언적인 은사를 가진 예수님을 닮은 사람이 되는 것이 우선이다. 우리는 예언적인 삶과 함께 예수님을 닮은 사람들이 되어야 한다.

성숙해진다는 것은 무슨 의미인가?

나는 언제나 내가 아직도 학교에 다니고 있는 소년이라는 느낌이 든다. 최근에 나는 끊임없이 배워야 하는 존재임을 깨닫는 것이 성숙해지고 있다는 것에 대한 증거라는 것을 알게 되었다.

나는 어떤 목사님이 길고도 성공적인 목회를 마치고 은퇴한 후, 80대에 하나님께서 만지심으로 갑자기 주위 사람들에게 마치 발전기 같은 사람이 되었다는 소식을 들었다. 나는 하나님께서 나를 그와 같이 만져주시기를 소망한다. 나는 딱딱하게 굳어버리거나 결정체로 변하거나, 혹은 고정체가 되어 상자 안에 갇혀버리길 원치 않는다. 하나님을 알고 그분의 사랑을 표현하는 더 많은 길들이 내 앞에 열려 있기를 항상 원한다.

나는 현재 세상에서 가장 재능 있는 몇몇 사람들과 일할 수 있는 혜택을 누렸으며 놀라운 일들을 보게 되었다. 그렇지만 그 여정 중에 나는 전문가들을 만난 것이 아니라, 단지 다른 부류의 배우는 사람들을, 예수님을 따르는 사람들을 만났던 것이다. 그리스도의 마음은 우주만큼이나 광활하기에 거기엔 언제나 더 배울 것이 있다. 성숙해진다는 것은 단순히 말해서, 우리가 전에 알고 있었던 그분의 광대함에 대해 더 많이 알게 되었다는 것을 의미한다. 성숙함에 대한 증거는 하나님과 하나님의 일에 대한 자유와 사랑이다.

하나님께서 우리 각자에게 은사들을 심으신 이유는, 그렇게 하심으로써 은사들이 우리의 영 안에서 자라가며 우리로 하여금 생명 시냇가에 자라나는 나무가 되어 풍성한 열매를 맺게 하시기 위함이었다. 그분께서는 우리의 영과 혼, 그리고 육신에게 영양분을 공급하시고 성숙하게 하심으로써 우리 또한 다른 사람들에게 영양분을 주며, 그들이 성숙할 수 있도록 돕기 원하신다. 그분께서는 우리가 지나친 겸손과 예언에 집중하는 것이 이기적인 것이라는 그릇된 태도로 인해 예언적인 은사나 다른 어떤 은사일지라도 얕보지 않기를 원하신다. 그보다는 그분께서는 우리가 더 많이 요청하기를 원하신다.

너희 하늘 아버지께서 구하는 자에게 성령을 주시지 않겠느냐? (눅 11:13을 보라.) 하나님께서는 우리의 은사를 통해 역사하시는 성령의 역사하심이 삶 가운데서 더욱 나타나도록 우리가 간구하기를 원하신다.

구체적으로, 예언적 은사들의 경우 성숙하다는 것의 의미가 무엇인가? 여기에 예언적인 성숙함에 대한 몇 가지의 예가 있다.

* 성숙한 예언자들은 "위대한 일이었어요. 저는 지극히 작은 조력자였을 뿐이지요"라고 말하면서 모든 것을 주님께서 하셨다는 것을 안다.
* 성숙한 예언자들은 항상 전이와 훈련을 받는다 – 그들은 결코 멘토링, 팀워크, 성경공부, 그리고 영적인 기름 부음에 있

어서의 순전한 전이에 대한 필요성을 간과하지 않는다.
* 성숙한 예언자들은 전이와 훈련을 관대하게 베푼다. 그들은 앞서는 사람들의 등을 밀어줄 수 있는 방법들을 찾으며, 더 위대한 사역으로 사람들을 인도한다.
* 성숙한 예언자들은 겸손히 섬기는 자들이다. 그들은 자신들의 은사들이 '뜨겁게 흐를지라도', 시기심 없이 다른 사람들의 발전을 축하한다. 그와 같은 때에 예수님께서 말씀하신다.

성령으로 기뻐하시며 이르시되 천지의 주재이신 아버지여 이것을 지혜롭고 슬기 있는 자들에게는 숨기시고 어린 아이들에게는 나타내심을 감사하나이다 옳소이다 이렇게 된 것이 아버지의 뜻이니이다(눅 10:21)

* 성숙한 예언자들은 다른 사람들과 협력한다. 그들은 섬기는 자들이다. 엘리사와 같은 위대한 예언자조차도 그의 스승인 엘리야의 손에 물을 부어드림으로써 예언자적인 성숙함을 배웠으며 엘리야의 종으로 알려지는 것에 대해 개의치 않았다.
* 성숙한 예언자들은 믿음의 초보적 단계의 가치를 인정하며 믿음 안에서 걷는 것을 연습한다. 그들은 믿음 안에서 한 걸음씩 걷는 것이 하나님의 음성을 들을 수 있는 그들의 감각을 증가시킬 것임을 안다.
* 성숙한 예언자들은 미성숙한 예언자들처럼 사람들을 현혹하

는 예언에 흥분하지 않는다. 긍정적인 것이든 부정적인 것이든 발표될 때, 성숙한 예언자들은 그것을 냉철하게 분별한다. 예언의 은사 안에 포함되는 인간적인 요소들에 대해서 그들은 너무나도 잘 알고 있다.

성숙한 예언자들은 다른 사람의 유익을 위해 예언적 은사를 사용하는 것이 그 은사를 가장 잘 사용하는 것임을 알고 있다. 그들의 삶을 통해 그들은 공동의 유익을 위해 덕을 세우는 것에 지고한 가치를 둔다(고전 14:12를 보라). 그것이야말로 그들을 흥분시키는 것이다. 그들은 다른 사람의 유익과 축복을 간구한다. 성숙한 예언자들은 덕이 있기 때문에 다른 사람을 먼저 높이고 누가 명예를 얻느냐에는 관심이 없다. 그들은 다른 은사 사역과 협력하며, 하나님께서 그분의 뜻을 성취하시기 위해 다양한 사람들과 상황들을 사용하실 것이라는 사실을 기대한다.

"아기를 둘로 나누라"

예언 사역에 있어서 예시적이고 전조적인 양상은 그 사역의 가장 두드러진 특징이다. 그렇지만 예언적 기능을 좀 더 근본적으로 보면, 예언은 단순한 사건들이나 상황들, 혹은 날짜들을 초월하는 그 무엇이다. 균형 잡힌 예언 사역은 지혜의 은사인 영적 해석의 도구이다.

잇사갈의 아들들처럼(대상 12:32을 보라), 예언자들은 시대의 징조들을 분별할 줄 알며 그것들에 대해 무엇을 해야 할지를 아는 사람들이다.

재앙적인 심판이나 다른 나쁜 소식들을 끊임없이 예견하는 자칭 선지자들과는 달리, 시대를 아는 선지자들은 암울하고 비관적인 사람들이 아니다. 그들은 나쁜 상황들 속에서 하나님의 좋은 소식을 선포하고 교회, 개인 혹은 국가의 영적인 기류를 해석한다. 권위를 인정받은 예언자들은 발전할 수 있는 방법에 대한 지식을 알기에 사람들이 이해할 수 있는 방법으로 메시지를 전한다.

교회 안의 절망적인 상황은 대부분 리더십과 관계된 것이 많으며 그 갈등으로 인한 압박을 해결하기 위해 사람들은 협상을 시도하고 희생양을 찾으며, 자신들의 손실을 줄이려 한다. 그렇지만 그들이 무엇을 하든지, 결국 다른 누군가에게 상처를 입히고야 마는 듯이 보인다.

진부한 사람처럼 보이기는 싫지만, "갈등 안에서 예수님께서는 무슨 일을 하셨겠는가?" 사람들이 예수님을 함정에 빠뜨리려 할 때면, 그분께서는 지혜의 말씀을 받으셨다. 그러므로 그리스도를 닮아가는 사람들인 선지자들 역시 더욱 그래야 하겠다. 나는 여러 방법으로 이것을 말하려고 한다. 예언적 성숙함은 폭넓은 지혜이다. 성숙한 예언자들은 지혜로운 사람들이며 그들은 하나님으로부터 지혜를 얻는다.

지혜에 대한 솔로몬의 유명한 사건은, 바둥거리며 울어대는 살아있는 한 아기와 관련된다. 두 여인이 자신들이 그 아기의 엄마라고 주장하며 솔로몬 왕이 이에 대해 판결해 주기를 원했다(왕상 3:16-28을 보라). 상황은 매우 논쟁적이었다. 나는 솔로몬의 법정에 선 사람들이 왕께서 무어라 말씀하실지를 보기 위해 다함께 숨을 죽인 채 있었다고 확신하다. 그는 자신 앞에 펼쳐진 상황을 심사숙고했다. "흠" 그가 말했다. "그냥 칼을 가져다가 그 아기를 반으로 잘라서 반쪽을 한 여인에게 주고 다른 반쪽을 다른 여인에게 주어라." 진짜 어미는 그녀의 경쟁자에게 아기가 넘겨질지언정 그 아기를 보호하려고 했고, 반면에 가짜 어미는 아기의 안정보다는 자신의 권리에만 관심을 둠으로써 스스로가 가짜임을 드러냈다. 솔로몬이 진짜 어미에게 그 아기를 건네줌으로써 갈등은 종결됐다.

하나님이 주신 이러한 지혜는 본질적으로 예언적이기 때문에 지혜의 말씀으로 현실이 개선되고 평안이 뒤따라오게 된다. 세금을 바치라는 문제에 대해 예수님께서 도전 받으셨을 때, 주님의 대답은 바리새인들로 하여금 그분을 함정에 빠뜨리는 것을 불가능하게 만들었다. "이르시되 그런즉 가이사의 것은 가이사에게, 하나님의 것은 하나님께 바치라 하시니"(마 22:21; 막 12:17; 눅 20:25).

간음의 현장에서 붙잡힌 여인을 사람들이 예수님께 데려왔을 때, 그분은 구부리고 앉아 땅바닥에 글씨를 쓰셨다. 나는 예수님이 성령께서 무엇을 해야 할지 말해주시기를 기다렸던 것이라고 생각한다. 예수님이 어느 정도의 시간을 확보한 뒤에, 성령님께서 그분께 무엇을 해야 할지를 말씀해주셨던 것이다. "너희 중에 죄 없는 자가 먼저 돌로 치라"(요 8:7). 그런 후에 그녀를 고소했던 사람들은 모두 손에 들었던 돌들을 떨어뜨리고 슬금슬금 물러갔다. 예수님께서 그녀가 진정으로 회개했다는 것을 아시고 그녀에게 무엇을 해야 할지를 말씀해주셨다고 나는 믿는다. "여자여 너를 고발하던 그들이 어디 있느냐 너를 정죄한 자가 없느냐… 주여 없나이다 예수께서 이르시되 나도 너를 정죄하지 아니하노니 가서 다시는 죄를 범하지 말라"(요 8:10-11).

하나님의 지혜가 언제나 승리한다. 당신은 최고의 상담자들에게 질문할 수 있고, 방법을 설명한 최고의 책들을 읽을 수도 있으며, 최고의 세미나에 참석할 수 있고, 경험이 많은 사람에게 조언을 받을 수도 있으나, 위로부터 주시는 지혜가 없이는 해결책이 그리 오래 지속될 수 없다.

별로 어려운 일이 아니다

이런 말은 어딘가 문제가 있다고 생각한다. 당신은 모든 것에 하나님으로부터의 계시를 필요로 하지는 않는다. 때로 당신은 상식에 따라 살아야 할 때도 있을 것이다.

예를 들어, 금식에 대해 말씀하신 예수님의 원리를 들어보자. 당신은 금식을 해야만 하는가, 혹은 그렇지 않은가? 복음서에 있는 예수님이 말씀하신 부분을 읽어보라. 주 예수 그리스도께서 친히 말씀하셨다. "네가 금식할 때"(마 6:16-17을 보라), "만약 당신이 금식할 때"가 아니다.

자, 그렇다면, 헌금은 어떤가? 당신이 금전적으로 궁색할 때 헌금을 해야만 하는가? 당신이 돈을 모을 때까지 헌금하는 것을 보류해야 하지 않겠는가? 어쨌든, 십일조나 헌금 같은 것들은 지나치게 '종교적'인 것이지 않은가?

나는 하나님 나라를 위해 계속하여 드릴 것이다. 헌금에는 십일조와 주일헌금과 그리고 구제헌금이 있다. 이것을 계산하기란 별로 어려운 일이 아니다. 최근에 절친한 친구가 내게 말했다. "나는 더 이상 나의 십일조가 무엇인지도 모르네. 나는 단지 매번 헌금 때마다 드리고 있지." 이것은 나의 친구가 사업을 겨우 유지하고 재정적으로 극심한 어려움을 겪고 있을 때 했던 말이다. 헌금에 있어서는 계시가 필요 없다. 그리고 나의 돈이 어디로 가야 하는지를 계산하기 위한 복잡한 연산법을 필요로 하지 않는다.

피터 팬 신드롬이 아니다

피터 팬은 언제나 절대로 어른이 되고 싶지 않다고 말했다. 추측하건대, 그는 자신이 미성숙한 채로 머문다면 계속해서 재미있게 지낼 거라고 믿었던 것 같다. 이런 피터 팬 신드롬은 단순하게 상식선에서 이해할 수 있겠지만 나는 어떤 형태로든 미성숙함을 인정할 수 없다. 우리는 모두 다 우주적인 영적 전쟁 중에 있기 때문이다. 하나님께서는 그분의 교회에 사도, 선지자, 복음 증거자, 목사, 교사 등과 같은 은사로 무장시키셨다. 이 모든 은사는 교회의 안녕과 승리에 필요한 것들이다(엡 4:11을 보라).

나는 영적 전쟁을 외면했던 한 목회자를 알고 있다. 그는 우리가 영적 전쟁 중에 있다는 것을 지나친 과장이라고 여겼다. 게다가, 그런 생각은 그에게 아주 성가신 일이었다. 그때 주님께서 그에게 예언적으로 말씀하셨다. "내가 너에게 영적 전쟁에 대해서 가르쳐주겠다."

처음에 그는 이 생각을 환영했다. 왜냐하면 하나님께서 그에게 어떻게 '입에서 거품을 뿜으며 사무실 바닥에 구토를 하는 사람들과 보내야 하는 서너 시간'을 피할 수 있는지를 중점적으로 가르치실 것이라고 생각했기 때문이다. "단지 하나님께서 나에게 어떻게 귀신을 쫓아내는지를 가르쳐주실 것이네. 그건 정말 훌륭한 일이 될 거네. 난 정말로 무장될 걸세"라고 그는 말했다.

하나님께서 어떤 일을 행하셨는지 아는가? 그분께서는 그 사람의 셔츠에 커다란 과녁을 그리셔서 할 일 없이 한가한 마귀들이 그의 집으로 들어가서 빈둥거리며 지내게 만드셨다. 그는 하나님께 완전히 항복할 정도의 영적 전쟁에 직면하게 되었다. 그러자 주님께서는 그에게 중보기도에 대해 가르치셨고, 그를 위해 기도하는 사람들을 통해 보호받는다는 것을 가르쳐주셨다. 주님께서, "사탄이 너희를 밀 까부르듯 하려고 요구하였으나(눅 22:31)"라고 말씀하셨을 때 베드로가 그랬던 것처럼, 그가 받은 계시를 무분별하게 말하지 않도록 지혜 또한 가르치셨다.

그 목회자는 선과 악에 대한 지혜와 성숙을 조금씩 알기 시작했다. 그는 지식과 분별, 그리고 인내에 있어서 성숙하게 되었다. 더 이상 그는 영적 전쟁이라는 교실로부터 즉각적으로 졸업할 수 있기를 기대하지 않았다.

미성숙한 어린애처럼 그는 모든 것을 지금 원했다. 그러나 성숙함이란 기다리는 법을 배우는 것이다. 예수님께서 땅바닥에 글씨를 쓰시면서 시간을 버셨듯이, 성숙한 예언자란 시간을 버는 법을 알 뿐만 아니라 상황이 허락하지 않는다면 지극히 인내하여 결코 단 한마디의 말도 전달하지 않는다는 것이다.

한 번은 내가 다니던 교회의 자매에 대해 개인적인 계시를 받았는데, 그때 나는 진실로 '바로 지금 해야 할 말'이라고 느꼈다. 나는 매우 감동이 되어 그 말을 하려고 하자 주님께서 "기다려라"라고 말씀하셨다. 나는 잠시 중단했고, 그러자 내 안에 감동이 사라졌다.

팔 개월이 지났다! 어느 주일 아침에 다시 예언적인 기름 부음이 나에게 부어졌고 그녀에게 바로 그 말들을 예언했으며, 내가 말을 하려고 입을 열자 그보다 훨씬 더 많은 말들이 쏟아져 나오게 되었다. 그녀는 크게 세움 받았고 모든 것들을 확증 받다. 그녀의 삶 속의 상황들이 이미 그녀에게 준비의 시기가 되었기에, 그녀는 나를 통한 예언의 말씀들이 바로 그때에 가장 합당했노라고 말했다.

나에게 있어 이 경험은 섬세한 조율을 배우는 시간이었다. 하나님의 말씀이 열매 맺기 위해서는 계시와 해석을 하는데 있어, 팔 개월이라는 시간이 걸리는 "잠시만 기다려라"에 단지 순종하는 것 이상의 섬세한 조율과 적용이 필요하다. 그렇더라도, 내가 그토록 '지금 당장'이라고 느꼈음에도 불구하고 어찌하여 팔 개월 동안이나 기다려야만 했다는 것인가? 아마도 그것은 그 말들이 영원하신 하나님의 마음으로부터 왔기 때문일 것이다. 하나님의 시간은 우리의 시간에 대한 이해를 추월하며 하나님의 시간 속에서, 모든 계시는 '현재적' 계시이다. 그렇지 않은가? 말씀의 적용, 시간, 그리고 주님께서 당신에게 주시기 원하시는 지시들을 얻기 위해 충분히 기다리기 위해서는 일정한 수준의 성숙한 인내와 의지가 필요하다.

바바라와 나는 처음에 세 명의 아들을 낳았고 그 후에 딸아이를 얻었다. 엘리자베스가 태어난 순간에 주님께서 나에게 "이 아이가 막내 아이가 될 것이다"라고 말씀하셨다. 그와 함께 성령님의 강력한 전이가 있었다. 하나님의 강력한 힘에 압도되어 나는 울며 기도하며 경배 드렸고, 그것이 매우 영광스러웠다는 것 외에 나는 그 상황을 제대로 파악하지도 못했었다! 이십 년 후에 엘리자베스와 그녀의 남편 브라이언이 제단에서 맹세했다. 그것은 놀랍고 아름다운 경험으로서 나의 모든 삶 가운데 소중히 품을 것이다.

성숙은 관용을 가져온다. 성장하는 예언자는 경험이 없는 동료 예언자들이 따를 수 있을 만큼 인내력을 성장시킨다. 당신은 이 점에서 충분히 성장할 수 있는 기회를 얻을 것이다. 당신이 부적절한 용어를 사용하거나, 시기에 맞지 않은 선포를 하거나, 혹은 부적절한 '태도'로 계시를 전한다면(혹은 다른 사람이 전하는 것을 들었다면) 당신은 어떻게 할 것인가? 만약 당신이 예언자로서 성숙해가고 있다면, 당신은 다른 사람의 성장 과정을 이해할 것이고, 당신과 다른 사람들에게 '다소 휴식을 줄 것이다.' 당신은 어떻게 실제로 전달하는 그 시기가 약간 차이가 나는지 이해하게 될 것이며, 그 차이를 고려할 줄 알게 될 것이다. 당신은 하나님께서 당신에게 무엇을 말씀하시길 원하시는지 혹은 바꾸시길 원하시는지 알게 될 것이다. 만약 당신이 상황을 다룰 줄 모른다면, 더 많은 경험을 지닌 다른 예언자를 찾고 그들에게 충고를 구할 것이다.

분별력 안에서 성장하기

성숙한 예언자의 지혜는 분별의 은사와 밀접한 관계가 있다. 분별력을 위해 기도하라. 당신에게 이것이 항상 필요하다.

내가 위에서 말했듯이, 분별력 안에서 성장하는 예언자들은 항상 모든 사람들을 조정하려 들지 않고 그저 단순히 사랑함으로써 다른 사람들을 있는 모습 그대로 받아들이는 것을 배운다. 동시에, 예언자들은 스스로를 변화시키는 점에도 열려 있어야 한다. 그들은 가르침을 받아들여 변화될 수 있어야 한다.

예언적 은사를 지닌 사람들의 대부분은 '흑과 백이 뚜렷한' 성향을 지닌다. 그들은 다른 사람을 잘 용납하지 못한다. 그들은 동일한 계시를 동일한 시간에 동일한 방법으로 받지 않는 사람들을 무시한다. 때로 그들은 뭐든지 다 알고 있다는 듯이 보이며, 마치 다른 모든 사람들은 퇴보했거나 식물인간이라도 된 것처럼 생각한다.

성숙한 예언자는 상황 속에서 말한다. "이것은 하나님의 집이다. 그러므로 하나님께서 이 모든 사람들을 위해 무엇인가 선한 것을 행하실 것이다. 나는 지나치게 판단하지 않을 것이고, 이 사람들을 세우기 위한 최선의 방법을 간구할 것이다."

예수님조차도 지혜와 분별 안에서 성숙하고 자라셔야 했다(눅 2:52를 보라). 생각해보라. 그분께서는 성인이 되시면서 의심할 것도 없이 주위의 모든 것들을 분별하셨다. 그분은 서른 살이 되자 그의 아버지께 지혜를 받고 순종하셨으며 그때 조차도 오직 적절하다고 생각하실 때에만 말씀을 하셨다. 그리고 지혜로운 것만을 입밖에 내셨다.

나는 당신이 아모스 3장 7절에서, "주 여호와께서는 자기의 비밀을 그 종 선지자들에게 보이지 아니하시고는 결코 행하심이 없으시리라"고 하신 말씀을 읽었으리라고 확신한다. 하나님께서는 수백 년의 시간이 걸린다 할지라도, 어떻게 해서라도, 어느 곳엔가 살고 있는 어느 선지자에게 비밀스레 어떤 일을 알리시지 않고는 아무 일도 행하지 않으신다.

이런 말을 들을 때면 우리는 그것이 다소 의심스럽게 느껴지기도 한다. 아마도 너무나도 많은 예언자들이 하나님께서 그들에게 주신 계시들을 자기들의 명예와 신용을 해칠까봐 알리지 않은 까닭이기 때문이다. 계시들은 방송되거나 인쇄되지 않았기에 우리는 몰랐으리라. 그들은 계시로 무엇을 해야 할지를 잘 몰랐든지, 그들이 하나님께 질문했을 때 하나님께서 결코 청신호를 보내지 않으셨든지 했을 것이 분명하다.

많은 경우, 사람들은 자신들이 예언의 은사와 함께 분별력을 가지고 있다고 믿는다. 하지만 그들은 단지 예언적인 영감을 가지고 다른 사람들을 말로써 이기려 하는 것뿐이다. 프랜시스 프랜지팬에 의하면, 당신에게 있는 것은 편협한 시각과 세속적인 상상력이며 분별력이 아니다. 그런 것은 육을 따라 사람들을 판단하는 것이다. 어떤 사람이 입고 있는 옷이 우스꽝스럽다거나, 나쁜 기운이 느껴진다고 해서 그들에게 악한 영이 들렸다거나 죄로 물들었다고 예언할 수 없다.

만약 우리가 예수님을 따르는 예언적인 삶을 본받는다면, 우리는 우리의 예언적인 은사들을 다른 사람들을 정죄하거나 혹은 그들을 공격하는 데에 사용하지 않을 거라고 말할 필요도 없다. 은사는 설득하기 위해서 은사들을 사용할 수는 있지만, 비난하기 위해서는 사용하는 것은 아닌 것이다.

잠시 정리해 보자

우리뿐만 아니라 우리 주변의 사람들을 보호하기 위해, 우리 자신의 말들을 분별하고 판단할 수 있어야 한다. 그러나 대부분은 그렇게 하지 못한다. 예언을 들은 후에, 예언이 하나님께로부터 왔느냐 아니냐 혹은 예언이 '좋으냐', '나쁘냐' 하는 것은 그저 '나의 상상'인지 아니면 '마귀로부터 온 것이냐'에만 국한 되는 것이 아님을 기억할 필요가 있다.

분별이란 말 그대로, 무엇이 있는지를 보기 위해 어떤 것을 구별해서 가려내는 행위다. 수북히 쌓인 어떤 것이 무엇으로 구성되었는지 알아보기 위해 체로 체질하고 있는 당신의 모습을 상상해보라. 시력, 냄새, 감촉, 그리고 특별히 당신의 영적 감각을 사용하여 당신의 동기와 현재의 환경 속에서 진위를 가려낼 것이다. 그것은 시간이 꽤 걸릴 수 있다.

성경은, "우리는 부분적으로 알고 부분적으로 예언하니"(고전 13:9)라고 말하며, 우리는 그것을 매일 증명한다. 불가피하게도 우리는 하나님의 말씀을 받고 그것을 다른 사람들에게 전달하는 것이 불완전할 수밖에 없다. 나는 우리가 공개적으로 듣게 되는 예언의 50% 이상이 개인의 생각이 '추가' 된 것이라고 말할 수 있다. 예언의 핵심은 하나님께서 주신 것이지만 그 외의 것들은 추가된 것일 뿐 오직 50% 정도만이 분별의 시험을 통과할 것이다. 예언의 말씀이 하나님으로부터 나와서 육신에게로 흘러들어 가서 다시 하나님 안으로 되돌아간다.

말씀을 주는 자와 받는 자 모두가 분별력과 겸손 안에서 성장하고 있다면, 성령님의 도움으로 그 말들을 좀 더 주의 깊게 숙고할 수 있었을 것이다. 만약 그것이 공동체적인 말씀이라면, 전달하기도 전에 목양팀과 먼저 나눌 수 있을 것이고, 그런 후에 반드시 정리해볼 수 있을 것이다.

말씀을 정리할 수 있는 한 가지 방법은 녹음하거나 글로 적어두는 것이다. 그러면 당신은 예언을 듣거나 다시 읽어볼 수 있으며, 예언에 대해 기도할 수 있고, 하나님께 의미하는 바를 여쭤볼 수 있으며, 성령님께서 점검해 주시는 부분과, 진정으로 하나님께로부터 왔음을 증거해 주시는 부분을 주목할 수 있다.

말씀이 정돈되어 나올 때에는 주는 자와 받는 자 모두가 하나님의 음성을 듣는 것에 대해 좀 더 배울 수 있다. 하나님으로부터의 말씀이 새로운 정보나 혹은 신선한 전이를 포함하는 반면에, 대부분의 말씀은 그들이 이미 알고 있는 것들에 대해서 하나님 안에서 확증하는 것임을 모두가 배우게 될 것이다. 예언은 말씀의 진리를 강화시키고 확증해 줄 것이다. 다른 말로 하자면, 예언은 기록된 성경에 진실할 것이며, 믿는 자들의 심령 안에 살아있는 말씀이신 성령님께 진실을 말할 것이다.

유리하는 별들

분별하는 과정에서는 특정한 선지자의 삶에 대해 잘 알아 보는 것이 중요하다. '론 레인저'(서부개척시대를 배경으로 한 영화 주인공: 법의 테두리 밖에서 보안관 역할을 함)식으로 전달되는 예언들에는 안전장치가 빠져있다. 그들은 누구와도 접촉하지 않는다. 설령 그들이 주님의 말씀을 전달한다고 할지라도, 나는 그 근원을 신뢰할 수 없기에 듣고 싶지 않다.

성경은 유리하는 별들과 물 없는 구름 같은 사람들에 대해서 말하고 있다.

> 이는 가만히 들어온 사람 몇이 있음이라 저희는 옛적부터 이 판결을 받기로 미리 기록된 자니 경건치 아니하여 우리 하나님

의 은혜를 도리어 색욕거리로 바꾸고 홀로 하나이신 주재 곧 우리 주 예수 그리스도를 부인하는 자니라… 저희는 기탄없이 너희와 함께 먹으니 너희 애찬의 암초요 자기 몸만 기르는 목자요 바람에 불려가는 물 없는 구름이요 죽고 또 죽어 뿌리까지 뽑힌 열매 없는 가을 나무요 자기의 수치의 거품을 뿜는 바다의 거친 물결이요 영원히 예비된 캄캄한 흑암에 돌아갈 유리하는 별들이라… 이 사람들은 원망하는 자며 불만을 토하는 자며 그 정욕대로 행하는 자라 그 입으로 자랑하는 말을 내며 이를 위하여 아첨하느니라(유 1:4, 12-13, 16)

유리하는 별들은 고정된 관계를 갖지 않는다. 유리하는 별들과 같은 사람들은 다른 그리스도인들과 고정된 관계를 갖지 않는다. 아무도 그들을 인도하지 않는다. 그들이 진정으로 기름 부음 받은 채로 시작한다고 할지라도, 삶을 이해받지 못할 때 정로에서 벗어나게 된다. 종종 그 사람의 은사가 클수록 자기기만의 위험성은 더욱 커진다. 그들은 단지 곧 사라질 불꽃일 뿐인데도 자신들이 대형 스타라고 생각한다.

우리 각자는 단지 양들일 뿐이다. 우리는 양무리와 함께 있어야 한다. 내가 다른 양들과 함께 있을 때, 나는 특별한 존재가 아니다. 다른 사람들이 나의 약점을 모두 알고 있다. 그러면서도 그들은 내가 정로에서 벗어나지 않도록 도와줄 것이다.

독불장군은 은사는 많지만 안정적이지 않고 혹은 다른 문제들을 안고 있기 때문에 주위 사람들을 곤혹스럽게 한다.

아무도 나를 이해하지 못해요

때로 예언의 은사를 가진 사람들은 자신들의 말을 다른 사람들이 알아듣지 못하는 것처럼 느낄 때가 있다. "아무도 나를 이해하지 못해요. 아무도 나의 말을 듣지 않아요. 나는 예언의 기름 부음이 있고 예언적인 계시를 받지만, 아무도 나를 주목하지 않아요."

이렇게 말하는 것은 곤란하다. 이렇게 말하는 것은 때에 맞는 예언을 하는 하나님의 능력의 사람이 아니고 하찮은 하나님의 사람일 뿐이다. "보세요, 잘 모르시나 본데요", 그들은 대답한다. "본래 선지자들은 거절을 당하곤 하잖아요. 제가 거절 당하는 이유가 바로 제가 선지자라는 증거라고요." 그런가? 대개의 경우 이런 사람들은 짜증이 나게 한다.

"아무도 나를 이해하지 못해요"라고 생각하는 증후군에 빠져있는 사람이라면 누구라도 현실 확인 작업이 필요하다. 주님께서는 우리를 이해하신다. 그리고 그분께서는 우리가 스스로를 높이기 시작할 때에도 우리를 사랑하신다. 그분께서는 우리를 성숙하게 하시는 것에 관심을 두심으로써 우리가 연약함을 이겨내게 하신다. 우리는 같은 처지에 있던 예언자들과 동질감을 느끼게 된다. 그 가운데 엘리야도 있다.

엘리야에게 무슨 일이 있었는지를 기억하는가? 먼저, 열왕기상 18

장에서 읽었듯이, 그는 갈멜산에서 바알의 선지자들과 대적했다. 그 것은 놀라운 예언적 행위였다. 그러고 나자, 이세벨 여왕이 그의 생명을 위협했고 그는 도망쳤다. 동굴 안에 숨은 채, 그는 자신에게 말했다. "아무도 나를 이해하지 못해. 모두가 나를 거절해. 그 모든 선지자들 중에 오직 나만 남았어"(왕상 19장을 보라). 그는 너무나도 우울했던 나머지 스스로 죽기를 원했다. 그 상황은 극단적이었지만, 또한 보편적인 선지자들이 빠질 수 있는 함정이다. 모세, 요나, 그리고 다른 사람들이 이 덫에 빠졌었다. 엘리야가 "아무도 나를 이해하지 못한다"는 증후군에 빠졌을 때, 하나님께서는 그로 하여금 그 상황과 직면하게 하셨고 그분께서는 그가 좀 더 성숙해지기를 원하셨다.

하나님께서는 우리가 자기중심적이거나 혹은 우리 스스로를 고립시키지 않기를 원하신다. 그분께서는 우리가 유아적인 수준의 예언자에서 성숙한 예언자로 거듭나기를 원하신다. 그분께서는 우리를 위한 고난의 상황들을 계획하고 계신다. 우리는 그것들을 직면해야 할 필요가 있다.

모든 것을 다 알지 못해도 괜찮다

많은 경우에 예언자들은 모든 것을 다 알아야 한다고 생각하는 탓에 스스로에게 너무나 많은 압박을 가한다. 그래서 어떤 것을 이해할 수 없을 때면 그들은 '영적'인 소리가 들리는 것처럼 꾸며댄다.

모든 것이 무엇을 의미하는지 다 알지 못해도 괜찮다. 사실, 종종 우리는 예언의 말씀이나 환상이 의미하는 바를 다 이해하지는 못한다. 때로 그것은 우리의 경험 때문이고, 혹은 그 말씀이 우리의 미약한 이해력에 비하여 너무 난해하기 때문일 것이다. 모든 것을 다 알지 못해도 괜찮다. 그리고 그렇다고 말할 수 있는 것이 성숙함의 표시이다.

다니엘은 성경 속의 으뜸가는 선지자들 가운데 한 사람이지만, 그는 자신이 받은 계시들을 가까스로 이해했다. 다니엘 8장에서, 가브리엘 천사가 다니엘을 위해 그의 환상들을 해석해 주었고, 그런 후에 그에게 말했다.

> 이미 말한 바 주야에 대한 환상은 확실하니 너는 그 환상을 간직하라 이는 여러 날 후의 일임이라 하더라 이에 나 다니엘이 지쳐서 여러 날 앓다가 일어나서 왕의 일을 보았느니라 내가 그 환상으로 말미암아 놀랐고 그 뜻을 깨닫는 사람도 없었느니라(단 8:26-27)

가브리엘 천사가 도와주었지만 그 환상은 다니엘이 이해하기 어려운 것이었고, 한동안 다니엘은 자신의 무능함에 어찌할 바를 몰랐다. 그러나 다니엘은 자신이 결코 그 환상을 모두 이해할 수 없다는 사실을 받아들였고, 다시 힘을 모아 자신의 역량 안에서 섬기기 시작했다. 그는 그 환상이 자신의 이해 밖의 것이고, 환상이 이루어지기 전에 자신이 죽게 될 것이라는 사실을 염려하지 않았다.

당신도 예언할 때에는, 당신이 아닌 하나님이 주관자시라는 사실을 인식하라. 당신이 보고 듣는 것을 해석하는 일에 배우고 성장하는 일을 멈추지 말라. 그렇지만 당신에게 너무 많은 부담을 지우지도 말라. 다니엘처럼 당신도 단순히 "내가 이 작은 것 하나도 이해하지 못하고 그것이 나 자신을 무지하게 보이게도 하지만 나는 괜찮다. 나는 그저 나의 평범한 의무들을 행할 것이고 계속하여 하나님을 신뢰할 것이다"라고 말하라.

자신을 너무 심각하게 받아들이지 마라

사역의 초창기에, 나는 오늘날까지 나에게 영향을 끼치는 한 꿈을 꾸었다. 그 당시에 우리는 농장에서 살고 있었는데 꿈에서 나는 정문 현관 앞에 서 있었는데 길 건너편에는 지나가던 버스가 진흙탕에 빠져 있었다. 내가 그곳으로 갔을 때 버스를 빠져나가려는 두려움에 가득 찬 많은 사람들을 볼 수 있었다. 그들의 소리를 들을 수는 없었지만, 창문을 두드리고 있었고, "우리를 이곳에서 나가게 해주세요"라고 말하는 그들의 입모양을 볼 수 있었다.

그 당시에 나는 팻 로빈슨(Pat Robinson)의 텔레비전 전도 방송 프로그램인 '700 Club'을 자주 시청하곤 했었다. 그 꿈속에 그가 있었고, 그는 조끼 정장을 한 신사복 차림으로 버스를 바라보고 있었다. 그리고 그는 농장 일할 때 신는 장화를 신고 청바지에 헐렁한 면셔츠를 입고 있는 내 모습을 보고 있었다. 그는 몇 번에 걸쳐서 나와 버스를 번갈아 바라보았고, 나는 그가 무엇인가를 행할 것이라고 기대하며 쳐다보고 있었다.

나는 손가락으로 그 사람들을 가리키며, "예수의 이름으로…"라고 말했다. 그 말이 다 마치기도 전에, 버스의 창문들과 문이 열렸고 사람들은 버스에게 빠져나왔다. 나는 놀라움에 사로잡힌 채, "하나님을 찬양합니다!"라고 선포했다.

즉시, 나는 견인차를 타고 속도를 내어 길 위를 후진했다. 나는 온 힘을 다해서 발을 뻗어 브레이크를 밟았다. 브레이크를 온 힘을 다해 내리 밟았을 때, 나는 꿈에서 깨어 침대 위에 앉아 있었다.

그때 주님께서 나에게 말씀하셨다. "네가 나의 힘으로 나의 백성들을 해방시키기 시작할 때, 너 자신을 너무 심각하게 받아들이지 마라. 네가 후퇴할 수 있기 때문이다."

그것은 사랑이 담긴 설명이며 경고였다. 그리고 하나님께서 어떻게 꿈들을 통해서 우리를 가르칠 수 있고 준비시킬 수 있으며, 우리에게 경고하실 수 있는지를 보여주는 좋은 예다. 예언적인 계시는 그 사람의 장점이기도 하지만, 그렇다고 어떤 경우에도 그것은 인간적인 속성에서 비롯되지 않는다. 예언의 놀라운 결과들 속에서 내가 자신을 예언자라고 자칭한다 해도 나는 바로 앞에 일어날 일만을 볼 수 있을 뿐이다. 그러므로 나는 주님을 매우 진지하게 받아들여야 할 필요가 있다. 그분이 능력의 근원이시기 때문이다.

온전한 사랑이 두려움을 내어 쫓고

불안함, 두려움, 교만, 그리고 거절에 대한 감정을 포함하는 미성숙에 대항하는 안전장치는 언제나 우리와 하나님과의 개인적인 유대감이다. 기억하라. 예언자의 삶이란 한 개인과 하나님과의 강력한 유대감이 전부이다. 그분만이 유일한 온전한 사랑이시다. 그분이 사랑이시다(요일 4:8을 보라).

그분의 온전하신 사랑이 두려움을 내어쫓을 것이다. "사랑 안에 두려움이 없고 온전한 사랑이 두려움을 내쫓나니 두려움에는 형벌이 있음이라 두려워하는 자는 사랑 안에서 온전히 이루지 못하였느니라"(요 14:18). 사랑이 두려움을 극복하는 핵심 요소임을 주목하라. 믿음이 아니다. 소망이 아니다. 인내가 아니다. 엘리야는 우리가 만나게 될 그 누구보다도 더 많은 믿음을 가졌고, 피에 굶주린 바알의 선지자들을 조롱하고 도전하기에 충분한 믿음을, 자신의 주위에 제단을 쌓고 그러고 나서 실제로 하늘로부터 불을 내리도록 하는 그런 믿음을 가졌다. 그는 거대한 믿음을 가졌다. 하지만 바로 그 일이 있은 후 우리가 본 것은 무엇인가? 이교도인 한 여인의 협박에서 도망치고 있는 능력 있는 믿음의 남자를 보지 않았는가? 온전한 믿음조차도 고난과 죽음에 대한 두려움을 극복할 수가 없었다. 오직 하나님의 온전하신 사랑만이 그러실 수 있다.

기도는 우리를 하나님의 온전하신 사랑과 연결해 준다. 우리의 기도 속에서, 우리는 측량할 수 없이 크면서도 개인적인 최고의 강력한 힘(Supreme Power)이 우주 안에 있고, 명백하게 그분께서 만유의 주님 이심을 인정하고, 그분과 대화할 수 있도록 우리를 초청하셨음에 우리가 응답한다. 예언의 은사를 가진 사람들은 반드시 기도의 사람들이어야 한다. 기도는 삶의 방식이다. 기도는 연약함이다. 우리는 우리의 일상의 삶 속에서 그분이 필요함을 우리 자신에게 상기시킨다. 정직하기에 자유롭고, 우리는 그분 안에서 온전한 보호를 구한다. 때로 한 번씩, 그분께서는 우리에게 어떤 정보들을 건네주시고, 우리는 그것을 '예언'이라고 부른다.

그 모든 시간을 통해서 우리는 단지 주님이 사용하시는 그릇일 뿐임을 더욱더 깨닫는다. 믿는 자로서 (그리고 그렇기 때문에 예언자적인 사람들로서) 성숙해짐으로써, 항상 하나님의 손과 우리들의 손 사이의 차이점을 쉽게 인식할 수 있다는 것을 발견하게 될 것이다. 하나님은 수술 전문의시며, 우리는 그분께서 수술을 집도하시기 위해 사용하시는 수술용 장갑과도 같다. 그분께서는 기술적으로 예리한 도구들을 사용하시며, 일이 완성되었을 때 손에서 장갑을 벗으시고 던져버리신다. 우리는 과정 안에서는 중요하지만 단지 그분의 영을 담는 그릇들일 뿐이다. 우리는 다만 수술용 장갑들일 뿐이다. 우리를 움직이는 것은 하나님의 손이시다.

놀라운 경험들에 의해 증명된 것인바, 얼마나 현명하든지에 상관없이 배우는 자로, 초심자로 머무르라. 그럴 때 당신은 지속적으로 성숙하게 될 것이다.

기도

사랑의 주님, 당신의 능력의 손 아래 우리를 낮춥니다. 주님께서 우리로 하여금 진정한 겸손의 옷을 입을 수 있도록 도와주시기를 간구합니다. 우리의 기도는 겸손의 행위이며, 우리의 예배 또한 그렇습니다. 우리는 전적으로 주님만을 의지합니다. 당신의 영이 없다면, 우리는 당신의 말씀을 다른 사람들에게 나누어 주는 그런 사람이 될 수 없을 뿐만 아니라 선한 종도 될 수도 없습니다. 우리는 겸손이야말로 은혜로 이끌어 주는 것임을 알고 있으며, 은혜야말로 당신께서 우리에게 의도하신 바대로 되기 위해서 우리에게 필요한 전부인 것을 압니다.

당신께서는 우리를 너무나도 사랑하사 우리에게 당신의 독생자 예수님을 보내셔서 거절과 죄의 노예된 것으로부터 우리를 값 주고 사셨습니다. 우리는 당신을 향한 우리의 헌신보다는 우리를 향하신 당신의 헌신을 훨씬 더 많이 신뢰합니다. 우리는 여전히 실패합니다. 우리는 낙망하고, 혼동하고, 그리고 두려워합니다. 우리는 스스로의 미성숙으로 인해 고통 당합니다. 그럼에도 불구하고, 만약 우리의 자만과 권리를 포기하고 우리가 매일매일 당신께로 나아간다면, 당신께서 당신의 방법으로 우리 가운데 행하실 것을 압니다.

우리는 모든 방법을 통해 주님을 사랑하고 주님을 축복하길 원합니다. 우리는 성장하기를 갈망하며, 할 수 있는 한 성숙하기를 열망합니다. 우리는 예언의 능력 안에서 성장하기 원하지만, 그 무엇보다도, 당신을 향한 사랑 안에서 성장하기를 원합니다. 당신의 사랑으로 이 일이 일어나게 하옵소서. 아멘.

The Prophetic Made Personal

꿈과 환상

The Prophetic Made Personal

05. Dreams and Visions

꿈과 환상

우리와 하나님과의 관계의 열쇠는 상호 소통이다. 하나님의 영은 언제나 그분께 속한 사람들의 영과 소통하기 원하신다. 그분은 우리로부터 듣기 원하시며 우리에게 응답하기 원하신다. 소통은 양방향으로 난 길이다. 하나님은 우리가 그분의 음성을 듣기 원하시며 그분께 응답하기를 원하신다. 알다시피 소통은 여러 측면에서 일어난다. 말이나 글로 적힌 말씀은 단지 일부분일 뿐이다.

사도 바울은 에베소 교회의 남자들과 여자들을 위해 기도했으며 교회에 보내는 그의 편지의 시작 부분에서 하나님을 더 잘 알아야 한다고 말하고 있다.

우리 주 예수 그리스도의 하나님, 영광의 아버지께서 지혜와 계시의 영을 너희에게 주사 하나님을 알게 하시고 너희 마음의

눈을 밝히사 그의 부르심의 소망이 무엇이며 성도 안에서 그
기업의 영광의 풍성함이 무엇이며 그의 힘의 위력으로 역사하
심을 따라 믿는 우리에게 베푸신 능력의 지극히 크심이 어떠한
것을 너희로 알게 하시기를 구하노라(엡 1:17-19)

우리의 심령의 '눈'을 밝혀주시기 위해 그분께서 자신의 지혜와 계시의 영을 쏟아부어 주시는 방법 가운데 하나는 시각적인 방편인 꿈과 계시를 통해서이다. 사실 영으로 말씀하시는 대부분이 이 방법들을 통해 알려지는 듯하다. 대개의 경우 우리가 심령의 말과 의사 표시로 하나님과 소통하는 반면, 그분께서는 우리와 명확한 묘사를 통해 소통하기 원하신다.

소통의 한계를 극복하기 위해 우리가 할 수 있는 부분은, 특별한 영의 언어를 배우는 것이다. 우리는 좋은 '청취자'와 좋은 '선견자'가 되어야 한다. 그것은 우리가 수백 년 동안 그래 왔던 것처럼 청각적 자료에 시각적 자료를 첨가하는 것과 같다. 모세의 시대에 하나님께서는 자신이 정하신 이 방법을 되풀이 하셨다.

내 말을 들으라 너희 중에 선지자가 있으면 나 여호와가 환상
으로 나를 그에게 알리기도 하고 꿈으로 그와 말하기도 하거니
와(민 12:6)

이제 차이점이 있다면, '너희 중에 선지자'가 바로 당신이라는 사

실이다!

오늘날의 사도행전

스카이다이빙 사고 후 병원에 입원해 있었을 때, 내가 기도했던 유일한 시간은 무서웠을 때이거나 아니면 무엇을 이해하지 못했을 때였다. 나는 교회에 대해서 아무것도 몰랐으며 하나님과의 관계를 키워간다는 것에 대해서도 전혀 몰랐었다. 하지만 하나님께서는 선하셔서 꿈과 환상을 통해 나를 도와주셨다. 그분께서는 나의 몸은 재활 치료 받는 중일지라도 나의 영은 확실히 변화시키셨다.

그때 나는 아직 성경에서 말하는 하나님의 언약들에 대해 잘 알지 못했지만, 그 약속들의 성취에 있어서 필요한 사람이었다. 나중에 나는 사도행전의 시작 부분에서 베드로가 그의 설교에 사용했었고, 거리에서 군중들에게 전파했던 요엘 선지자의 말씀을 발견하게 되었다.

> 이는 곧 선지자 요엘을 통하여 말씀하신 것이니 일렀으되 하나님이 말씀하시기를 말세에 내가 내 영을 모든 육체에 부어 주리니 너희의 자녀들은 예언할 것이요 너희의 젊은이들은 환상을 보고 너희의 늙은이들은 꿈을 꾸리라 그 때에 내가 내 영을 내 남종과 여종들에게 부어 주리니 그들이 예언할 것이요(행 2:16-18)

나중에서야 알게 되었지만, 하나님께서 병원에서 내게 주셨던 꿈과 환상들은 나를 그분 안에 뿌리내리게 하고 그분과 교통할 수 있고, 다른 사람들에게 그분에 대해 말할 수 있게 하기 위함이었다. 나는 하나님의 군대에 출정되었다. 그분의 영은 오순절에 사람들 위에 자유롭게 부어졌듯이, 미키 로빈슨이라는 만신창이가 된 나에게 부어진 것이다.

하나님께서는 나에게 직접적으로 말씀하셨다. 그분의 음성을 듣기 위해 더 이상 목사님이나, 이사야나 예레미야 같은 선지자들에게 의지해야할 필요가 없을 것이다. 예언은 직접적으로 다가왔고, 그분의 부어주심은 계속될 것이다.

얼마나 많은 사람들이 이 비밀을 알고 있는가? 얼마나 많은 사람들이 꿈과 환상 속에서 주님을 만날 수 있는가? 오순절 이래로 모든 사람들에게 이 만남은 가능하다. 이 만남은 목자의 음성에 반응한 그 누구에게라도, 그리고 그분을 따르고자 하는 모든 자들에게 열려 있다 (요 10:27을 보라). 예수님께서 이렇게 설명하셨다. "보혜사 곧 아버지께서 내 이름으로 보내실 성령 그가 너희에게 모든 것을 가르치고 내가 너희에게 말한 모든 것을 생각나게 하리라"(요 14:26).

하나님께서는 우리를 인도하시고 안내해주시기를 갈망하신다. 그분께서는 우리가 모든 어려움 속에서 이 땅에 살고 있을 때에라도 그분과 친밀한 관계를 갖기 원하신다. 그분께서는 꿈과 환상을 포함하여 우리의 주의를 끌어당기시기에 꽤 효과적인 방법들을 갖고 계신다.

역사를 바꾸는 자들

성경은 꿈과 환상들에 대한 예들로 가득하다. 정확하게 220가지의 예가 있다. 그들 가운데 몇 가지는 거의 우연인듯 보이지만 대부분은 그렇지 않다. 사실, 때로는 나라 전체의 장래가 어떤 사람이 꾼 꿈이나 환상으로 나타난 예언의 결과로 결정된다. 때로는 그보다도 더 중요한 것이 있다. 어떤 민족의 여러 세대에 걸친 장래가 어느 개인이 잠자는 동안 하나님께로부터 받았던 음성에 좌우되었다.

그의 형제들을 다스렸던 요셉의 꿈을 생각해보라(창 37:5-9를 보라). 일련의 일들이 발생하여 수년 후 그의 형제들이 구걸하는 자들이 되어 그의 앞에 나타났을 때, 그는 이집트의 총리가 되어 다스리고 있었다. 그들은 자신들의 형제를 노예로 팔았을 때, 그들이 하나님의 각본을 따르게 되었다는 사실을 알지 못했다. 그렇지만 예언적인 꿈의 성취로 인해서 결국 그들의 가족들은 굶주려 죽게 됨을 면했다. 꿈을 통해 요셉은 자신과 자신의 가족들을 구원했을 뿐만 아니라, 이스라엘 국가 전체를 구원한 것이다. 그의 꿈은 더욱 중대한 결과를 가져왔다. 수세기 후에 이스라엘의 아들 중 하나인 모세는, 듣고 보여진 하나님의 명료한 지시를 따라 백성들을 그들의 땅으로 이끌었다.

훨씬 후에, 또 다른 요셉은 꿈에 한 천사가 나타나 마리아의 임신과 요셉이 그 아이의 아버지가 아니라는 사실을 받아들이고 마리아와 혼인을 하라고 말했다(마 1:20을 보라). 그녀의 아기가 태어난 후, 그는 또 다른 꿈을 통해서 아기 예수와 그의 어머니를 데리고 헤롯의 살해 위협으로부터 도망치라는 경고를 받았다. 그는 순종했고 그들을 데리고 이집트로 가서 헤롯이 죽을 때까지 그곳에 머물렀다(마 2:13을 보라).

당신은 이 꿈들이 어떻게 역사를 만들어왔는지 아는가? 나는 꿈들이 다른 예언들과 어울려 성취된 것에 대해 설명하려 시간을 할애하지는 않겠다. 하나님께서는 성령님을 통하여 꿈과 환상에 의해 그분의 뜻을 정의하시고 재차 강조 하신다. 꿈을 통해 예언적 말씀을 받는 사람은 꿈을 해석하기 위해 학교를 다닌 것도 아니다. 때로 그들은 해석을 감사하지도 않는다. (사도행전 10장에 나오는 고넬료와 베드로의 환상 모두를 생각해보라.) 그렇지만 성령님께서는 자유롭게 꿈과 환상을 주시는 선동자로서, 예언의 말씀을 시각화하고 개인화시켜 일상에서 당신과 나 같은 평범한 사람도 쉽게 접하고 이해할 수 있도록 하신다.

우리의 영을 일깨우시다

우리 각 사람은 혼을 지니고 역할을 하지만 실제로 몸 안에 살아 있는 영이 있다. 우리의 몸은 늙고 죽을지라도 우리의 영과 혼은 불멸한다. 우리의 '혼적인' 영역은 우리의 자유 의지와 감정, 기억들과 논리, 그리고 마음이다. 그것이 하나님에 대해서 독자적으로 작동한다.

> 이는 내 생각이 너희의 생각과 다르며 내 길은 너희의 길과 다름이니라 여호와의 말씀이니라 이는 하늘이 땅보다 높음 같이

내 길은 너희의 길보다 높으며 내 생각은 너희의 생각보다 높음이니라(사 55:8-9)

그런데 하나님께서는 우리의 영을 통해 우리가 그분의 마음과 그분의 뜻에 초점을 맞출 수 있도록 해주신다. 하나님의 영이 우리의 영에게 말씀하시며 우리의 영이 그것을 증거함으로써 우리의 마음이 그분께서 말씀하시는 것을 이해할 수 있게끔 하신다. 이것을 계시라고 부른다. 이것은 다른 방법을 통해서는 역사하지 않는다. 당신은 하나님을 측량할 수 없다. "우리가 세상의 영을 받지 아니하고 오직 하나님으로부터 온 영을 받았으니 이는 우리로 하여금 하나님께서 우리에게 은혜로 주신 것들을 알게 하려 하심이라"(고전 2:12).

예수님께서는 신명기를 인용하사, "기록되었으되 사람이 떡으로만 살 것이 아니요 하나님의 입으로부터 나오는 모든 말씀으로 살 것이라 하였느니라"고 말씀하셨다(마 4:4). 우리의 영은 하나님의 말씀으로 양육 받을 때 번성한다. 그리고 그것은 성경에 기록된 말씀만을 뜻하지 않으며, 그분의 영이 우리의 영에 하시는 말씀과 그분께서 우리의 영적 눈에 보여주시는 장면들을 또한 뜻한다.

나는 관계와 소통의 중요성에 대해서 거듭 말하고 있다. 계시의 영역은 하나님의 통신 시스템 가운데 주요 부분이며, 예언적인 사람들은 하나님의 통신을 받는 사람들이다.

예언적인 사람들이 환상들을 받을 때, 그들은 예언을 보기 때문에 '관찰자들'이 된다. 당신이 하나님께서 보내신 꿈을 꾸거나 환상(순간적으로 지나가는 것이라도)을 볼 때, 당신의 수신기는 관찰자의 용량에서 작동한다. 당신은 당신의 영으로 영적인 것을 분별하고 좀 더 깨어있을 것에 대해서 배운다.

특별히 서구사회에서 그 모든 과정은 가파르고 험난하다. 우리는 단지 우리의 다섯 가지 자연적인 감각에서 통찰할 수 있는, 혹은 우리의 머리로 계산할 수 있는 방식으로만 우리 주변의 세상과 관여하는 것에 매우 익숙하다. 우리는 우리가 냄새 맡고, 만지고, 보고, 듣고, 혹은 맛볼 수 없는 것이라면 그것은 실제가 아니라고 추측한다. 눈에 보이지 않는 영적인 영역이 종종 우리가 앉아 있는 의자보다도 우리에게 더 가깝다는 것을 알지 못한다.

사람들은 그들이 깨닫든지, 깨닫지 못하든지 영적인 삶을 지니고 있으며, 그들이 믿든지, 안 믿든지 영적인 힘에 의해서 영향 받는다. 그러므로 무신론자들조차도 영이 있으며, 그들에게도 영적인 삶이 있는 것이다. 그러나 하나님께서 우리에게 가져다 준 영적인 삶을 받아들이는 것이 훨씬 더 좋다. 예수님께서 말씀하셨다. "내 나라는 이 세상에 속한 것이 아니니라 만일 내 나라가 이 세상에 속한 것이었더라면 내 종들이 싸워 나로 유대인들에게 넘겨지지 않게 하였으리라 이제 내 나라는 여기에 속한 것이 아니니라"(요 18:36).

밤에 꾸는 꿈

연구 결과에 따르면, 우리가 꿈을 기억하든지, 못하든지 모두 꿈을 꾸며, 하룻밤 사이에 여섯 차례까지 꿈을 꾼다. 대부분의 것들은 매우 상징적이며 이따금씩 극단적이기도 하다.

꿈은 문자적인 동시에 상징적일 수 있다. 예를 들어, 꿈은 실제로 이미 일어난 일이나 혹은 일어날 일들을 묘사하며, 동시에 그것은 용서나 사랑이나 혹은 주의에 대한 교훈을 상징한다. 꿈꾸는 자는 꿈의 한 관점을 즉시 해석하고, 그런 후에 다른 관점을 이해하기도 한다. 물론 꿈을 꾼 사람은 그 꿈을 결코 기억할 수 없다거나, 그 꿈을 해석하지 못할 수도 있다.

예언과 환상과 꿈에 대한 이해는 언제나 매우 주관적이다. 하지만 이 사실이 그것들을 무효화하지는 못하며, 어떤 사물에 대하여 각기 다른 사람들이 각기 다른 '견해'를 가질 것이라는 뜻도 아니다. 어느 누구라도 이전의 경험들에 의해서, 관계와 감정과 혹은 상황들에 의해서 영향 받을 수 있다. 이런 이유 때문에, 특별히 꿈이 매우 진지한 메시지를 지닌 듯이 보인다면, 그런 꿈을 꾸었던 사람들과 친분이 있었던 신뢰할만한 사람들과 성경말씀에 근거하여 면밀한 조사를 통해 내용을 파악해야 한다. 하나의 꿈이, 혹은 꿈꾼 자가 다른 사람보다 더 위대하거나 더 나은 것으로 여겨질 수는 없다. 그것들은 단순히 다른 꿈이며, 다른 사람들과 다를 뿐이다. 그럼에도 불구하고, 우리는 외부 입력을 통해서 보호 장치를 발견할 수 있다. "지략이 없으면 백성이 망하여도 지략이 많으면 평안을 누리느니라"(잠 11:14).

몇 해를 지나오면서, 나는 수많은 꿈들을 꿨고 나의 아내도 그렇다. 때로는 내가 꿈의 반쪽을 꾸고 나의 아내가 그 나머지 반쪽을 꾸기도 했다. 그 꿈들을 통해 우리는 경고받고, 인도받았으며, 가르침을 받아왔다. 우리는 확증과 정보를 받아왔다.

한번은 우리 교회에 어떤 상황이 벌어졌을 때, 그것에 관한 꿈을 꾸었다. 우리 교회에는 매우 은사적이지만 끊임없이 문제를 만드는 여인이 한 명 있었다. 수년 동안 그녀는 지도자들을 음흉한 수단으로 해를 입혔으며 아수라장을 만들기도 했다. 아무도 어찌할 바를 몰랐다.

꿈에서 나는 경찰차의 뒷좌석에 앉아 있었다. 경찰 두 명이 앞좌석에 앉았고, 한 명은 운전을 하고 있었고 다른 사람은 옆좌석에 앉아 있었다. 갑자기 운전사가 차선을 바꾸었고 맞은편에서 오는 차들을 향해 질주하기 시작했다. 우리는 매우 빠른 속도로 달리고 있었고 빨간불을 통과하며 계속 차선을 바꾸고 있었다. 나는 경찰의 권위와 동시에 잠재적인 위험을 감지했다. 이렇게 운전한 후, 우리는 도시의 한 구획 앞에 멈추었다. 차창 밖을 내다봤다. 거리에는 총을 들고 다른 사람을 공격하는 한 사람이 있었다.

나는 "여보세요, 하지 마세요"라고 소리쳤고, 갑자기 그 가해자가 나에게 총부리를 겨누며 우리 경찰차를 향해 걸어왔다. 내 쪽 창문은 열려 있었고, 나는 총을 피하기 위해 몸을 뒤로 젖혔다. 그 공격자는 바로 교회의 그 여자였고, 그녀는 바로 창문 안으로 총을 겨누었다. 나는 발로 총을 차 버리고 그녀와 몸싸움을 하려 했다. 마침내 나는 총을 잡아 그녀에게 발사했다. 그녀는 피가 낭자한 채 쓰러졌는데, 갑자기 그녀가 내 어린 아들 잭으로 변했다. 하지만 내가 그것을 깨닫기도 전에, 나는 또 한 번 그녀를 쏘아 죽였다. 이제야 나는 내 아들이 피투성이가 되어 죽어 있는 것을 보았다. "오, 하나님! 나는 방금 내 아들을 죽였습니다!" 그리고 경찰이 내게 말했다. "당신은 그럴 필요가 없었습니다." 온 몸이 떨려왔다.

자, 이제 당신은 그것이 단지 악몽일 뿐이고, 그냥 무시하라고 말할지도 모르겠다. 하지만 나는 그것이 하나님으로부터 온 경고라고 느꼈다. 하나님께서는 그녀가 하나님의 자녀이기에 우리가 그녀를 매우 조심스럽게 다루기를 원하시며, 그녀가 교회의 지도자들을 해하려고 공격할지라도 우리가 그녀를 '죽여서는' 안 된다고 경고하심을 느꼈다. 우리들은 공개적으로 명예를 실추시켜 그녀를 제명하거나, 혹은 그녀를 교정하고 훈련시키든지, 아니면 교회를 떠나기를 원했던 것이다. 그렇지만 하나님께서는, "조심해라, 기다려라"라고 말씀하셨다.

꿈에 대한 해석은 너무나도 중요하다. 나의 아들에 대한 염려로 나는 기절할 뻔했지만, 그 꿈에서 아들은 다만 상징이었다.

꿈을 잘못 해석함으로써 자신과 다른 사람들에게 많은 문제를 야기시켰던 한 사람을 알고 있다. 그는 자신의 꿈이 그의 교회 전체에 해당하는 것으로 해석했고, 모든 교인에게 40일 금식을 선포하고 금식 후에 부흥이 일어날 것이라고 생각했다. 그는 자신이 다니는 교회의 지도자들 중의 한 사람에게 그 꿈을 말했다.

그 지도자는 지혜롭게도 그 꿈에 대하여 더 자세하게 말해줄 것을 청했다. "꿈에서 깨끗한 빈 접시가 있었고 은그릇들과 빈 컵이 함께 놓여 있었습니다. 그때 나는 달력을 보았는데, 각 장의 윗부분에 '월요일, 화요일, 수요일'이라고 쓰여 있고, 매일 한 장씩 넘어가는 그런 달력이었습니다. 그리고 약 40일 정도가 지날 때까지 그 달력의 각 장이 넘겨지고 있었습니다. 꿈에서 깨어났을 때, 나는 하나님께서 그 접시가 깨끗하게 비어 있듯이 너희는 40일 동안 아무것도 먹어서는 안 되며, 그렇게 하고 나면, 부흥이 임할 것이라고 말씀하고 계신다는 것을 알았습니다."

그 지도자는, "제가 몇 가지만 물어보겠습니다. 먼저, 당신에게는 개인적으로 어떤 일들이 일어나고 있는지요?"

그가 대답했다. "저는 아주 좋아요. 그리고 저는 우리가 금식을 행할 때, 그동안 기도해왔던 것을 응답받을 것이라고 확신합니다."

지도자는 말을 끊었다. "그런데, 당신의 기도생활은 어떤가요?"

"음, 그건 괜찮아요. 제 일이 더 많아졌지요. 교대 근무가 두 배로 늘었습니다. 그리고 그 밖에도 새 직장 일을 더 시작하게 되었고요. 그래서 교회에 출석하거나 집회에 참석할 시간이 별로 없었습니다."

"말씀 공부는 어떤가요?" 지도자가 질문했다. "어떻게 되어 가고 있지요?"

"… 그게 이렇지요. 음, 생각해보세요. 좋은 말씀을 듣고는 있지만, 제가 평소에 해왔던 것처럼 성경을 읽지는 못했어요. 일을 너무 많이 하고 있어서요."

"얼마 동안이나 그래 왔나요?"

"음, 새 직장에서 일을 시작한 지가 한 달 조금 더 되었네요."

지도자는 말을 잠시 멈추고, "그 꿈은 그 기간 동안 당신의 영이 잘 먹을 수 없었다는 것을 의미한다고는 생각하지 않으시나요?"라고 말했다.

적중했다. "오, 와우! 감사합니다."

그리하여, 교회 앞에 서서 2,000명의 성도들에게 주님께서 그에게 보여주신 직접적인 말씀이라며 교회 안의 모든 남자와, 여자와, 아이들과, 강아지들과, 고양이들까지 40일 금식에 헌신해야만 한다고 말함으로써 사람들을 참으로 혼돈케 하고 그 자신의 신용을 무너뜨리는 대신, 그는 집으로 가서 기도와 말씀 읽기의 삶을 어떻게 되찾을 수 있을지를 곰곰이 궁리했다.

그 꿈은 참된 계시였다. 그러나 그가 처음에 생각했던 것을 의미하지는 않았다.

꿈 해석

꿈을 해석하기 위해서 사람들에게 필요한 첫 번째는 그 꿈들을 기억하는 일이다. 작은 훈련을 통해서 꿈을 기억해내는 능력을 향상시킬 수 있다. 충분한 수면을 취하는 것 외에도 비타민 B^6와 같은 보충제들도 도움이 될 수 있다.

총괄적으로 볼 때, 꿈 해석에 대한 몇 가지의 원리들이 여기에 있다. 책 한 권을 통해 꿈 해석에 대한 주제를 전반적으로 다룰 수는 없다. 다음의 작가들의 책들을 참고해서 꿈을 이해하고 해석하는 것에 도움을 얻을 수는 있다(짐 골, 제인 하온, 존 폴 잭슨, 모톤 케슬리, 이라 밀리건, 허먼 리펠, 마크 버클러). 또한 성경에 근거한 믿을만한 자료들과 놀라운 경험을 한 자들의 자료를 통해 도움을 얻을 수 있다.

꿈들은 하나님의 조언을 계시한다. "나를 훈계하신 여호와를 송축할지라 밤마다 내 양심이 나를 교훈하도다"(시 16:7). 꿈의 가치에 대해 의심을 품고 있는 사람은 꿈을 해석함에 있어서 발전이 없을 것이다.

성경의 꿈들을 연구하라. 요셉의 꿈이나 다른 이들의 꿈을 읽은 사람들은 하나님께서 꿈들을 통해서 교통하심에 대한 가치를 더 잘 인식할 수 있다. 성경의 상징들을 숙고하라. 당신의 꿈속의 비성경적인 상징들이 무엇을 의미하는지를 이해할 수 있는가 보라.

꿈들을 통해서 하나님께서 말씀해 주시기를 기도로 하나님께 아뢰라. 사람들은 잠잘 때에 신체가 잠잠해진다. 하지만 그들의 영은 활동적이 되며, 하나님께서 사람들의 영에 관여하실 수 있다. 하나님께서는 꿈을 통해 말씀하실 것을 우리가 간구하길 원하신다. "너는 내게 부르짖으라 내가 네게 응답하겠고 네가 알지 못하는 크고 은밀한 일을 네게 보이리라"(렘 33:3).

잠에서 깨어나자마자 꿈들을 기록하라. 꿈을 기억하려고 애를 써봐도, 모든 사람들은 꿈을 잊어버린다. 어떤 사람들은 펜과 종이를 침상 곁에 두기도 한다. 다른 사람들은 손닿는 곳에 녹음기를 두기도 한다.

사소한 것들에 주목하라. 아는 사람들이 등장하는 꿈에서, 쫓고 쫓기는 드라마틱한 장면이 들어 있고, 한쪽 구석에 망치가 있는 것을 볼 수 있다고 하자. 나중에 당신은 전체적인 꿈이 그 망치에게 달린 것이라는 것을 발견하게 된다.

잠자리에서 자연스럽게 일어나도록 하라. 자명종 시계는 종종 꿈에 대한 기억을 깨뜨린다.

충고 없이 중요한 방향을 바꾸지 말라. 집을 팔고, 차를 팔고, 옷가지들을 팔고 선교 현장으로 달려가기 전에, 그렇게 지시하는 듯이 보이는 꿈을 신뢰할 수 있는 영적 조언자들에게 먼저 상담해야 한다.

그렇더라도, 꿈에 반응하라. 수동적이 되지 마라. 꿈들이 아무것도 의미하지 않을 것이라고 추측하지 마라. 꿈의 해석을 구하라. 개인적인 편견이나 감정의 영향을 배제하고, 객관적인 성경의 의미를 붙들라. 그런 후에, 주관적인 견해들과 함께 부각되는 의미를 살펴보라.

꿈 해석에 있어서 전문가 인듯 행세하지 마라. 자칭 전문가들은 보통 신뢰할만하지 못하다. 꿈에 관련된 성령님의 언어를 배우는 것은 삶 전체에 걸친 과정이며 성령의 은사이다.

꿈속에서 살지 말라. 지나치게 자신들의 꿈속에서 살고 있는 사람들은 곧 비현실적인 세계에서 살기 시작한다. 꿈들은 놀랍도록 상징적이지만, 그것과 현실 세계를 혼동해서는 안된다.

영적인 상담자에게 찾아갈 것을 고려하라. 생생한 꿈들뿐 아니라 영적인 문제들을 지니고 있는 사람들은 상담자의 견해로부터 도움을 얻을 수 있다.

인내하라. 하나님께서 꿈을 주시지만, 때로는 수개월 혹은 수년이 지나도록 해석이 임하지 않을 수도 있다. 아마겟돈 전쟁에 대한 꿈은 아마도 즉각적으로 실현되지 않을 것이다!

환상

환상은 사람이 잠든 대신 깨어있을 때 보는 꿈의 조각이며 마치 '깨어있는 꿈' 과도 같은 것이다. (반대로, 꿈은 '밤의 환상' 이다.)

종종 사람들은 그들이 보는 것들을 환상이라고 여기기에는 너무나도 하찮아서 놓치기도 한다. 그러나 그것들도 환상이다. 매우 빈번히, 환상이란 사람들이 보이거나, 보이지 않는 어떤 '인상' 이라고 생각한다. 그것은 내면의 눈이나 마음의 망막으로 인지된 스냅사진과 같은 형상으로 매우 순간적일 수 있다. 많은 경우에 상징적인 것이다. 때로 지혜의 말씀과 함께 오기도 한다.

내가 누군가에게 말씀을 전하고 있을 때, 때때로 번쩍이는 작은 그림이 지나가는 것을 보며 그 뜻을 이해한다. 예언의 은사인데 그것의 의미를 추구할 때, 그리고 그것을 설명하기 시작하거나 '핵심을 말하지 못하고' 있을 때, 그 이미지로부터 의미의 흐름이 온다.

사람들은 '열린 환상' 에 대해서 말한다. 열린 환상에 대한 나의 이해는 열린 환상은 자연적인 영역 위에 초자연적으로 임하는 것으로 육안으로 볼 수 있는 것을 말한다. 열린 환상은 점점 더 분명하게 볼 수 있지만 극히 드물게 나타난다.

이보다 더 드문 경우는 무아지경의 상태에서 받는 환상이다. 이 경우에는 사람이 자연적인 영역 밖으로 들림 받은 것이다. 베드로는 무두장이 시몬의 집 지붕 위에 올라갔을 때, '비몽사몽 – 무아지경'에 빠졌다(행 10장을 보라). 얼마 동안 그 자신은 지붕도, 하늘도 그리고 주위의 냄새나 소리도 알지 못했다. 그리고 유대 법률에 부정한 것으로 간주되는 동물들로 가득한 보자기가 하늘에서 내려오는 환상을 세 번 보았다. 그에게 음성이 들려, "잡아 먹으라"고 하였고, 그것은 그에게 몹시 혐오스러운 일이었다. 그때 아래층에는 고넬료의 집에서 온 이방인들이 하나님의 말씀을 듣고자 베드로를 초청하러 와 있었다. 만약 베드로가 그토록 강력한 환상을 통해, 자신이 항상 하나님의 율법이라고 생각하던 것을 하나님께서 파기하셨다는 확신이 없었다면, 그는 결코 고넬료의 '부정한' 집안으로 들어가지 않았을 것이다.

서양 사람들에게는 열린 환상이나 무아지경이 다소 이상하게 보일 수도 있겠으나, 실상 그것들은 꿈들과 크게 다르지 않다.

한 번은 내가 침대에 누워서 꿈을 꾸고 있었다. 그리고 꿈에서 깨어났는데, 그때 무아지경에 빠졌던 것 같다. 침대는 그대로 있었지만, 방안의 나머지 것들이 흐릿한 시야에 들어왔으며, 회전목마보다 백배나 더 빠르게 회전하고 있었다. 나는 마치 오즈의 마법사의 도로시처럼 토네이도에 휩쓸려 날아간 집안에 있는 것처럼 느껴졌다. 나는 어디론가 가고 있는 것을 알았으며, 무릎 위에는 페이지마다 금테를 두르고 황금 글씨로 적힌 커다란 책이 한 권 놓여 있었다. 나는 그 책을 좀 더 자세히 들여다보았어야 했는데, 그 체험으로 인한 강력함에 너무나도 압도당하여 그만 책을 떨어뜨리고 말았다. 순간, 나는 정상으로 돌아와 그저 침대 위에 앉아있었다. 오늘까지도 나는 그 상황을 어떤 식으로 반응했어야 했는지 알지 못한다. 그것은 경외심을 일으키는 능력의 폭풍이었다. 아마도 내 무릎 위에 있던 말씀이 내 영에 깊이 새겨졌을 것이며, 그 경험을 하는 동안 하나님께서 내게 그것을 살짝 '엿보게' 하셨으리라.

대부분의 경우 환상들은 지나가 버려 사람들이 놓칠 수 있다. 성령 안에서 좀 더 많이 잡으려면 기도와 예배를 통해서 향상될 수 있다. 사람들이 '본다'고 말할 때, 그것은 대부분 열린 환상이 아니며, 그들이 무아지경에 빠진 것은 아니다. 그들은 단순히 하나님의 마음으로부터 오는 어떤 것에 대한 도안을 살짝 엿본 것이다. 하나님께서는 환상이라는 언어를 사용하시며, 많은 경우 하나의 단순한 환상은 한 사람의 삶에 있어서 계시의 흐름으로 귀결된다.

어떤 예언적인 메시지라도, 우리는 그 환상을 가지고 어떻게 해야 할지를 하나님께 여쭈어야만 한다. 우리는 그 예언을 당장 사람들과 공유하려고 생각하면 안 된다. 사람들은 자주 환상을 이해하지 못할 것이며, 아니면 싫어하거나 두려워하게 될 것이다. 언제나 하나님 곁에 가까이 머무름으로써, 우리는 예수님을 닮은 인격으로 자라갈 것이며, 신실함과 사랑 그리고 인내로써 환상을 다룰 수 있는 우리의 능력을 증가시켜줄 성령의 열매들을 맺게 될 것이다.

환상가의 삶

우리는 장벽들을 무너뜨리고 성령안에서의 새로운 경험들을 도전할 때 '환상가의 삶' 이라고 부르는 것을 우리의 영안에 불러일으킬 수 있다. 이상적으로, 우리는 성령님께서 인간의 영을 통해 우리의 혼(우리의 마음과 감정들)에게 영향을 미치길 원한다. 우리는 우리의 상상력이 일상의 스트레스가 아닌 하늘의 것들을 재현해 주기를 원한다.

이 과정에 도움을 얻기 위해 우리는 우리의 꿈과 환상을 기록하고 그것들을 우리 위에 두신 권세자들과 삶 가운데 영적인 영향력을 주고 있는 신뢰할만한 사람들과 나눔으로써 시작할 수 있다. 우리는 조언을 구할 수 있고 해석에 도움을 받을 수도 있다. 그리고 그 해석들을 적용시키는 것에 대한 도움을 구할 수 있다.

믿든지 안 믿든지, 성경의 삼분의 일이 꿈이나 환상에 대해 직접 혹은 간접적으로 반응한 것과 관련된다. 예를 들어 바울의 '마게도니아에서의 부르심' 을 보자.

> 밤에 환상이 바울에게 보이니 마게도냐 사람 하나가 서서 그에게 청하여 이르되 마게도냐로 건너와서 우리를 도우라 하거늘 바울이 그 환상을 보았을 때 우리가 곧 마게도냐로 떠나기를 힘쓰니 이는 하나님이 저 사람들에게 복음을 전하라고 우리를 부르신 줄로 인정함이러라(행 16:9-10)

바울은 이미 순회하며 복음을 전했지만, 하나님께서는 꿈에서 그에게 다른 지방으로 가라는 지시를 보내셨다. 그는 순종했고, 하나님 나라가 문명화된 세계로 영역을 넓히고 있다는 그 환상은 많은 사람들에게 영향을 주었다. 그와 동일한 영 안에서 (그리고 동일한 성령 안에서), 우리는 하나님으로부터 오는 모든 통신수단에 관심을 집중하게 되었으며, 하나님의 열정적이며 놀라운 언어를 이해할 수 있는 우리의 능력은 계속하여 성장하게 될 것이다.

기도

성령님, 우리는 기대를 가지고 당신을 바라봅니다. 꿈과 환상을 통해 우리에게 말씀하옵소서. 그리고 이 특별한 통신을 이해할 수 있도록 우리를 도와주소서. 우리를 겸손하게 하시며, 당신의 메시지에 언제나 밤과 낮으로 깨어 있게 하소서. 그것이 우리에게 스쳐가는 그림이나 미묘한 상징물의 형태로 올지라도, 우리는 신실함과 인내, 그리고 신뢰를 가지고 당신의 말씀을 다루기 원합니다. 무엇보다도, 우리는 계속하여 당신께로, 당신의 영을 향하여 더욱 가까워지기를 원합니다. 꿈과 환상으로 당신과 더욱 가까워지기를 원합니다. 당신은 우리의 삶의 주인이십니다. 아멘.

The Prophetic Made Personal

누구든지
예언할 수 있다

The Prophetic Made Personal

06. You May All Prophesy

누구든지 예언할 수 있다

세례요한은 한 번도 정체성 문제에 시달린 적이 없었다. 내가 믿기로 그의 부모님께서 그에게 종종, "우리는 아이를 가질 수가 없었단다. 그리고 그 사실로 인해서 슬펐지. 우리는 기도했고, 주의 천사가 나타나서 말했단다. '당신들은 매우 특별한 아이를 갖게 될 것입니다'"라는 말을 들려주었으리라. 요한은 아주 어린 시절부터 그는 자신이 구별되었다는 것을 알고 있었다. 그리고 그는 자신이 왜 태어났는지를 알고 있었다. 세월이 지나고 사람들이 그에게로 와서, "당신이 그리스도이신가요?"라고 물었을 때, 그는 자신이 그리스도가 아님을 확실히 말하였다. "당신은 선지자인가요?" 또 다시 아니라고 대답했다. "흠, 당신은 누구입니까?"

"나는 광야에서 외치는 자의 소리로다"(마 3:3, 막 1:3, 눅 3:4, 요 1:23을 보라). 그의 삶의 목적은 회개를 외치는 자가 되어 장차 오실 주님을 예비하는 일이었다. 그의 직무는 사람들로 하여금 주님께 응답하도록 준비시키는 일이었다. 세례요한은 이사야가 말했던 사람이 바로 자신임을 알고 있었고, 자신은 오실 분의 신들메를 풀기에도 가치가 없는 자임을 알고 있었다.

우리는 세례요한이 위대한 사람임을 알고 있는데, 그것은 예수님께서 그를 가리켜 여자가 낳은 자 중에 가장 큰 자라고 일컬으셨기 때문이다(마 11:11, 눅 7:28을 보라). 그런데 예수님께서 또한 천국에서는 가장 작은 자라도 그보다 크다고도 말씀하셨다. 그 점이 나와 당신에게 어떤 의무감을 준다. 그 말씀은 우리에게 무엇을 뜻하는가? 그것은 성령 안에서의 우리의 잠재력이 요한의 기름 부음보다도 더 강하다는 것을 뜻한다. 믿기 어려운 일이다. 그렇지만 반면에, 우리는 우리 안에 예수 그리스도의 영께서 살고 계심을 알고 있다.

가슴 두근거리게 하시는 말씀

우리는 성령의 은사들이 회복되는 시기에 살고 있으며 성숙해지는 법을 배워야 한다. 목욕통 속의 아기를 목욕물과 함께 쏟아버리는 것을 원치 않듯, 우리는 더 이상 영적인 은사, 특히 예언의 은사를 갈망하는 것을 멈추기를 원치 않으며, 무지로 인해 은사들을 잘못 다루는 것 또한 원치 않는다. 미성숙한 사람들이 은사를 오용함으로써 전반적인 교회의 움직임은 예언을 금지해왔다.

만약 우리가 예언적인 실체에 대해 온전히 알기 원한다면, 내가 거듭 말했듯이, 그 실체는 과거와 현재 모두 온전히 예수 그리스도의 삶 가운데 증명되고 있다. 그분은 살아 있는 말씀이시며 우리의 심령 안에 살고 계시다(요한복음 1장을 보라). 그분은 궁극적인 계시이시다. 우리는 글로 적힌 말씀을 읽음으로써 단지 그분에 대해서 아는 것이 아니라, 그분의 살아 임재하심과 계시와 사랑으로 가슴 두근거리게 하는 말씀이 우리 안에 있다. 우리는 은혜 안에서 그와 같은 사실에 감사하는 법을 배워야 한다. 주님께서 그분의 성령으로 우리에게 그분의 말씀이 살아 숨쉬게 하실 때, 그때가 바로 하나님의 말씀이 예언이 되는 것이다.

상대적인 성숙함과는 무관하게 우리 각자는 예언을 추구해야만 한다. 은총 안에서 이 말의 강력한 증거는 고린도 교회 성도들에게 "사랑을 추구하며 신령한 것들을 사모하되 특별히 예언을 하려고 하라(고전 14:1)라고 촉구한 사도 바울로부터 비롯된다. 고린도 교회의 성도들은 미성숙함의 상징이었고, 그럼에도 바울은 마치 깃털이 갓난 어린 새와 같고 불완전한 교회의 성도들에게 한 발을 앞으로 내딛고 날개를 펼쳐볼 것을 간곡하게 권하고 있다. 그는 고린도 교회의 성도들 각자 안에 계신 성령님께서 그들의 인간적인 연약함을 극복할 수 있게 하실 것이라고 신뢰했다.

그것은 마치 연주를 시작하기 전에 심포니 오케스트라에서 나는 소리와 같았을 것이다. 모두가 조율하고 있을 때, 당신이 들을 수 있는 건 찍찍 하는 소리, 나팔 부는 소리, 커다란 소음, 그리고 탁탁 치는 소리뿐이다. 그것은 당신이 몇분 후에 듣게 될 연주와는 너무나도 다르지만, 동일한 연주자들이 동일한 악기로 내는 소리다. 차이점은 그들이 지휘자의 지시에 반응하는 방법에 있다. 상상해보건대, 당신이 만약 고린도 교회의 한 모임에 참석한다면, 그것은 마치 누군가가 그 방에 있는 모든 사람에게 그들의 이름과 나이, 생일, 주민등록번호, 주소, 그리고 전화번호를 모두 동시에 말해달라고 요청한 것과 같은 소리가 났을 것이다. 그들 중 대부분은 큰 소리로 방언을 말하고 있었고, 한 남자는 그의 의자 위에 올라서서 예언을 말하고 있었으며 한 사람은 간증을 하고 있었다. 또 다른 사람은 빙빙 원을 그리고 돌아다니며 자신이 기도해 줄 사람을 찾고 있었다. 그곳은 일종의 동물농장과도 같았을 것이다.

고린도 교인들을 향한 바울의 지침들은 성경에 나오는 그런 지침들을 대표한다. 그는 사랑하는 마음으로 완곡하게 그들에게 몇 가지를 권하면서 시작한다. 예를 들어, "너희가 모든 일에 나를 기억하고 또 내가 너희에게 전하여 준 대로 그 전통을 너희가 지키므로 너희를 칭찬하노라"(고전 11:2). 그런 후에 그는 그들을 질책하고 가르친다. 그 교회에는 분열과 부도덕이라는 큰 문제가 있었다. 사람들은 성찬에 참석하러 올 때 술에 취해 있었고 모임 중에는 서로 큰 소리로 경쟁했다.

그럼에도 바울은, "다 중지하라. 다 그만두라고! 문을 닫아버려! 통제불능이야!"라고 말하지 않았다. 그 대신, 그는 단지 어떻게 '교회 생활을 적절하게 할 수 있는지'에 대해 가르쳤다. 어떤 면에서 그는 주님의 길을 예비하는 세례요한과도 같았다. 오늘날 우리는 다시 그의 가르침을 필요로 한다.

바울은 그들에게 적용할 수 있는 잘 짜여진 기본 틀을 주었다. 그는 서로의 감정과 적절한 이해, 그리고 성령님의 역사에 대한 존중을 강조했다. 그는 그들 가운데 서 계신 지도자 하나님께 그들의 심령을 맡기는 법을 가르쳤다.

다양한 형태의 계시

가슴 뛰게 하는 말씀에 대한 계시들은 다양한 형식으로 다가온다. 영감이 넘치는 경배의 찬양, 기름 부음 받은 설교와 가르침, 꿈과 환상, 그리고 방언의 은사는 하나님의 표현 방법들이다. 하나님께서는 모든 방법들을 통해서 말씀하신다. 그러나 내가 생각하는, 공공장소에서의 가장 적절한 형태의 계시는 사적이고 개인적인 예언과는 구별되는 공동체적인 예언의 발언이다. 나는 '예언자의 직임'이 어떻게 예언의 은사와 예언의 영과 다른지를 다루지 않은 채, 단지 믿는 사람들에게 예언적인 표현을, 특별히 그들의 지역 교회의 범위에서 탐구해 볼 것을 권하고 싶다.

바울은 고린도 교인들에게 편지했다.

> 방언을 말하는 자는 자기의 덕을 세우고 예언하는 자는 교회의 덕을 세우나니 나는 너희가 다 방언 말하기를 원하나 특별히 예언하기를 원하노라 만일 방언을 말하는 자가 통역하여 교회의

덕을 세우지 아니하면 예언하는 자만 못하니라(고전 14:4-5)

바울이 방언으로 말하는 것을 나쁘다고 말하고 있는가? 그는 사람들이 방언을 말하지 않길 원하는가? 나는 그렇게 생각하지 않는다. 그는 그들 모두가 방언을 말하길 원했다. 그러나 그보다는 사람들이 모두 예언하기를, 혹은 적어도 방언이 회중 안에서 쉽게 이해될 수 있는 언어로 통역되기를 원했다. 그 결과는 덕을 세우는 것이 될 거라고 그는 말했다. 바울은 세움 받고 강해지기를 원했다.

어떤 사람들은 예언이 미래를 예측해야만 하는 것이라고 생각한다. 때로는 그렇지만 예언은 과거에 일어났던 혹은 현재 일어나고 있는 일에 대한 설명, 해석, 그리고 묘사이다. 때로 예언은 사람들의 마음 상태를 드러내며 변화를 위한 방법과 길을 제시한다.

예언적 말씀은 시, 공간에 제한 받지 않지만, 예수님의 마음에 제한 받는다. 그리스도인의 예언 사역과 점술, 점성가들(비 그리스도인들)의 활동 사이의 차이점은, 그리스도 중심의 예언 사역은 사람의 진정한 마음 상태를 드러내며 하나님의 마음을 드러낸다는 것이다. 그리고 예수님을 구세주와 치료자로 높이며 사람들에게 무엇을 해야 할지를 말해준다는 점이다.

예언적 말씀은 내가 '예언의 세 기둥'이라고 부르는 것을 통해 교회를 유익하도록 만들어졌다.

예언의 세 기둥

예언적 발언의 의도는 예수님의 어머니 마리아가 그녀의 친척인 엘리자베스를 방문하여 즉흥적으로 주님의 이름에 영광 돌리기 시작했듯이 그렇게 하나님을 찬양하는 것이다.

> 마리아가 이르되 내 영혼이 주를 찬양하며 내 마음이 하나님 내 구주를 기뻐하였음은 그의 여종의 비천함을 돌보셨음이라 보라 이제 후로는 만세에 나를 복이 있다 일컬으리로다 능하신 이가 큰 일을 내게 행하셨으니 그 이름이 거룩하시며 긍휼하심이 두려워하는 자에게 대대로 이르는도다 그의 팔로 힘을 보이사 마음의 생각이 교만한 자들을 흩으셨고 권세 있는 자를 그 위에서 내리치셨으며 비천한 자를 높이셨고 주리는 자를 좋은 것으로 배불리셨으며 부자는 빈 손으로 보내셨도다 그 종 이스라엘을 도우사 긍휼히 여기시고 기억하시되 우리 조상에게 말씀하신 것과 같이 아브라함과 그 자손에게 영원히 하시리로다 하니라(눅 1:46-55)

그것이 예언이었다. 이스라엘 백성들이 홍해를 건너고, 미리암과 백성들이 춤추고 찬양하며 기뻐할 때에 그들이 불렀던 찬양 역시 예언이었다(출애굽기 15장을 보라). 예언적 교회에서는 많은 예언의 말씀들이 바로 주님을 찬양하는 목적 하나만을 위해 전달된다. 다른 많은 말씀들은 믿음 안에서 말씀을 듣는 자들을 세우기 위해 의도된 덕을 끼치는 직접적인 말씀들이다. 어떤 말씀들은 다만 하나님께서 그분의 사랑을 나타내시기 원하실 때 하시는 사랑과 격려의 말씀으로써, 그것을 예언적으로 나타내시기로 선택하신 것이다. 그리고 다른 말씀들은 우리를 촉구하고 설득시키고 타이르는 권면의 말씀들이다. 이 말씀들은 꾸짖는 말씀이 아니라 오히려 경고나 주의를 주시는 말씀이다. "네가 가고 있는 이 길을 계속 걸어라. 너에게 준 본래의 비전을 붙잡아라. 위험을 경계하라."

예언의 세 기둥은 덕, 권면, 그리고 안위이다. 그것들이 고린도전서 14장에 따르는 예언 사역의 세 가지 목적이다. 어떤 예언적 말씀이라도 사람들을 개인적으로 그리고 공동체적으로 세우며, 교인들과 교회의 몸을 강화시키고 회복시키며, 그리고 사랑이신 하나님의 본성을 반영하는 것이어야 한다.

때로 권면이라는 단어는 간청, 애원, 설득과 관련된 폭넓은 의미를 포함하는데, 때로는 꾸짖음, 경고, 혹은 직접적인 명령까지를 포함하는 까닭에 격려라는 단어보다는 권면이라는 단어를 더 적합하다. 어떤 사람들은 이 단어를 부정적으로 해석한다. 하나님께서, "네가 경계하는 편이 좋겠다"고 말씀하실 때, 그들은 하나님께서 자신들에게 화가 나신 거라고 생각한다. 하지만 하나님의 경고는 그분의 보호하심의 한 부분이다. 만약 나의 어린 아들이 황소가 풀을 뜯고 있는 초원으로 달려간다면, 나는, "아들아, 조심해라, 멈춰라!"고 말했을 것이다. 나는 단호하고 직접적으로 말할 것이다. 내가 큰 소리로 말한 것은 곧 나의 사랑과 아버지로서의 보호하심에서 비롯된 것이었으리라. 때로 예언은 그런 소리로 들린다.

예언은 공동체로서의 교회뿐만 아니라 개인들을 위한 하나님의 의도와 목적들을 드러낸다. 그러한 예언들은 종종 조건적이다. 예언들의 성취는 사람들의 반응에 달려 있다. 바울은 그의 믿음의 아들 디모데에게 편지했다.

> 아들 디모데야 내가 네게 이 교훈으로써 명하노니 전에 너를 지도한 예언을 따라 그것으로 선한 싸움을 싸우며 믿음과 착한 양심을 가지라 어떤 이들은 이 양심을 버렸고 그 믿음에 관하여는 파선하였느니라(딤전 1:18-19)

어떤 사람들은 예언적 충고들을 저버렸고 믿음을 지키는 것에 실패한 것이 분명하다. 하나님께서는 그들과 함께 일하기를 원하셨지만 그들은 거부했다. 바울이 디모데에게 간곡하게 타일렀듯이, '믿음의 선한 싸움'을 하는 대신 그들은 곁길로 빠졌다. 오늘날까지도 사람들은 살아 있는 말씀을 항상 거부해버린다. 예수님께서는 온 세상의 죄를 위해 돌아가셨는데, 그럼에도 마지막 때가 왔을 때, 그분의 말씀을 받아들이지 않은 사람들로 지옥은 가득찰 것이다.

우리는 하나님께서 목적을 가지고 그분의 축복들을 드러내신다는 것을 깨달으며 예언적 메시지들을 잘 맡아 관리해야 한다. 하나님께서 선지자를 통해 말씀하실 때, 그분께서는 결과를 보시고자 의도하신다. 그분께서는 단지 우리를 기분 좋게 하시기 위해서나, 혹은 우리에게 단지 거룩한 경험이 되게 하기 위해서 말씀하지 않으신다. 그분은 우리의 삶에 대한 그분의 목적을 말씀하길 원하신다.

알기 쉬운 다섯 마디의 말씀들

바울은 고린도전서 14장 19절에서, "교회에서 네가 남을 가르치기 위하여 깨달은 마음으로 다섯 마디 말을 하는 것이 일만 마디 방언으로 말하는 것보다 나으니라"고 말했다. 분명히 바울은 방언을 말하는 것이, 그렇게 '영적'으로 보이는 것에 대해서 염려하지 않았다. 그가 오로지 중점을 두고 있는 한 가지는 교회를 세우는 것이었다. 그는 자신이 아는 누구보다도 더 많이, 교회라는 배경 안에서 방언의 은사를 사용했다고 언급했지만, 하나님의 말씀을 사람들이 이해할 수 있는 언어로 말하는 것을 더 좋아했다.

바울은 고린도 성도들에게 다음과 같은 지침을 주고 있다.

> 형제들아 지혜에는 아이가 되지 말고 악에는 어린 아이가 되라 지혜에는 장성한 사람이 되라… 그러므로 방언은 믿는 자들을 위하지 아니하고 믿지 아니하는 자들을 위하는 표적이나 예언은 믿지 아니하는 자들을 위하지 않고 믿는 자들을 위함이니라 그러므로 온 교회가 함께 모여 다 방언으로 말하면 알지 못하

는 자들이나 믿지 아니하는 자들이 들어와서 너희를 미쳤다 하지 아니하겠느냐 그러나 다 예언을 하면 믿지 아니하는 자들이나 알지 못하는 자들이 들어와서 모든 사람에게 책망을 들으며 모든 사람에게 판단을 받고 그 마음의 숨은 일들이 드러나게 되므로 엎드리어 하나님께 경배하며 하나님이 참으로 너희 가운데 계신다 전파하리라 그런즉 형제들아 어찌할까 너희가 모일 때에 각각 찬송시도 있으며 가르치는 말씀도 있으며 계시도 있으며 방언도 있으며 통역함도 있나니 모든 것을 덕을 세우기 위하여 하라 만일 누가 방언으로 말하거든 두 사람이나 많아야 세 사람이 차례를 따라 하고 한 사람이 통역할 것이요 만일 통역하는 자가 없으면 교회에서는 잠잠하고 자기와 하나님께 말할 것이요 예언하는 자는 둘이나 셋이나 말하고 다른 이들은 분별할 것이요 만일 곁에 앉아 있는 다른 이에게 계시가 있으면 먼저 하던 자는 잠잠할지니라 너희는 다 모든 사람으로 배우게 하고 모든 사람으로 권면을 받게 하기 위하여 하나씩 하나씩 예언할 수 있느니라 예언하는 자들의 영은 예언하는 자들에게 제재를 받나니 하나님은 무질서의 하나님이 아니시요 오직 화평의 하나님이시니라 (고전 14:20, 22-33)

이것들은 좋은 지침들이지만 다만 명령이 아니라 지침일 뿐이다. 그들은 다음과 같은 허용 범위를 지닌다. "만약 당신이 네 가지 예언을 받았다면 ('두 가지 혹은 적어도 세 가지 이상'), 걱정하지 마세요. 당신은 죄를 범하지 않은 것입니다!" 바울은 누가 몇 번을 예언했는지 점수로 매겨야 한다거나, 누가 실수를 해서 추방되어야 한다든지 하는 것을 제안하지 않았다. 그는 단순히 사람들이 차례를 따라 주님의 말씀을 나누고 서로에게 관심을 기울이며, 그리고 필요하다면 서로서로의 의견을 따르는 교회의 모임을 위해 적용할 수 있는 제도를 구상한 것뿐이다. 그가 '예언하는 자들의 영은 예언하는 자들에게 영향을 받는다'고 말했을 때, 그는 잘 숙련되고 입증된, 경험을 쌓은 예언의 사람들이 교회 안에서의 예언적 사역을 분별하고 판단하기에 충분할 만큼 민감한 사람들임을 말한 것이다.

이해할 수 있는 언어로 된 방언을 권유하면서, 방언의 메시지가 통변의 은사를 가지고 있는 사람들에 의해 통변(예언적 은사의 종류 가운데 한 가지) 되어야 한다고 바울은 촉구한다. 그렇지만 통변은 번역이 아니다. 어느 사람이 공개적인 메시지를 방언으로 말할 때와 그것을 해석하고 관련된 말씀과 눈에 보이는 문장 구조로 표현되는 것은 서로 꽤 다를 수도 있다. 방언을 해석한 통변은 정말 그렇다. 통변은 예언이나 혹은 기도처럼 들린다. 그것을 받게 되는 사람은 선지자들이 말씀을 받을 때처럼 '가슴이 뛰는 것'을 경험한다. 능동적인 기름 부음이나 성령님의 기름 부으심으로 주님의 말씀을 전하게 된다.

바울은 어떤 사람이 방언의 은사를 사용할 때마다 누군가가 반드시 그곳에 있어서 통변해야 한다고 말하는 것은 아니다. 그는 다른 사람들이 그 메시지를 들을 수 있는 공개적인 장소에서의 은사의 사용에 대해서만 말하는 것이다. 공개적인 모임에서 한 사람이 방언을 말하거나 혹은 다른 어떤 영적 은사를 사용할 때, 그 사람은 삼중 지향적으로 사역하고 있는 것이다. 첫째, 그 사람은 예배와 찬양과 경배의 방법으로 하나님께 사역하고 있다. 둘째, 그 사람은 그 모임 안에 있는 믿는 사람들에게 사역하고 있다. 그리고 셋째, 그는 모임 안에 있는 불신자들에게 (그리고 여기에는 성령님의 은사들이 어떻게 작용하는지에 대해서 아직 모르고 있는 신자들까지 포함하여) 사역하고 있는 것이다. 이것이 바로 민감성과 분별력에 대한 필요성을 설명해준다.

다른 사람들이 찬양을 노래하고 있을 때, 어떤 사람이 숨소리처럼 들릴락 말락 할 정도의 방언으로 기도한다거나 영으로 찬양하는 것에 대해서는 아무도 기분 나빠하지 않을 것이다. 하지만 누군가가 목청껏 소리를 높인다면 그것이 방언이든지 아니든지 적어도 새로 온 사람은 혼란스러울 것이다. 새로 참석한 자에게 덕을 끼치지 못함은 명백한 일이다. 바울은 메시지를 통변함으로써 회중 전체로 하여금 무슨 일이 일어나고 있는지를 알게 하라고 조언하였다.

예언의 말씀은 좀 더 직선적이다. 그것들은 쉽게 이해될 만하다. 사실, 예언의 말씀들은 모임의 불신자들을 설득하고 죄에 대해 찔림을 주어 그들을 믿음으로 이끌 것이다. 마음의 비밀들이 드러남으로써 그들은 경외감으로 엎드릴 것이고, 그 장소에 하나님께서 진실로 살아계시고 임재하심을 확신하게 될 것이다.

나는 하나님의 예언적인 임재가 너무나도 엄청나서 모든 사람들이 바닥에 엎드러지게 되었던 교회들을 방문한 적이 있었다. 인간의 속임수나 압박이 아닌 하나님의 능력이 그것을 행하셨다. 카펫트 바닥에 엎드리는 것으로는 그들에게 충분하지 않았다. 모든 사람들이 유치원 시절 때부터 지은 자신들의 모든 죄에 대해서 고백했다. 그러고 나자, 하나님께서는 부드러움과 사랑 그리고 축복으로 오셨고, 사람들 위에 은혜를 내리시며 그들에게 변화될 수 있는 방법을 보여주셨다.

우리가 예언적인 사람들로 변화되어가면서, 하나님께서 예언의 말씀을 통해 확신을 보내셨을 때, 무슨 일이 발생했는지에 대한 더 많은 간증들을 듣게 될 것이다. 한 번은 내가, 전에는 결코 그 교회에 나온 적이 없었던 한 여인에게 예언을 한 적이 있었다. 나는 그녀가 불신자인 것도 몰랐다. 그녀에게 걸어갔을 때, 나는 그녀의 머리 위에서 물음표를 보았으므로, "당신은 질문거리가 참 많군요"라고 말하고는 그녀에게 복음에 대해서 말하기 시작했다. 그날 그녀는 집으로 돌아갔고, 구원 받았으며, 그 후에 젊은 크리스천 청년과 결혼했다. 오늘날 그들은 그 교회의 지도자들이 되었다. 그녀는 마음의 비밀스런 질문들이 드러났고, 하나님의 의도하심이 그녀에게 설명되었기에 확신할 수 있었노라고 말했다. 그것은 예언이 어떻게 공개적인 장소에서 역사할 수 있는지에 대한 좋은 본보기이다.

진정한 예언의 말씀은 사람들이 그것으로부터 유익을 얻을 수 있도록 명백한 의미를 지닌 '명백한 소리'여야 할 필요가 있다. 바울은 이 비유를 들었다.

> 그런즉 형제들아 내가 너희에게 나아가서 방언으로 말하고 계시나 지식이나 예언이나 가르치는 것으로 말하지 아니하면 너

희에게 무엇이 유익하리요 혹 피리나 거문고와 같이 생명 없는 것이 소리를 낼 때에 그 음의 분별을 나타내지 아니하면 피리 부는 것인지 거문고 타는 것인지 어찌 알게 되리요 만일 나팔이 분명하지 못한 소리를 내면 누가 전투를 준비하리요 이와 같이 너희도 혀로써 알아 듣기 쉬운 말을 하지 아니하면 그 말하는 것을 어찌 알리요 이는 허공에다 말하는 것이라 이같이 세상에 소리의 종류가 많으나 뜻 없는 소리는 없나니 그러므로 내가 그 소리의 뜻을 알지 못하면 내가 말하는 자에게 외국인이 되고 말하는 자도 내게 외국인이 되리니 그러므로 너희도 영적인 것을 사모하는 자인즉 교회의 덕을 세우기 위하여 그것이 풍성하기를 구하라(고전 14:6-12)

하나님의 뜻인즉, 그분께서는 교회 위에 부여하신 영적 은사들이 교회를 안위하고 권면하고 덕을 세우기 원하신다. 그것은 또한 우리 마음의 의도하는 바가 되어야 할 것이다.

마음의 동기

당신은 사마리아에서 빌립을 만난 유명한 마술사 시몬을 기억하는가?(행 8:9-24를 보라). 사도행전 8장 9절에서 그는 '자칭 큰 자라' 일컬어 그의 행하는 마술로 사람들을 놀라게 했다. 하지만 그는 빌립과 그의 동료들이 예수님의 이름으로 행한 더 놀라운 기적들을 보았을 때, 13절에서, "시몬도 믿고 세례를 받은 후에 전심으로 빌립을 따라다니며 그 나타나는 표적과 큰 능력을 보고 놀라니라"라고 말한다.

베드로와 사도 요한이 그 마을에 도착했고, 그들은 새로 세례를 받은 사마리아 신자들이 성령을 받도록 기도해 주기 시작했다. 이것은 전례 없던 일이었다. 더 놀라운 일은, 시몬은 이 특별한 능력을 그의 마술 레파토리에 추가시키고자 원했다(행 8:14-19을 보라). 그는 그것을 구매할 수 있는 일종의 상품으로 보았고, 다른 사람들 위에 성령을 부여할 수 있는 그 권세를 얻기 위해 돈을 주고 그 능력을 달라고 사도들에게 제의했다. 베드로는 소름이 끼쳤다.

> 베드로가 이르되 네가 하나님의 선물을 돈 주고 살 줄로 생각하였으니 네 은과 네가 함께 망할지어다 하나님 앞에서 네 마음이 바르지 못하니 이 도에는 네가 관계도 없고 분깃 될 것도 없느니라 그러므로 너의 이 악함을 회개하고 주께 기도하라 혹 마음에 품은 것을 사하여 주시리라 내가 보니 너는 악독이 가득하며 불의에 매인 바 되었도다(행 8:20-23)

외형적으로 볼 때 시몬의 갈망은 존중할만한 것이었다. 그는 예수 안에서 세례까지 받았던 것이다. 그러나 내면적으로 그의 동기는 더 렵혀져 있었다. 그는 옳은 것을 올바르지 못한 동기로 원했다.

종종 그릇된 동기는 우리가 예언적인 메시지를 들을 때에 감지할 수 있다. 하나님께서는 죄인인 사람들을 통해서 말씀하실 수 있고 또한 말씀하실 것이다. 그분께서는 우리가 영적인 은사들을, 특별히 예언을 열렬하게 사모하기를 원하신다(고전 14:1을 기억하라 – "사랑을 추구하며 신령한 것들을 사모하되 특별히 예언을 하려고 하라"). 그렇지만 우리가 마이크를 잡기까지 일련의 시험을 통과할 것을 요구하지는 않으신다.

겸손하고 순종적인 심령의 사람은 소리 내어 말하기에는 너무나도 소심할 수 있다. 반면에, 스스로의 동기에 의해 발동된 사람은 지나치게 담대하여 오히려 교회가 헤쳐나가기에 어려운 문제들을 만들 수 있다. 우리는 우리 마음의 동기를 다룰 필요가 있고, 우리가 성장함에 따라 서로를 사랑하며 그것들에 대해서 정직해야 한다.

'영적'으로 보이고자 하는 사람은 자리에서 일어서서 예언의 말씀을 전달하고자 원하고 그들은 보상을 받게 될 것이다. 말하도록 허락받음으로써 그들은 어느 정도의 인정을 얻은 것이다. 하지만 교회에 덕을 끼치게 되겠는가? 나는 그렇게 생각하지 않는다. 사람들은 습관적인 반응으로 "아멘!"이라고 말할 수 있으나, 그들이 방금 시인한 말씀으로부터는 아무 것도 얻지 못할 것이다.

예언자가 교정이나 지시사항의 말씀을 전달했을 경우에는 문제가 더 난처해진다. 그런 경우에 그 저변에 깔린 문제는 마음의 동기뿐 아니라, 신자들의 공동체 안에서의 위치와 행정적인 권세, 그리고 적절한 시기등을 포함한다. 어떤 사람이 일어나서, "장막 안에 죄가 있습니다. 당신들은 90일 금식을 시행해야 할 필요가 있습니다. 어떤 사람은 집을 팔아야 하고"라고 선포했다면, 사람들은 크게 동요할 것이다.

공개적인 선언 전에, 모든 교정적이고 지시적인 말씀들은 그 교회의 지도자들에게 먼저 드려짐으로써 밀에서 겨를 갈라내야만 하겠다.

교회가 인간들로 구성되어 있는 한 마음의 동기는 문제로 남을 것이다. 유일한 해독제는 하나님의 사랑에 의한 번성하는 문화이다. 선한 이유에 근거하여 바울은 잘 알려진 '사랑의 장'인 고린도전서 13장을 12장과 14장 사이에 꼭 집어넣었으며, 그것은 교회 안에 예언과 또 다른 영적 은사들과 함께 비중있게 다루어진다. 사랑은 예언보다 오래 남는다.

> 내가 예언하는 능력이 있어 모든 비밀과 모든 지식을 알고 또 산을 옮길 만한 모든 믿음이 있을지라도 사랑이 없으면 내가 아무 것도 아니요… 무례히 행하지 아니하며 자기의 유익을 구하지 아니하며 성내지 아니하며 악한 것을 생각하지 아니하며… 사랑은 언제까지나 떨어지지 아니하되 예언도 폐하고 방언도 그치고 지식도 폐하리라 우리는 부분적으로 알고 부분적으로 예언하니 온전한 것이 올 때에는 부분적으로 하던 것이 폐하리라… 그런즉 믿음, 소망, 사랑, 이 세 가지는 항상 있을 것인데 그 중의 제일은 사랑이라(고전 13:2, 5, 8-10, 13)

가르침을 받고, 실수를 범하는 것으로부터 오는 연단과 훈련을 통해서 예언의 말씀을 듣고 전달함으로써만 우리는 나아질 수 있다. 우리가 효과적으로 가르침을 주고받을 수 있는 유일한 방법은 사랑을 통해서이다. 우리의 상호관계 안에서, 특별히 어느 한쪽이 감정이 상할 수 있는 관계에서 '사랑은 허다한 허물을 덮느니라'(벧전 4:8을 보라).

예언할 준비를 갖추고 교회에 오다

순수하고 사심 없는 동기를 가지고서도, 하나님께로부터 개인적으로 받은 예언을 마치 교회 전체에 해당되는 말씀으로 오해할 수 있다. 그 차이점을 배우는 것이 선지자로서 성숙해지는 것이다.

최선의 안전 지침은 다른 누군가에게 확인받는 것이다. 우리는 모두 하나님의 영이 어떻게 사역하시는가에 대해 이해해야 하고, 서로가 배우도록 도와야 한다. 건강한 교회에서는 사람들은 새로운 것을 시도하기에 두려워하지 않을 것이며, 지도자들은 문제가 발생했을 시에 바로 잡기를 두려워하지 않을 것이다.

목적은 언제나 동일하다 - 덕을 세우는 것이다. 전체로서의 몸을 세우는 것은 무엇일까? 고린도 교회는 아직 성숙하지 못했지만 바울은 그들이 지도를 받기에 충분히 성장한 것으로 간주했다. 그들은 성숙해가는 과정에 있었고, 그는 그들을 위해 목적지를 보여줄 수 있었다. 바울은 서로를 향해 헌신된 사람들로 가득한 교회에 편지를 썼다. 그들은 서로의 영적 은사들을 경험했고, 주님을 사랑했으며, 그분의 성령으로 채움을 받았다.

그러므로 그들이 미성숙하다는 이유만으로 무시하는 대신, 바울은 그들을 위해 소망을 내걸었다. 그는 그들로 하여금 성령님께서 그들을 통해 말씀하실 것을 허락해 드리기를 원했다. 그리고 그는 영의 진정한 움직임은 환영받으며, 설레이며, 덕을 끼치며, 그리고 동시에 질서정연하다는 것을 알았다. 바울은 고린도 성도들이 소리 높여 말하고 노래하려고 혹은 그저 듣거나 성령님의 말씀에 귀 기울이는 사람들과의 교회 모임에서 어떠해야 할지를 그려보도록 도와주었다. "그런즉 형제들아 어찌할까 너희가 모일 때에 각각 찬송시도 있으며 가르치는 말씀도 있으며 계시도 있으며 방언도 있으며 통역함도 있나니 모든 것을 덕을 세우기 위하여 하라"(고전 14:26).

오늘날 우리들의 교회 역시 이와 동일해야 한다. 다음에 당신이 교회에 있을 때, 만약 성령께서 당신 내면의 동요를 일으키신다면, 그것을 단지 상상일 뿐이라고 놓쳐버리지 말기 바란다. 만약 당신이 기도해왔고 주님과 동행하고 있으며, 현재 교회 안에 있고, 하나님의 움직임을 느낀다면 드러내어라. 믿음 안에서 한 걸음을 내딛어라. 일어서서 지도자 역할을 하는 사람과 그것을 나누어라. 순전하고 기대하는 태도로 당신은 그들의 확증과 지도를 받게 될 것이다. 당신이 한 발을 내딛지 않으면 하나님께 쓰임받지 못할 것이다.

실천과 함께 당신의 영적인 감각들이 예민해질 것이고, 당신의 영, 즉 당신의 영적인 직감의 기관이 확장되고 성숙해질 것이다. 히브리서 5장 14절에서 그리스어로 '에이스테테리온'(aistheterion)은 '지각'으로 해석되며, '분별'은 실천에 대한 직접적인 결과로 묘사된다. "단단한 음식은 장성한 자의 것이니 그들은 지각(aistheterion)을 사용함으로 연단을 받아 선악을 분별하는 자들이니라"(히 5:14).

처음에 당신은, 이미 받았던 말씀을 보강해 주는 말씀을 받게 될 것이다. 당신의 '말씀'이라는 것은 단지 어젯밤에 꿈을 꾸었다는 사실이거나, 혹은 당신이 한 주 내내 특정한 성경 구절을 읽게 되었다든지, 아니면 당신이 결코 나눌 수 없는 말이 될 수도 있다. 하지만 당신은 하나님의 말씀을 증거하는 한 부분이 될 것이고 예언적 감각들을 사용하는 법을 배우게 될 것이다.

당신이 하나님께서 주신 그분의 음성을 듣는 능력을 훈련해갈 때, 공동의 유익을 위해 모든 지체들이 함께 역사하는 교회 안에서의 당신의 위치를 발견하기 시작할 것이다.

기도

하나님 아버지, 살아계신 말씀이시여, 우리 각자가 당신의 유용한 그릇이 되기 원합니다. 우리에게 더 큰 믿음을 주셔서 당신이 우리에게 원하시는 것을 행할 수 있도록, 그리고 어떤 방법으로 행하기를 원하시는지를 알게 하옵소서. 우리는 당신께서 우리를 통해 말씀하시기를 원하신다는 것과 또한 다른 사람들을 위해서 그 음성을 들을 필요가 있다는 것을 믿습니다. 우리로 예언의 사람들이 되기를, 그리고 당신의 부르심에 합당한 자들로 여겨주시기를 원합니다. 우리는 기름 부음 받은 자로서, 이제와 영원토록 당신의 이름에 영광을 돌리며, 당신의 말씀을 전달할 때, 은총과 축복을 간구합니다. 아멘.

예언의 발동,
예언의 예법

The Prophetic Made Personal

07. Prophetic Initiative, Prophetic Etiquette

예언의 발동, 예언의 예법

'예언'이라는 것은 은사로 사람들을 감동시키고자 대접하는 하나의 반찬이 아니다. 그것은 아이스크림 위에 얹어놓은 생크림도 아니다. 예언은 하나님이 혁신적으로 가리키시는 손가락이다. "너희가 오른쪽으로 치우치든지 왼쪽으로 치우치든지 네 뒤에서 말소리가 네 귀에 들려 이르기를 이것이 바른 길이니 너희는 이리로 가라 할 것이며"(사 30:21). 예언의 말씀은 덕을 끼치고 격려하고, 권면하며, 안위함으로써 교회의 정체성을 나타내고, 다듬으며, 그분의 몸으로 부르신 사람들에게 하나님의 마음을 드러낸다.

'예언'이라는 것은 말씀의 주도권을 가지고 있는 교회의 주인이다.

> 야곱아 너를 창조하신 여호와께서 지금 말씀하시느니라 이스라엘아 너를 지으신 이가 말씀하시느니라 너는 두려워하지 말라 내가 너를 구속하였고 내가 너를 지명하여 불렀나니 너는

내 것이라 네가 물 가운데로 지날 때에 내가 너와 함께 할 것이
라 강을 건널 때에 물이 너를 침몰하지 못할 것이며 네가 불 가
운데로 지날 때에 타지도 아니할 것이요 불꽃이 너를 사르지도
못하리니 대저 나는 여호와 네 하나님이요 이스라엘의 거룩한
이요 네 구원자임이라 내가 애굽을 너의 속량물로, 구스와 스
바를 너를 대신하여 주었노라… 나 여호와가 의로 너를 불렀은
즉 내가 네 손을 잡아 너를 보호하며 너를 세워 백성의 언약과
이방의 빛이 되게 하리니 네가 눈먼 자들의 눈을 밝히며 갇힌
자를 감옥에서 이끌어 내며 흑암에 앉은 자를 감방에서 나오게
하리라(사 43:1-3, 42:6-7)

예언의 발동

하나님의 예언적 발동 없이 교회는 번성할 수 없다. 사랑스러운 신랑처럼 그분께서는 그분의 예비 신부들을 격려하시고 지지하신다. 교회는 그리스도의 신부다. 그리고 자신의 약혼자를 나쁘게 말하는 사람과 결혼하기 위해 약혼하는 사람은 없다. 만약 남자가 그녀에 대해 불친절하게 말한다거나, 최후통첩을 발한다거나, 혹은 두들겨팬다면, 그녀와의 약혼이 오래가지 않을 것이다. 그렇지 않겠는가? 만약 그가, "만약 당신이 똑바로 하지 않는다면 내가 끝장내고 말겠다"고 말한다면 어떻겠는가? 과연 결혼 생활의 시작이 어떠하겠는가?

아니다. 신랑이신 그분께서는 엄히 말씀하실 때에라도, 지혜와 사랑으로 말한다. 일을 바로 잡아야 할 때가 있어도 교회가 절망적인 상태가 되지 않도록 하신다. 예언 사역의 전체적인 목적은 그리스도의 신부를 영적으로 그리고 도덕적으로 세우심으로써, 그분의 이름을 존경하는 사람들을 안위하시고 하늘나라로의 문들을 열게 하려는 것이다.

아나니아라는 신자가 사울이 머물고 있는 직가 거리에 있는 유다의 집 문을 열었을 때, 다마스커스로 가는 길에서 하나님에 의해 눈이 먼 사울은 문소리 나는 쪽을 바라보았다(사도행전 9장을 보라). 그는 그의 방문자를 보지는 못했지만 말을 들었다. "사울 형제여" 주님께서 말씀하시기 전에는 사울을 그의 형제로 여기지 않았고 오히려 교회에 대한 위험한 원수로 여겼던 아나니아는 사울에게 어찌하여 하나님께서 그를 길 위에서 눈 멀게 하셨는지, 그리고 그 미래를 말해주었다. 실제로 아나니아의 예언의 말들은 바울의 장래 사역에 대한 것을 상세히 확증해주었으며, 그가 말을 마쳤을 때 바울의 눈은 다시 볼 수 있게 되었고, 그는 그리스도인으로서 첫 식사를 하기도 전에 세례를 받게 되었다. 이 상황이 내가 예언적 발동에 대한 좋은 예라고 부르는 것이다!

훨씬 후에, 어떤 선지자들과 교사들이 주님을 찾기 위해 안디옥에 모였다(행 13:1-2을 보라). 그들이 기도하는 동안, 하나님께서 사울과 바나바가 선교 여행을 위해 구별되어야 함을 예언적으로 말씀하셨다. 아마도 그 방에 모인 자들의 반은 선교 여행에 자격을 갖춘 자들이었을 것이다. 하지만 성령님은 어떤 사람으로 하여금 이들 특정한 두 사람을 지적해내도록 주도권을 가지고 말씀하셨다. 모인 사람들은 동의

했고 성령님께서 그들의 방향을 지시하셨다. 그분께서는 그리스도의 몸의 최고 경영 책임자이셨으며(오늘날에도 교회를 위해 그렇듯이), 그리고 (그때처럼 지금도) 그리스도의 몸 된 사람들과 소통하시고자 예언이라는 도구를 사용하신다.

보라, 예언은 단지 교회 내부에 격려와 전망과 생명을 공급하기 위한 방편만이 아니다. 예언적 발동은 지역 교회의 개인들이 어떤 것을 행하도록 유발하며, 그리고 대부분의 경우 예언의 말씀을 행하기 위해 그들을 교회 밖으로 보낸다. 성령님께서는 사람들을 선교 여행지로 보내실 뿐 아니라, 평범한 일상의 일들도 맡기신다. 그분께서는 그들에게 무엇을 해야 할지를 솔선해서 말씀하시며, 그들이 할 수 있도록 무장시키신다.

너무나 많은 세월 동안, 너무나 많은 교회들이 하나님의 예언적 발동에 관여하지 않았었다. 오천 명의 신자가 있는 교회가 세상과 단절될 때, 당신은 하나님을 탓할 수 없다. 회중은 자녀들을 태어나서부터 졸업할 때까지, 자신의 테두리 안에 가두어 놓을 수는 있겠지만, 그것으로 그들이 세상에 보여줄 수 있는 것은 무엇이란 말인가? 몇 번이나 그들은 혁신적이고도 세상을 사랑하시는 주님의 말씀을 자신들의 정신적 요새를 유지하기 위해 무시할 것인가? 얼마나 여러 번 그들은 하나님의 발동을 오해할 것인가?

하나님의 영은 그분께 귀 기울일 사람들을 찾고 있다. "여호와의 눈은 온 땅을 두루 감찰하사 전심으로 자기에게 향하는 자들을 위하여 능력을 베푸시나니"(대하 16:9). 만약 당신이 그분의 움직임을 느낀 사람들 가운데 하나라면, 아마도 당신은 기다리며, 인내하며, 변화되어 되기 위하여 깨어있으며, 악한 보고에 의해 낙담하지 않고, 하나님으로부터 들은 말씀을 확신하는 갈렙이나 여호수아 같은 사람이 될 필요가 있으리라. 당신은 만약 하나님께서 무엇을 원하신다면, 당신이 바로 그 임무를 위해 자원할 것을 당신의 기도로써 선포하게 될 것이다. 당신은 당신의 대적자들에게 예언해야 할 것이며, 주님께서 당신에게 무엇을 행할지를 말씀해주실 때 그 말씀을 좇아야 한다.

당신은 당신 스스로의 삶에 대해 예언할 수 있으며 변화를 시도할 수 있다. 나는 아이를 가질 수 없었던 부부를 알고 있다. 그들은 아이를 가질 것이라는 예언을 받았음에도 불구하고 불임이었다. 그래서 그들은 자신들의 몸과 상황들을 놓고 스스로 예언하기 시작했다. 뭔가 변화가 생길 때까지 그들은 그들의 집 안을 걸어 다니며 불임을 극복하는 찬양을 드렸고, 하나님의 말씀을 고백했다. 그들이 아이를 가질 수 없을 거라고 말했던 바로 그 의사가 그들의 아이를 받을 수 있는 은혜를 입게 되었다.

당신은 마귀에게 예언할 수도 있다는 것을 아는가? 그것이 바로 다윗이 골리앗과 접전했을 때 행했던 것이다. 다윗은 하나님의 음성을 듣는 법을 배웠다. 그래서 그는 두려움 없이 담대히 말할 수 있었다. "또 다윗이 이르되 여호와께서 나를 사자의 발톱과 곰의 발톱에서 건져내셨은즉 나를 이 블레셋 사람의 손에서도 건져내시리이다"(삼상 17:37). 더 좋은 무기로 무장되고 더 나은 훈련을 받은 군사들보다도 다윗은 싸움의 주도권을 잡았다. 그는 주님께서 그와 함께 하시는 것을 너무나 확신했으므로, 거인이 창을 먼저 던지기까지 기다리는 대신 그를 향해 달려 나갔다. 다윗 스스로의 예언이 아직도 귓가에 울린다.

> 오늘 여호와께서 너를 내 손에 넘기시리니 내가 너를 쳐서 네 목을 베고 블레셋 군대의 시체를 오늘 공중의 새와 땅의 들짐승에게 주어 온 땅으로 이스라엘에 하나님이 계신 줄 알게 하겠고 또 여호와의 구원하심이 칼과 창에 있지 아니함을 이 무리에게 알게 하리라 전쟁은 여호와께 속한 것인즉 그가 너희를 우리 손에 넘기시리라(삼상 17:46-47)

예언적으로 표현된 하나님의 말씀은 반드시 이루어지도록 되어 있다. 그 때문에 그분께서는 자신의 말씀들을 표현하시고자 순종함으로 따르는 그분의 종들의 목소리를 사용하신다.

살아 있는 돌들로부터 살아 있는 말씀을

성경 말씀에서 그리스도의 몸의 지체들을, 베드로전서 2장 5절에서의 "너희도 산 돌 같이 신령한 집으로 세워지고"의 '산 돌들'에 비유했다. 나는 하나님께서 그분의 교회를 이와 같이 만드신 이유가 우리로 겸손하게 하시며 서로를 의지하도록 하신 것이라고 믿는다. 우리는 땅바닥에 흩뜨려진 홀로 떨어진 돌멩이들이 아니다. 우리는 서로서로에게 기대고 서로서로를 세워주어야 할 필요가 있다.

우리가 서로에게 하는 예언의 말들은 서로 함께하는 우리 삶의 한 부분이다. 그 말들은 혼란스러운 사람과 상황에 하나님의 생명을 불어넣도록 되어 있다. 진정한 예언은 사람들의 심령을 드러내고 하나님의 마음을 나타낸다. 그것은 또한 하나님께서 인도하시는 해결안을 나타낸다. 대부분의 예언은 하나님께서 사람들에게 이미 보여주시고 계시는 것들을 확증하지만, 그것을 듣는 자들로 하여금 생명을 주시는 주님께 그들의 심령을 다시금 새롭게 열도록 감동을 준다.

그 때문에 진정한 예언은 단지 그리스도인의 복점(福點)이 아닌 것이다. 마술적인 예언은 당신이 어릴 적에 무엇을 했는지, 당신이 누구와 결혼하게 될 것인지, 당신의 이름, 주소, 그리고 휴대폰 번호를 말해줄 수 있다. 그러나 살아 계신 하나님으로부터 오는 예언은 생명을 가져다준다. 어쩌면 그 말씀이 잘못 해석되거나 잘못 전달될 수도 있을 것이다. 덧붙여지기도 할 것이고 원래의 내용에서 빠지는 것이 있을 수도 있다. 그러나 진정한 예언은 그리스도의 몸을 세우는 것에 도움이 될 것이다. 그 말씀을 전달하는 사람들이 단지 예언의 은사만 있는 것이 아니라 예언적인 삶을 살고 있기에 그 말씀들은 생명을 전할 수 있는 것이다.

자, 이제 살아 있는 돌에서 살아 있는 식물에게로 비유를 바꿔보자. 녹색으로 자라가고 있는 것들이 때로는 다소 무질서할 수도 있다는 것이 사실이다. 만약 당신이 정원을 돌보지 않는다면 눈 깜빡할 사이에 그것은 정글로 변할 것이다. 그런 이유 때문에 바울은 모임에서 고린도 교회의 성도들에게 영적인 은사들에 관한 그들의 통제되지 않은 표현에 대해서 교정하는 말씀을 설파했다. 그렇지만 그는 그들을 심하게 질책함으로써 영적인 삶이 위축되도록 하지는 않았다. 그의 지도에 의해서 사람들은 모든 것을 '품위 있게 하고 질서 있게' 해야 할 것이다(고전 14:40). 그렇지만 그는 교회로 하여금 죽어 있는 공동묘지처럼 모든 사람들이 한 줄로 선 채, 좋고, 깨끗하고, 정돈되게 하려는 것은 아니었다.

그는 어떤 예언적인 행동을 위해 그것을 더 어렵게 하는 것이 아니라, 더 쉽게 만들어줄, 즉 교회 안에서 하나님의 살아 있는 말씀이 생명을 생산해 내는 일을 하도록 어떤 예언적 방안, 실용적인 도구들을 제시하려고 의도했다.

성령 안에서 함께 움직이기

예언적인 말씀은 그리스도의 몸을 세우는 것을 목적으로 하고 그리스도의 몸은 다양한 단계의 영적 성장 중에 있는 서로 판이하게 다른 개인들에 의해서 만들어지기에, 우리는 성령 안에서 함께 움직이는 법을 배울 필요가 있다.

예언적 방안에 대한 궁극적인 목적은, 하나님의 사람들이 성령님을 향한 공동체적 민감성을 발전시키는 실제적인 규칙들을 제공하는 것이다. 우리가 성경에서, 그리고 앞서 경험한 사람들로부터 배울 수 있는 '규칙'들은 바로 이와 같은 목적에서 기인된 것이어야 한다.

공동체적 민감성은 무엇보다도, 하나님의 음성에 대한 경청을 의미하며 서로에 대한 경청 또한 의미한다. 이와 같은 상황은 마치 무도회와 같으며, 하나님께서 인도하고 계신다. 그분의 댄스 파트너인 그분의 신부는 그분의 미묘한 신호에도 반응할 수 있는 수준의 민감성을 연습할 필요가 있다. 그녀는 자기 자신의 주장을 포기할 뿐 아니라 그녀의 몸의 모든 지체들이 협력함으로써, 그녀의 반려자를 따를 수 있게 해야 한다. 한 편 그녀는 전신으로 파트너의 움직임을 감지하며, '보이는 것보다는 믿음으로' 춤추는 것을 배워야만 한다.

성령님께서 움직이실 때, 때로는 그리스도의 몸 전체가 그것을 느끼게 될 것이다. 그들은 모두가 고요히 그리고 기대하는 마음으로 기다려야 할지 혹은 두 발로 일어서서 소리치고 손뼉 치며 기다려야 할지를 알게 될 것이다. 때로 공동체적인 민감성은 감지하기 어려울 수도 있다. 어떤 사람이 일어서서 어떤 말을 하거나 혹은 성경 구절을 읽을 때, 사람들의 내면에서 일어나는 확증처럼 미묘한 것일 수 있다. 우리가 함께 있을 때 더 많이 '마음을 맞춤'으로써, 우리는 "아멘!"이라고 말할 수 있게 하는, 심령의 연합을 더 많이 즐거워하게 될 것이다.

적절함

어떤 것들은 적절하고, 어떤 것들은 그렇지 않다. 집회 가운데 예언의 영이 역사하기 시작할 때, 당신이 일어서서 하나님께서 어떻게 당신의 만 불어치의 전화요금을 지불해 주셨는지를 말하기에는 적절한 시간이 아니다. 물론 그것은 아주 흥미롭고 당신이 그 이야기를 할 때 자연히 하나님께서 영광 받으실 만한 것일 수도 있겠지만, 진정 그 시간은 그 말을 하기에 적합한 때가 아닌 것이다.

공동체적 민감성을 얻기 위해서는 각 개인이 성령님에 대한 민감성을 높여야 하며 특정한 그룹을 위한 영적 에티켓에 대한 '요령'을 배울 필요가 있다. 우리는 주님의 흐름을 중단시킬 위험이 있다. 우리는 그분의 흐름을 단절시키는 것을 원치 않는다. 일단 모임이 그분의 흐름을 벗어나면, 그것을 다시 돌이키는 것은 거의 불가능하다.

만약 당신이 말씀을 공개적으로 나누어야 한다고 확신한다면, 하나님께서 직접 드러내실 것이다. 당신은 경험에 의해서 중요도와 장소에 맞는 적절한 시기를 배울 수 있을 것이다. 한 번은 내가 많은 지도자들이 참석하고 있는 어느 모임에 갔었다. 존경받는 지도자가 가르치는 동안, 하나님께서 나에게 분명하게 하신 말씀이 있었다. 그러나 그 집회는 너무나도 큰 규모의 집회였고, 나는 그 지역 사람이 아니었기 때문에 소심해졌고 공개적으로 말씀을 나누길 망설였다. 그러자 나는 그 말씀이 빠져나가는 것을 느꼈다. 그런 후에 주요 강사의 가르치는 시간이 되었고, 처음 35분간의 강의 내용은 내가 하나님으로부터 들었던 내용이었다. 만약 내가 용기를 내어 일찍 그 말씀을 나누었더라면, 강사와 회중 모두의 믿음을 세워주는 것이 되었으리라. 나는 이 일에 대한 자책으로 한참을 헤맸지만, 한 가지를 배웠다. 하나님은 내가 그의 말씀에 반응하지 않았다고 해서 나를 죽이시거나, 나쁜 사람이라고 생각하지 않으신다는 것이다. 그분은 단지 우리에게 용기를 주시려 한다. 나는 뻔뻔스럽게 과신하기보다는 여전히 겸손하게 예민하기를 원할 것이다. 하지만 그 일 후에, 나는 하나님께서 나의 소심함을 다루시는 법을 배웠다.

개인적인가? 혹은 공동체적인가?

개인적인 말씀과 공동체적인 말씀 사이에는 차이점이 있다. 때로 당신은 하나님께서 하시는 말씀을 듣지만, 그 하시는 말씀이 다른 사람에게는 적용되지 않을 때가 있다. 그분은 그냥 당신에게 개인적으로 말씀하시는 것이다. 그 차이점을 구별하기가 어렵다. 왜냐하면 하나님께서 당신에게 어떤 것을 분명하게 보여주실 때 아마도 모든 사람들이 당신의 놀라운 계시를 들음으로써 유익을 얻게 될 것이라고 생각할지도 모르기 때문이다. 당신은 그것을 공동체와 나누어야 하는지 아닌지를 그분께 여쭈어야 할 필요가 있다. 시간이 지나는 동안, 당신은 공동체적인 배경에서 받은 말씀을 가지고 무엇을 해야 할지에 대한 분별력과 민감성이 성장하게 될 것이다.

확인하라

　일어나서 무엇인가를 말하기 전에, 당신은 언제나 그 모임을 인도하는 사람들과 점검해 볼 수 있다. 그들은 당신의 말의 내용과 그것을 전달할 시기에 대하여 두 가지 모두를 확인해줄 수 있어야 할 것이다. 나의 교회는 그렇지 않지만 어떤 교회들은 규칙이 있으며, 나는 그곳에서 사역할 때 그 규칙을 존중하여 공동체의 대표되는 사람에게 표정과 고갯짓으로서 허락을 표한다. 또 다른 모임에서는 모임의 인도자들이 주어진 예언의 내용과 성격을 간단히 물어보기도 한다.

　우리 교회에서 가장 신뢰할만한 사람들은 그들의 지도자들에게 가장 기꺼이 그 받은 말씀을 내어놓고 따르는 사람들이라는 사실이 흥미롭다. 이들이 바로 확증된 예언자들이다. 그들은 언제나 선한 것을 말하며 이상한 것을 말하지 않는다. 말할 것도 없이, 그들은 언제나 지도자들로부터 허락을 받는다. 그런 까닭에 당신은 그들이 확인 받는 것을 멈출 것이라고 생각할지도 모르겠다. 하지만 그들은 공동체적인 민감성을 존중하기에 자신들의 말을 확인 받는다.

　만약 우리가 예언하기 전에 지도자들과 점검하도록 하는 규칙을 만들었을 경우 그것을 불쾌하게 여겼을 사람들은 종종 아무에게도 도움이 되지 않는 엉뚱한 말들을 하곤 한다.

　좀 더 큰 규모의 교회들에서는 두서없는 공개적인 예언이 전혀 허락되지 않는다. 그들은 그 집회에 이미 입증된 예언자들을 가지고 있으며, 주님께서 주신 말씀을 전할 수 있는 목사나 선지자를 주시도록 간구하길 사람들에게 가르친다. 이것은 단독적이며 얄팍한 예언이 미성숙한 회중들에게 나쁜 영향을 미칠 수 있는 상황을 피할 수 있게 한다. 이런 책임을 진 사람들의 노력으로 예언의 자유는 보장될 수 있다.

성령님께 주파수를 맞추라

예언의 정확성을 놓고 기도하라. 당신의 마음을 주님의 영에게 맞추라. 다른 사람들도 맞출 수 있도록 기도하고, 집회 중에 그들이 하나님으로부터 말씀을 받을 때에 어떤 어려움도 극복하도록 기도하라. 당신의 기도가 얼마나 중요한지를 당신은 결코 다 이해하지 못할 것이다. 이것은 성령님이 모임을 인도하시도록 허락하는 방법이며, 우리가 더욱 놀라운 동역을 할 수 있도록 하는 방법 중의 하나이다. 만약 전체 회중이 예언의 흐름을 감지하게 된다면, 그 영향력은 단지 소수의 예언적 사람들만이 주목을 받는 것보다 훨씬 더 위대하다.

'은밀한 예언들'을 피하라

예언의 말씀은 그것이 지향(志向)하는 바에 따라서 서로 다르다. 어떤 말씀은 방향제시의 말씀이거나 혹은 교정의 말씀이고 어떤 말씀은 위로의 말씀, 지혜의 말씀, 칭찬의 말씀 혹은 기초적인 영적 권면의 말씀이다. 어떤 교회들은 세움받고, 신뢰받는 예언자들의 방향 제시적이거나, 교정적인 말씀 외에 다른 어떤 예언의 말씀도 허락하지 않을 것이다. 이것은 그리스도의 지체들을 보호하기 위함이다.

사람들이 길가에 숨어서 기다리다가 스스로 다른 사람들에게, "하나님께서 당신에 대해서 나에게 이런 저런 이야기를 해주셨다"라고, 혹은, "어젯밤 꿈에 당신에 대해서 이런 꿈을 꾸었어요"라고 말할 때, 그런 예언이 일어나는 장소로 인해 우리는 '주차장 예언' 혹은 '화장실 예언' 이라고 부른다. 우리는 그런 접근을 인정하지 않는다. 방향제시나 교정의 말씀들은 강력한 힘을 가지고 있기 때문에, '뭐든지 해도 괜찮다' 라는 수법을 인정함으로써 누군가를 잘못된 길로 인도하는 것을 원하지 않는다. 특별히 개인과 가정 생활 가운데 강한 영향력을 행사하는 예언의 말씀들, 즉 직업을 바꾸도록 제시하거나, 결혼이나 이혼, 혹은 사는 것과 파는 것, 그리고 기타 등등의 방향제시의 말씀에 대해서는 경고해야 할 의무가 있다. 그와 같은 결정은 결코 한 사람의 예언자에 의해서 조종되어서는 안될 것이다.

초대 받은 강사와 지도자들을 보호하기 위해 관련된 제한이 있다. '특별한 말씀' 을 가지고 그 사람들을 혼자서 만나지 말라. 그 대신, 그 메시지를 전달하는 것의 적합성을 분별할 수 있는 제3자에게 가져가서 나누라. 각각의 회중들은 아무리 개인적인 예언일지라도 공중의 모임이라는 배경 안에서 나눌 수 있기에 합당한지에 대한 스스로의 지도 방침을 가질 필요가 있다.

또 다른 도움이 되는 제약이 있는데 '바퀴벌레 예언' 이 있다. 이는 어둠 속에서 기어 나오는 부정적인 예언이며 종종 예언의 가면을 쓴 편견이 있는 말씀이다. 이런 말씀은 안 된다. 하나님께서 예언을 통해서 경고하시고, 질책하시고, 나무라실 수 없기 때문이 아니라, 하나님께서는 사람들이 찔림을 받으며, 죄책감이나 절망감을 느끼게 하는 대신에 그들에게 승리를 획득하는 방법을 말씀해 주시기 원하기 때문이다.

때때로 사람들은 자신의 의견을 나타내기 위해 공개석상을 이용한다. 그것은 예언적인 계시가 아니며, 냉정하고 비판적인 어조를 띨 수 있다. 그러한 상황에서는 지도자들이 나서야 하는 의무가 있다. 지도자는 다툼 없이 공개적으로 상황을 정리할 수 있고, 그럼으로써 하나님의 사람들의 마음과 생각을 보호하고, 그런 후에 개인적으로 그 말을 한 사람을 다룰 수 있다. 30년이 넘는 교회 지도자 생활에서, 나는 오직 단 한 번만 이것을 행해야 했었다. 그것은 즐거운 일은 아니었지만, 하나님의 사람들을 목양하는 일의 한 부분이다. 우리는 하나님께서 우리에게 그분의 백성들을 맡겨주신 것에 대한 경외심을 가져야 한다.

한편, 일반적인 격려나 안위의 말씀은 어떤 부정적인 반향 없이 거의 모든 이들에게 받아들여질 수 있다. 다시 말하지만, 공동체적인 민감성은 우리가 무엇을 할지를 아는 것에 대한 열쇠이다. 주님께 주파수를 맞추고 서로의 평안을 살필 때, 우리의 공동체적인 민감성은 꾸준히 향상될 것이다. 바울이 고린도에 보낸 그의 편지에서처럼 스스로에게 질문하라. "그런즉 형제들아 어찌할까 너희가 모일 때에 각각 찬송시도 있으며 가르치는 말씀도 있으며 계시도 있으며 방언도 있으며 통역함도 있나니 모든 것을 덕을 세우기 위하여 하라"(고전 14:26). 그리스도의 몸을 세우고자 하는 마음을 가꾸라.

"모든 성도와 함께 지식에 넘치는 그리스도의 사랑을 알고"

우리가 개인적으로 그리고 공동체적으로 성장해갈 때, 모임 가운데 열매 맺은 모든 것들이 예수님의 영광을 나타낼 것이다. 바울은 에베소의 교회에 이것에 대해 썼다.

> 이러므로 내가 하늘과 땅에 있는 각 족속에게 이름을 주신 아버지 앞에 무릎을 꿇고 비노니 그의 영광의 풍성함을 따라 그의 성령으로 말미암아 너희 속사람을 능력으로 강건하게 하시오며 믿음으로 말미암아 그리스도께서 너희 마음에 계시게 하시옵고 너희가 사랑 가운데서 뿌리가 박히고 터가 굳어져서 능히 모든 성도와 함께 지식에 넘치는 그리스도의 사랑을 알고 그 너비와 길이와 높이와 깊이가 어떠함을 깨달아 하나님의 모든 충만하신 것으로 너희에게 충만하게 하시기를 구하노라(엡 3:14-19)

'알고'의 그리스어는 '카탈람바노'(katalambano)이며, 이것은 '이해하다, 열정적으로 붙잡다, 획득하다, 발견하다, 인지하다, 깨닫다'의 의미이다. 이것은 추론할 수 없는 것이며 오직 영적 계시를 통해서 일어난다.

성숙한 예언적인 교회에서는 가르침들, 시편들, 예언의 말씀들, 그리고 간증들이 서로 함께 역사하여 사람들을 예수 그리스도의 충만함으로 인도하고, 그들은 하나님을 더 깊이 이해하게 될 것이다. 하나님의 음성에 더 민감해지게 될 것이다. 또한 하나님의 목적을 이해하기 시작할 것이고 하나님의 왕국을 위한 열매를 맺을 수 있게 될 것이다.

나는 지역 교회들이 하나님의 영 안에서 함께 움직이게 될 그 날, 곧 평범한 사람들이 꿈과 환상, 말씀과 성경, 그리고 하나님의 예언자들과 함께 예언을 나누고 그 예언을 바탕으로 찬양 리더가 선택한 찬양이 그날의 가르침을 확증하는 그런 일이 일상적으로 일어나는 그와 같은 날들을 기대한다.

어떻게 역사하는가?

예언의 흐름이 모임 가운데 흐를 때, 영에 민감한 사람들은 주님께서 무엇을 하려는지 알아차린다. 그때가 바로 다른 사람들 역시, 그 흐름을 소멸시키는 것이 아니라 그 흐름에 동참하도록 기도해야 하는 때이다. 그 흐름이 너무 빨리 끊어질 수 있다. 예언의 말씀을 주어야 할 때에 누군가가 노래하기 시작하거나 일어서서 간증을 말할 수 있다. 그런 사람들은 동일한 마음의 동요를 느끼고도 찬양이나 간증으로 그 마음을 표현하려고 할 수도 있다. 그 느낌으로 무엇을 해야할지 모르는 것이다. 때로 나는 예언적인 사람들이 반응하기 전에 폭풍전야와 같은 '의미심장한 중단됨'의 시간들이 느껴진다. 그럴 때가 되면 나는 그들에게 좀 더 민감하게 반응하라고 말하고 싶다.

성령님의 흐름과 부조화를 이루게 되는 것이 쉬운 것처럼, 그 흐름을 수용하고 분별하며, 말씀을 전달하는 것 또한 쉽다.

첫 번째, 당신은 당신의 영 안에 무엇인가가 가득 채워지는 것을 느낀다. 때로는 한 단어나 한 장의 사진이 당신의 마음에 떠오른다. 때로 이것은 한 특정한 주제, 아마도 하나님께서 자신을 표현하시고 싶은 것에 대한 느낌일 수도 있다. 어떤 사람들에게 모임 전에 이런 느낌을 받게 되며 언제 그 말씀을 전해야 하는지 따로 하나님께 지시를 받을 수도 있고, 아니면 그들의 영 안에 떨림이나 기름 부음, 혹은 '감동'을 느끼기까지 그 말씀(혹은 종종 부분적인 말씀) 선포를 보류한다.

말을 해야 할 시기라고 느낄 때(아마도 당신이 의뢰한 지도자의 재량에 따라서), 당신은 "주님께서 말씀하시기를"이라고 붙일 필요가 없다. 예언적인 언어체를 배우고 훈련받아 당신이 자유롭게 구사할 수 없다면 어려운 킹 제임스 번역본에 의해 예언이 전달될 필요는 없다. 사람들에게 지역적인 억양이나 방언이 있듯이, 당신도 영 안에서 능숙하게 되고 계발될 것이다.

당신 자신이 하나님이 되어서 말하듯 일인칭으로 전달해도 될 것이다. 베드로가 오순절에 사람들에게 말했을 때(사도행전 2장을 보라), 그것이 곧 예언의 말씀이었다. 그는 영적으로 충만하였고 돌연 강한 권능을 받아, 방금 일어난 일에 대한 계시를 받았다. 그리하여 그는 그것이 바로 요엘 선지자가 예언했던 것이라고, 사람들에게 설명했다. 그는 요엘이 누구인지를 알고 있는 사람들에게 이야기하고 있었고, 그들은 요엘의 예언에 친숙했다(욜 2:28-32를 보라). 그는 다락방에 모여 있는 백여 명의 사람들이 술 취한 것이 아니라, 오히려 그토록 오래 전에 요엘이 예언했던 성령의 부어짐이라고 사람들을 설득했다. 성령님께서 베드로의 영에게 감동을 주셔서, 그는 모든 것을 명확하게 설명할 수 있었다. 너무나도 명확해서 약 3,000명의 사람들이 당장 그 자리에서 자신들의 삶을 예수님께 드렸다(행 2:41을 보라).

'믿음의 분량에 따라'

바울이 로마에 있는 성도들에게 준 권면은 그들의 믿음으로 감당할 수 있는 한도에서 회중을 위한 예언의 말씀을 전하고자 했던 것이다.

> 이와 같이 우리 많은 사람이 그리스도 안에서 한 몸이 되어 서로 지체가 되었느니라 우리에게 주신 은혜대로 받은 은사가 각각 다르니 혹 예언이면 믿음의 분수대로(롬 12:5-6)

우리의 믿음은 우리에게 한 발을 내 딛을 수 있는 용기와 함께 '때'에 대한 감각 또한 제공해준다. 내면에서 예언의 말씀이 보글보글 끓어오를 때, 그것은 마치 누군가가 3분에 해당하는 계란 삶는 측정기를 장치해 놓은 것과도 같다. 말씀은 특정한 시기에 말해지도록 준비되어 있다. 당신은 아마도 그 시기를 놓치는 것이 어떤 것인지를 알고 있을 것이며 어쩌면 떨게 될 지도 모른다. 당신은 아마도 몇 가지의 것들이 마음 속에 맴도는 것을 발견하게 될 것이고, 하나님께서 무엇을 말씀하시려는가에 대한 의문을 갖게 될지도 모른다. 당신은 어쩌면 '왜 지금 아무도 말하지 않는가?'라고 생각할지도 모른다. 만약 아무도 말하지 않는다면 그것은 당신이 말하도록 되어 있기 때문일 것이다.

예언을 선포하는 것을 처음해서 말을 더듬거나 실패할 때, 당신은 자신이 거짓 예언자이거나 어리석다고 느낄 수 있다. 어쩌면 너무나도 창피해서 땅이 당신을 삼켜주길 바랄지도 모르겠다.

성령님과 다시 한 번 대화해보거나, 신뢰할 수 있는 친구에게 말해보도록 하라. 하나님의 관점을 가지라. 아마도 그분은 당신이 스스로에게 엄격한 것만큼이나 당신에게 엄격하지 않으실 것이다. 그분의 도움으로 당신의 두려움을 극복하고, 그분의 말씀 안에 항상 거하라.

무엇보다도, 당신과 하나님과의 개인적인 관계를 발전시켜라. 하나님은 당신이 적합한 방법으로 예언할 수 있도록 성장시킬 것이며 당신의 은사가 지역 교회의 어느 부분을 위해 필요한지 이해할 수 있도록 도울 것이다. 모든 사람들이 수백, 수천 명의 성도들 앞에 서서 하늘로부터의 영광스러운 말씀을 전달하는 것은 아니다. 하나님께서 원하시는 곳에 당신이 있고, 당신의 믿음을 그분의 뜻에 맞추어서 하나님께서 원하시는 일을 당신이 할 수 있도록 하나님께 기도하라.

하나님이 주신 은사가 인격이나 성숙함의 척도가 아님을 기억하라. 사실, 예언의 은사가(그리고 다른 은사들이) 작용하는 상태에서조차 사람들은, "하나님의 은사와 부르심에는 후회하심이 없는"까닭에 심각한 죄 가운데 빠진다(롬 11:29). 내가 보기에, 인격을 정의하는 성령의 열매들은(갈 5:22-23을 보라) 죽은 사람을 살려내는 것만큼이나 동일한 성령님의 능력을 요구한다는 것이다!

스스로 마음의 문을 열어라

수년 전 나는 지도자들의 모임에 초대 받았었다. 내게는 주님 안에서 아버지이고, 사도이고, 선지자이고, 교회 개척자였던 사람들과 함께 있으면서, 고요한 가운데 나의 일에 집중하여, 단지 내게 들리는 음성을 들으려고 했다. 갑자기 나를 개인적으로 양육했던 장로님이 내 뒤로 걸어와서 말했다. "아들아, 너의 안을 휘저으려무나."

나에게 그 말이 필요했던 것이고, 그래서 나는 그렇게 했다. 결과적으로 주님께서는 예배 중에 나에게 예언을 주셨고, 그 말씀은 저녁 모임의 방향을 정하게 했다. 그것은 설교자의 메시지와 부응하는 공동체적인 말씀이었으며 모든 사람들을 세워주었다.

예배에 참여할 때 당신의 마음을 열어라. 성령님을 향해 당신 자신을 오픈하라. "주님, 저를 사용해 주시기를 원해요"라고 그분께 말씀드리라.

당신은 다른 사람들을 위해서도 그들이 마음을 열 수 있도록 기도해야 할 것을 느끼게 될지도 모른다. 모임이 시작될 때, 주변을 둘러보고 당신의 주의를 끄는 누구라도 그를 위해서 기도하라. 내가 그랬듯이, 당신은 그들이 그 모임의 후반부에 성령님의 능력 안에서 한걸음 나아가는 것을 보며 깜짝 놀라게 될 것이다. 만약 사람들이 마음의 문을 열어 하나님의 역사에 응답하지 않았다면, 교회는 결코 하나님께서 원하시는 만큼 성장할 수 없었을 것이다.

모임을 통해 하나님께 깨어있을 때, 당신은 어떤 특정한 주제가 마음에 떠오르게 될 것이다. 어쩌면 당신은 그 주간이 시작되면서 읽었던 것을 기억하게 될 것이다. 아마도 당신 마음에 반복해서 떠오르는 몇 마디의 말이나 문장을 찾을 수도 있을 것이고, 아니면 성경의 특정한 구절을 생각하게 될 것이다. (만약 성령님의 감동 아래서 읽는다면, 성경 구절을 크게 소리 내어 읽는 행동이 매우 예언적이라는 것을 알게 되기를 원한다.)

당신은 주님의 예언적인 감동을 통해 다른 사람들을 위해 기도하고 있는 자신을 발견하게 될 것이다. 나는 이것이 예언적이라는 것을 알기도 전, 수년 동안 이렇게 해왔다. 나는 단지 내가 사람들을 위해 기도하고 있는 줄만 알았다. 바로 기도하는 중에, 말씀이 새롭게 중요한 의미를 가지게 되고 종종 새로운 방향을 보여주기도 한다. 그리고 내가 기도해 주던 사람이 눈물을 흘리기 시작하거나, 그들은 내가 한 기도가 아주 중요한 것을 기도해 주었다고 나에게 말한다.

만약 당신이 마음의 문을 여는 것을 잊어버렸다면, 다른 누군가가 그것을 기억하게 할 것이다. 한 번은 바바라와 내가 다른 교회의 모임에 가게 되었는데 그곳에 사역하기 위해 갔던 것은 아니었다. 사실, 우리는 금요일 밤에 일을 쉬게 되어 아이들을 돌볼 사람을 고용하고 데이트 하러 나왔던 것이다. 나는 뒷좌석에 앉아서 다른 사람이 사역하는 것을 편안하게 보고 있었다. 문득, 그 사람이 나를 바라보며 말했다. "당신께서 이 사람을 위한 말을 가지고 있습니까?" 나의 마음은 지우개로 지운 듯 아무것도 없었다. 그것은 무(無)의 상태였고 완전히 납작해져 있었다. 나는 그 사람을 쳐다보았다. 그는 말했다. "맞아요, 당신은 이 사람을 위한 말씀을 가지고 있습니다. 앞으로 나와 주세요." 그래서 나는 일어서서 앞으로 걸어 나갔지만, 정말로 무엇을 해야 할지에 대해 전혀 실마리가 없었다. 나는 그 남자에게 손을 얹고 입을 벌렸고, 그 순간 주님의 말씀이 쏟아져 나왔다. 실제로 그 남자는 마치 전기 플러그에 꽂힌 것처럼 진동하기 시작했다. 나는 그 사람을 위한 어떤 말씀도 가지고 있지 않았지만, 하나님께서는 내게 말씀이 있다고 말한 그 사람을 존중하셨다.

모든 여정은 믿음의 행로이며 그 모든 것은 사람들을 축복하는 것이다. 당신의 믿음과 은사들뿐 아니라 또한 당신의 사랑을 드러내라. 주님으로부터의 반응을 찾고, 계속하여 가르침 받을 수 있도록 하라. 그것은 당신에 대한 것이기보다는 하나님께 대한 것이다. 그분을 섬길 수 있음이 얼마나 놀라운 은혜인가!

흐름을 타기

지식의 말씀이나 지혜의 말씀과도 같은 다른 영적인 은사들이 예언의 흐름 안으로 들어오는 것을 당신은 종종 발견하게 될 것이다. "바람이 임의로 불매 네가 그 소리는 들어도 어디서 와서 어디로 가는지 알지 못하는(요 3:8)" 까닭에, 성령의 흐름 안에 어떤 일이 일어나고 있는지를 분별하는 법을 배우는 훈련이 필요하다. 성령님은 몇 가지 방법으로 그분의 임재를 나타내신다.

기대감과 경배, 그리고 믿음의 분위기 속에서 기적은 일어난다. 지식의 말씀은, "제가 이제부터 지식의 말씀을 전달하고자 합니다"라는 식으로 선포될 필요가 없다. "이곳에 어떤 사람이 투석을 해왔는데 이제 신장 이식 수술이 정해져 있습니다"라고 주님께서 당신에게 보여주신 대로 말할 수 있다. 직접 병을 고치지는 못하지만 지식의 말씀에 반응하여 믿음이 솟구친다. 그리고 믿음에 의해서 치유가 나타난다.

믿음은 종이 위에 적힌 단어가 아니다. 그것은 능력의 은사들 가운데 하나다(고전 12:9를 보라). 예언의 말씀을 통해 흐르는 계시의 영은 믿음을 주신다(3장의 내용을 참조). 성령의 흐름이 강할 때에 오는 계시는 믿음과 치유를 주실 뿐 아니라 사람들로 하여금 유혹에 저항하고 사역의 새로운 장으로 들어설 수 있도록 해주신다. 낙담하게 되었거나 공허한 사람들은 예언 사역을 통해 세워진다. 예언 사역을 담당한 그들의 형제와 자매들에게 감사하고 그들은 다시금 주님께 자신들의 손을 들고 그분으로부터 채움 받을 수 있게 되었다.

하나님께서는 어떤 사람은 기도하는 것조차 외부의 힘이 필요하다는 것을 아신다. 또한 다른 사람들은 집에서 개인적인 일기 쓰기와 주님과의 사적인 시간을 통해서 성령님의 흐름 속으로 들어갈 수 있다. 모든 사람들은 매일 매일의 삶 속에서 인내할 수 있도록, 그리고 그렇게 함으로써 그들도 돌아서서 다른 사람들에게 사역할 수 있기 위해 성령의 흐름이 어떠한지를 알 필요가 있다. 성령님의 예언적인 흐름은 당신에게 영감을 주어 특정한 기도를 하게 하거나, 어떤 사람에게 전화를 한다거나, 혹은 축복의 메시지를 쓰도록 한다. 성령님의 제안에 순복하는 것은 영적 민감성을 성장시키는 데 도움이 된다.

복종 안에서의 자유

"주는 영이시니 주의 영이 계신 곳에는 자유가 있느니라"(고후 3:17). 이 구절은, "영이 주님인 곳에는 자유가 있다"라고 번역될 수 있다. 다른 말로 하자면, 성령님이 우리를 담당하실 때, 우리가 진정으로 자유롭다. 우리는 오직 그분께 우리를 내어드리는 만큼만 자유롭다.

그분께 내어드리는 것은 서로에게 복종하는 것이다. 바울은 에베소서 5장 21절에, "그리스도를 경외함으로 피차 복종하라"고 썼다. 우리는 하나님의 권세가 그분의 아들과 딸들을 통해 표현될 때, 그것을 향한 건전하고 사랑어린 존경과 감사를 지닐 필요가 있다. 이것은 우리에게 서로를 통제하고 조종하게 하는 전권을 위임하는 것이 아니다.

우리 가운데 누구도 또 다른 사람의 영에 의해 지배받지 않도록 해야 할 것이다(마치 다른 사람이, "하나님께서 말씀하시기를 당신은 이것저것을 해야만 한다고 말씀하셨습니다"라고 말하며 매우 예언적인 사람으로 보일지라도).

모든 개인적인 예언의 말씀은 먼저 당신 자신의 분별력으로 점검해 보고 다른 사람에게도 점검을 받아야 한다. 만약 당신의 영과 다른 사람의 영이 말씀에 대하여 같은 내용을 증거하지 않는다면 그냥 그 예언을 버려라. 만약 당신의 영과 다른 사람의 영이 그 말씀이 진정한 것임을 증거한다면, 당신이 할 수 있는 최선의 일이란 하나님을 향해 믿음을 더욱 굳건히 하고 하나님께서 당신에게 그 예언을 말할 수 있는 권한을 주셨음에 기뻐하라.

성령님께 반응하기

하나님께서 말씀하실 때, 그곳에는 언제나 반응이 있다. 반응이 긍정적인 것이 아닐 수도 있겠으나 그것도 동일하게 반응인 것이다. 반응의 형태 중에, 말씀을 듣고 그 말씀에 자신을 헌신하는 것과 말씀을 정확하게 들은 후에 단지 수동적인 상태로 말씀에 따라 움직이지 않는 것이 있다. 또 다른 반응으로는 주님의 말씀에 저항하거나 반대하여 싸우는 것이다. 물론 이 반응은 그 말씀 듣는 것을 모두 함께 놓치게 되는 것인데, 안타깝게도 우리는 쉽게 그럴 수 있다.

당신의 반응이 좋을 때에는, 당신의 믿음이 솟아오른다. 하나님의 말씀이 '현재'의 말씀이 될 것이고, 당신은 그것을 환영하게 될 것이다. 하나님의 말씀은 영원하며, 그분께서는 영원히 '현재'에 계신다. 그것이 수년 내에 성취되지 않을 말씀이라고 해도, 당신의 영이 그 말씀을 증거한다는 그 단순한 사실이, 준비 단계를 지나는 동안 당신의 믿음을 더욱 성장시켜 줄 것이다.

믿음으로 말씀을 받을 때, 당신은 씨앗을 심는 것이다. 그것이 성취의 시작이다. 그렇지만 심겨진 모든 씨앗들이 그렇듯이, 많은 것들이 성장을 위협할 수 있다. 당신은 소망을 빼앗아 가는 마귀에 대해 깨어 있어야 한다. 그 말씀을 들었던 사람이 당신만이 아니라는 것을 당신은 알고 있다. 영적 세계의 마귀도 들었다. 마귀들은 예수님에 대한 예언을 들었고 수많은 아기들을 살해하도록 하였다(마 2:16을 보라). 그들은 죽음과 폭력의 원인이 되었지만 하나님의 움직임의 씨앗을 놓쳤다. 이와 유사하게, 당신이 인내하고 주님께 순종할 때, 하나님으로부터 온 진실된 말씀은 결국 성장하게 될 것이다.

한 친구는 이렇게 말했다. "하나님께서 말씀하실 때, 땅이 흔들리고 정신이 빠지며, 당신이 상상할 수 있는 가장 고통스러운 일이 생길 것이다." 때로는 하나님께서 말씀하신 것의 정반대의 일이 발생하는 것처럼 보인다. 그것이 전부 나쁜 것은 아니다. 하나님은 그 시련을 훈련과 연단의 시간에 사용하실 것이다. 때로 그분은 우리를 풀무불 가운데에서 더 잘 다듬으실 수 있다. 당신이 달구어진 숯불의 한 조각을 느끼는 듯할 때, 하나님께서는 당신의 삶을 그분의 예언적인 의도대로 빚으시며 당신을 대장장이처럼 붙드실 것이다.

열매 맺기

주님의 진실된 말씀은 항상 열매 맺는다. 그분께서는 의도하신 바를 성취하시고자 자신의 말씀을 보내신다. 마치 하늘로부터 비와 눈을 내리셔서 이 땅으로 번성케 하심같이, 그분의 말씀이 열매 맺게 하시려고 말씀을 보내신다.

그 열매 맺는 과정에 대한 우리의 참여는 중요하다. 그 안에서 우리는 성장하거나 혹은 성장이 정체될 것이다. 그러나 말씀 자체는 살아 있다. 만약 한 곳의 성장이 정체된다면, 하나님께서는 건너편에 있는 다른 누군가를 통하여 그것을 다시 열매 맺게 하실 것이다. 인간적인 결점들이 있다고 해도 그분께서는 원하시는 것을 얻으실 것이다. 그분께서 모든 것을 담당하신다. 당신이 그분의 주도권을 인정할 때, 당신은 그분의 동반자가 된다. "또 우리에게는 더 확실한 예언이 있어 어두운 데를 비추는 등불과 같으니 날이 새어 샛별이 너희 마음에 떠오르기까지 너희가 이것을 주의하는 것이 옳으니라"(벧후 1:19).

기도

주님, 우리는 기꺼이 배우고자 하는 학생들입니다. 날마다, 해마다 계속되는 주님의 도우심에 감사드립니다. 우리로 당신의 정해진 의도들에 민감하게 반응할 수 있도록 우리의 마음 안에 믿음의 감동을 주심을 감사드립니다. 당신께서 우리에게 주신 예언의 은사들을 깨울 수 있는 방법을 확인하도록 도와주시고, 개인적이고 공동체적인 배경에서 당신의 영의 흐름을 탈 수 있는 법을 우리에게 보여주소서. 우리가 민감하게 당신의 음성에 반응하게 하소서. 우리는 더 이상 스스로의 이해에 기대지 않기를 원합니다. 그 대신, 당신의 발동에 반응함으로써 당신을 영화롭게 하기 원합니다. 당신이 존귀하게 되기를 원합니다. 우리를 이끄소서, 가르치소서, 우리의 영을 튼튼케 하소서. 우리는 이 땅 위에 왕국의 열매를 맺는 일에 동참하기 원하며, 당신의 이름을 부르는 다른 동역자들과 함께 이 일을 행하기 원합니다. 아멘.

The Prophetic Made Personal

예언적 경배의 능력

The Prophetic Made Personal

예언적 경배의 능력

우리가 영원토록 계속해야 할 사역이 하나 있는데 그것은 경배 사역이다. 주님께서는 우리의 심령 안에 영원을 정해 놓으셨는데, 경배는 그분의 보좌에 이르는 길을 열어준다.

경배를 드림으로써, 우리는 익숙한 영역, 육체의 오감, 우리의 지성과 감성을 뛰어넘어 영적인 영역으로 들어선다. 우리는 눈에 보이지 않는 영역에 들어가 우리의 미래의 것을 가져와 현재 우리의 삶에 적용시킬 수 있다. 때로 우리는 주님의 심령에 있는 몇 가지의 메시지를 알아낼 수도 있다. 우리는 그분께서 무엇을 말씀하시는지 들을 수 있다.

예언적으로 말하건대, 나는 다른 어떤 시간보다도 주님께 경배 드리는 시간에 가장 많이 하나님의 음성을 들었을 것이다. 다른 무엇도, 다른 그 누구도 주님께서 나의 마음을 움직이신 것처럼 나를 움직이게 할 수 없으며, 그 무엇도 경배만큼 주님의 만지심에 나의 마음을 여는 것은 없다.

당신과 내가 알듯이, 이것은 단지 어떤 감동적인 음악에 대한 감정의 반응이 아니다. 물론 우리의 감정이 경배에 포함된다. 하지만 이것은 그 이상의 것이다. 우리의 감정과 지성과 오감을 창조하신 그분께서 경배 안에서 그분의 순수한 사랑으로 우리를 만지신다. 당신을 진정으로 사랑하는 누군가가 당신을 만질 때, 당신은 더 많은 손길을 원하게 되며 건강과 자유를 느끼고 내면에서 기쁨이 솟아난다. 당신은 어떤 대가를 치르더라도 그분을 좇기 원한다.

나이아가라 폭포 같은 음성

우리는 최상의 경배에 대한 모습을 계시록에서 찾을 수 있다. 사도 요한이 밧모섬으로 유배되었고 그는 그곳에서 음악 없는 경배와 기도로 세월을 보내고 있었다. 계시록 1장 10절에서 그는, "주의 날에 내가 성령에 감동되어 내 뒤에서 나는 나팔 소리 같은 큰 음성을 들으니"라고 썼다. 그는 일어날 일들에 대해 기대하고 있지 않았다.

홀연히 그의 등 뒤로부터, 일곱 교회를 위해 메시지를 받아쓰라는 권세 있는 음성을 들었다. 그는 말하는 사람이 누군지를 알기 위해 뒤를 돌아보았다. 여기에 요한이 보고 들을 것에 대한 기록이 있다.

> 몸을 돌이켜 나에게 말한 음성을 알아보려고 돌이킬 때에 일곱 금 촛대를 보았는데 촛대 사이에 인자 같은 이가 발에 끌리는

옷을 입고 가슴에 금띠를 띠고 그의 머리와 털의 희기가 흰 양털 같고 눈 같으며 그의 눈은 불꽃같고 그의 발은 풀무불에 단련한 빛난 주석 같고 그의 음성은 많은 물소리와 같으며 그의 오른손에 일곱별이 있고 그의 입에서 좌우에 날선 검이 나오고 그 얼굴은 해가 힘 있게 비치는 것 같더라 내가 볼 때에 그의 발 앞에 엎드러져 죽은 자 같이 되매 그가 오른손을 내게 얹고 이르시되 두려워하지 말라 나는 처음이요 마지막이니 곧 살아 있는 자라 내가 전에 죽었었노라 볼지어다 이제 세세토록 살아 있어 사망과 음부의 열쇠를 가졌노니 그러므로 네가 본 것과 지금 있는 일과 장차 될 일을 기록하라(계 1:12-19)

'인자', 이분은 예수님이시다. 요한은 그 누구보다도 예수님을 잘 알고 있었지만, 그런데도 그는 그분을 이렇게 보거나 들은 적이 없었다. 그것은 거의 묘사하기에 불가능한 것이었다. 그것은 문자 그대로 요한을 넘어뜨렸다.

요한은 그야말로 예수님과 친밀한 세 명 중에 하나였다 – 베드로, 야고보, 그리고 요한 – 그리고 그는 변화산상에서의 경험을 포함하여, 이 땅에서 예수님의 생애에서 가장 중요한 사건들의 현장에 있었다. 그는 12명의 제자들 가운데 십자가에 못 박히실 때 유일하게 십자가 아래 있었던 사람이고, 사흘 후 그의 두 눈으로 빈 무덤을 보기도 했다. 그는 예수님께서 하늘로 들려 올라가시는 것을 보았으며, 그리고 성령이 불의 혀 같이 임하는 오순절 날에도 그 현장에 있었다. 그는 그가 셀 수 있는 것보다 더 많이 그분의 성령으로 기름 부음 받았다. 그리고 새로운 교회의 목양을 수십 년 도우며 많은 기적을 행했다. 이제 연로한 노인으로서, 요한은 끈기 있고 전염성 강한 믿음으로 인하여 무자비한 박해의 대상이 되었다.

주 예수님의 사랑스런 제자로서의 긴 이력서에도 불구하고, 그의 친구와 주인에 대한 이 계시는 이전의 어떤 다른 것과도 같지 않았다. 요한의 깜짝 놀란 눈앞에, '많은 물소리'와도 같은 음성을 지니신 분께서 서 계셨다. (만약 당신이 나이아가라 폭포 옆에 서 봤다면, 당신은 귀를 멀게 하는 수준의 성량을 조금은 알 수 있으리라.) 그것은 우주의 명령이었다. 그분의 거동은 경이로웠고 불 붓는 듯 했으며, 강렬했고, 바라보는 것이 불가능했다. 그분께서는 자신의 입으로부터 나온 용사의 칼을 가지고 계셨다! 요한은 그것을 감당할 수가 없었다. 그는 그가 경배 드려왔던 분을 알고 있었지만, 그의 경배의 또 다른 면에서 이런 일이 일어날 줄은 몰랐다.

"나는 이것을 네가 받아쓰기 원하노라"

주님께서는 그분의 옛 친구인 요한을 만지시고 말씀하셨다. "두려워하지 마라." 그분은 요한이 너무나 두려운 나머지, 길고도 급박한 계시를 받지 못할까 염려하셨다. "네가 본 것을 받아쓰라"고, 그리고 "네가 본 것은 과거와 현재와 미래에 관한 것이 될 것이다"라고 예수님께서 말씀하셨다. 그분께서는 계속해서 요한에게 일곱 교회에 대한 (현재 터키 지역에 실제로 존재했던 교회들에 대한) 메시지를 주시려 했을 때, 주님은 요한을 그가 이전에 결코 알지 못했던 더 깊은 계시의 영역 안으로 데려가셨다. 요한은 그저 그 모든 것을 온전히 자신의 내면으로 수용하기 원했다. 그 모든 것을 다 받아 쓸 수 있도록.

주님께서는 모든 교회들에게 칭찬과 권고를 하셨다. 핵심적으로, 그분은 교회들에게, "만약 네가 이것을 한다면, 너는 승리하게 될 것이다"라고 말씀하셨다. 그분의 예언적인 메신저인 요한을 통해, 주님께서는 그분의 교회들로 하여금 성령께서 그들에게 하시고자 하는 말씀을 듣기 원하셨다. 그와 동일하게, 그분께서는 우리로 하여금 성령께서 오늘날 우리에게 하시고자 하는 말씀을 듣기 원하신다. 교회들이 성령의 능력으로 승리하기를 원하셨다. 그분은 오늘날 우리에게도 같은 것을 원하신다. 교회와 우리에게 아직도 시간이 남아있고, 여전히 주님은 자비로우시다는 것을 우리에게 말씀하고 계신다.

천국에 열려 있는 문

일곱 교회에 대한 메시지를 마치신 후, 성령님께서 요한을 더 한층 깊은 곳으로 데려가셨다. 요한계시록 4장에서부터 요한이 기록한 것을 읽는다.

이 일 후에 내가 보니 하늘에 열린 문이 있는데 내가 들은 바 처음에 내게 말하던 나팔 소리 같은 그 음성이 이르되 이리로 올라오라 이 후에 마땅히 일어날 일들을 내가 네게 보이리라 하시더라 내가 곧 성령에 감동되었더니 보라 하늘에 보좌를 베풀었고 그 보좌 위에 앉으신 이가 있는데 앉으신 이의 모양이 벽옥과 홍보석 같고 또 무지개가 있어 보좌에 둘렸는데 그 모양이 녹보석 같더라 또 보좌에 둘려 이십사 보좌들이 있고 그 보좌들 위에 이십사 장로들이 흰 옷을 입고 머리에 금관을 쓰고 앉았더라 보좌로부터 번개와 음성과 우렛소리가 나고 보좌 앞에 켠 등불 일곱이 있으니 이는 하나님의 일곱 영이라 보좌 앞에 수정과 같은 유리 바다가 있고 보좌 가운데와 보좌 주위에 네 생물이 있는데 앞뒤에 눈들이 가득하더라 네 생물은 각각 여섯 날개를 가졌고 그 안과 주위에는 눈들이 가득하더라 그들이 밤낮 쉬지 않고 이르기를 거룩하다 거룩하다 거룩하다 주 하나님 곧 전능하신 이여 전에도 계셨고 이제도 계시고 장차 오실 이시라 하고 그 생물들이 보좌에 앉으사 세세토록 살아 계시는 이에게 영광과 존귀와 감사를 돌릴 때에 이십사 장로들이 보좌에 앉으신 이 앞에 엎드려 세세토록 살아 계시는 이에게 경배하고 자기의 관을 보좌 앞에 드리며 이르되 우리 주 하나님이여 영광과 존귀와 권능을 받으시는 것이 합당하오니 주께서 만물을 지으신지라 만물이 주의 뜻대로 있었고 또 지으심을 받았나이다 하더라(계 4:1-6, 8-11)

우리는 영적 계시의 각기 다른 단계가 있다는 것을 안다. 이미 요한은 주님의 날에 영 안에 있었고, 그가 다시금 새롭게 '영 안에' 있었다는 것을 말하고 있다. 이미 그가 경배드리고 있었을 때, 많은 물소리와도 같은 음성을 들었으며, 명명된 교회들에 대한 구체적인 말씀을 영광스러운 주님에 대한 열린 환상을 보았을 때 들었다. 그때 요한은 눈을 들어 천국에 있는 한 열린 문을 보았다. "이리로 올라오라"는 주님의 부르심에 실제로 요한은 그곳으로 갔을 것이다. 그는 보좌와 그 모든 살아있는 생물들을 단순히 환상으로 본 것이 아니라 실제로 밧모섬이 아닌 다른 곳으로 들려 올라가 보고 온 것이다.

요한은 이전에도 경배 드렸었다. 하지만 그의 이전까지의 경배는 이 경배에 비하면 그림자에 지나지 않는 것이었다. 보좌의 주변에서 생동감 있는 천둥 같은 경배가 파도처럼 몰려왔다. 이십 사 장로는 거룩이라는 말을 들을 때마다 엎드려 영광의 면류관을 그들이 경배하는 분의 발 앞에 벗어 드렸다.

이 장면은 거의 상상을 초월한다. 그런데 이것으로부터 우리가 취할 수 있는 한 가지는, 경배로의 부름에 반응하는 영적 능력이다. 우리가 그분의 거룩하심에 더 많이 반응할수록, 우리는 더 많이 자기중심적이고 이기적인 것으로부터 벗어날 수 있다. 우리가 더 열심히 경배할수록 우리는 더 많이 천국을 경험하게 되고 능력을 받아 계시의 영역으로 이끌림을 받게 될 것이다. 분명 이것이 요한에게 일어난 일이었다. 왜냐하면, 요한은 하나님의 말씀에 대한 계시를 위하여 준비되었기 때문이다.

"나는 두루마리를 보았다"

그는 보좌에 앉으신 하나님을 바라보았으며 그분의 오른 손에 있는 두루마리를 보았는데, 그것은 양면에 쓰여 있었고 일곱 인으로 봉해져 있었다(계 5:1을 보라). 그리고 '강한 천사'가 (모든 천사들은 '강한' 존재로 정의되어 있으므로 이것은 아마도 매우 예외적으로 강한 천사였으리라) 누가 그 두루마리를 열 것인가라고 물었을 때, 계시록 5장 3절에는, "하늘 위에나 땅 위에나 땅 아래에 능히 그 두루마리를 펴거나 보거나 할 자가 없더라"라고 적혀있다.

요한은 감정이 격해져 큰 소리로 울면서 중보했다. 다른 누구도 그와 같이 반응하지 않은 듯 보인다. 요한은 땅의 사람으로서 성령에 의해 움직였고 자원하여 나설 누군가를 간청했다. 그럴 법하다. 왜냐하면 하나님께서 우주를 창조하셨을 때, 그분은 인간들을 통해 운행하시도록 선택하셨기 때문이다. 그분께서는 자신의 아들조차도 인간의 모습으로 세상에 보내시기로 선택하셨다. 그분께서 메시지와 함께 천사를 파송하실 때마다, 천사는 그것을 사람에게 전달하며, 그 사람은 그 메시지를 예언적으로 반복해서 말하여 그것이 실제로 일어나도록 해야만 한다.

요한은 그곳에서 유일한 인간이었으며, 그의 영은 모든 이들에게 그의 고통이 들리도록 울부짖었다. 이십 사 장로 중 하나가 그에게 말했다. "울지 말라 유대 지파의 사자 다윗의 뿌리가 이겼으니 그 두루마리와 그 일곱 인을 떼시리라"(계 5:5). 누군가가 그 두루마리를 열도록 되어 있었다. 그런데 과연 그가 누구란 말인가?

요한은 눈물어린 자신의 두 눈을 통해, 살아 있는 생물들과 장로들 사이에서 보좌에 앉으신 분의 곁에 있는 어린 양을 보았다. 그 양은 죽임을 당한 듯이 보였으나 살아 있었다. 그분께서 나와서 그분의 손을 두루마리 위에 대셨다(계 5:6-7을 보라).

경배, 기도, 그리고 예언의 공개

바로 앞에서, 우리는 경배와 간절한 중보 기도가 천국에서 차지하는 영향력에 대한 증거를 보았다. 어린 양이 두루마리를 손에 잡자마자, 이전보다 더 소리 높여 경배하며 장로들과 네 생물들이 그분 앞에 엎드렸다. 계시록 5장 8절에는 이십팔 명이 "각각 거문고와 향이 가득한 금 대접을 가졌으니 이 향은 성도의 기도들이라"고 쓰여 있다. 한 손에는 예배를 나타내는 하프를, 그리고 다른 손에는 기도를 의미하는 향료가 담겨 있는 그릇들이 있고, 그들은 새로운 예언적인 노래를 불렀다.

> 그들이 새 노래를 불러 이르되 두루마리를 가지시고 그 인봉을 떼기에 합당하시도다 일찍이 죽임을 당하사 각 족속과 방언과 백성과 나라 가운데에서 사람들을 피로 사서 하나님께 드리시고 그들로 우리 하나님 앞에서 나라와 제사장들을 삼으셨으니

그들이 땅에서 왕 노릇 하리로다 하더라(계 5:9-10)

당신은 경배와 중보 기도가 어떻게 예언적인 노래와 말씀과 행동들을 이끌어내는지 보았는가? 의심할 바 없이, 이것이 바로 지난 이십여 년간에 걸쳐 기도와 경배의 운동이 교회를 휩쓸며 온 세계에서 일어나고 있는 일이다. 하프와 그릇이라는 표현은 잘 알려져 있다. 여러 장소에서 일어난 밤과 낮을 가리지 않는 기도는 천국에 상달된다. 이것은 전 세계적이며 복합문화적이다. 믿는 자들은 전문가가 아니어도 모든 사람들이 참여할 수 있다. 하늘에서 이루어진 것 같이 땅 위에서도 이루어진다. 기도와 경배는 서로를 굳건히 해주고, 서로를 칭찬하며 북돋아 준다. 그와 같은 상호작용 가운데 예언적 흐름이 흘러나온다.

요한계시록에서 어린 양이 심판의 한 부분을 읽기 시작했다. 그것은 땅과 하늘에서 최종적으로 일어날 것들에 대한 말씀이었다. 두루마리가 완전히 펼쳐진 후에 그 모든 재앙들이 선포되었다. 천국에서의 반응은 어떠했는가? 다시 말하지만, 그것은 상상할 수 있는 가장 큰 소리로 드려지는 예언적 경배였다.

> 이 일 후에 내가 들으니 하늘에 허다한 무리의 큰 음성 같은 것이 있어 이르되 할렐루야 구원과 영광과 능력이 우리 하나님께 있도다 그의 심판은 참되고 의로운지라 음행으로 땅을 더럽게 한 큰 음녀를 심판하사 자기 종들의 피를 그 음녀의 손에 갚으셨도다 하고 또 이십사 장로와 네 생물이 엎드려 보좌에 앉으

신 하나님께 경배하여 이르되 아멘 할렐루야 하니 또 내가 들
으니 허다한 무리의 음성과도 같고 많은 물소리와도 같고 큰
우렛소리와도 같은 소리로 이르되 할렐루야 주 우리 하나님 곧
전능하신 이가 통치하시도다 우리가 즐거워하고 크게 기뻐하
며 그에게 영광을 돌리세 어린 양의 혼인 기약이 이르렀고 그
의 아내가 자신을 준비하였으므로 천사가 내게 말하기를 기록
하라 어린 양의 혼인 잔치에 청함을 받은 자들은 복이 있도다
하고 또 내게 말하되 이것은 하나님의 참되신 말씀이라 하기로
내가 그 발 앞에 엎드려 경배하려 하니 그가 나에게 말하기를
나는 너와 및 예수의 증언을 받은 네 형제들과 같이 된 종이니
삼가 그리하지 말고 오직 하나님께 경배하라 예수의 증언은 예
언의 영이라 하더라(계 19:1-2, 4, 6-7, 9-10)

기억하는가? 이 모든 시간 동안 요한은 이것을 적고 있었다. 우리
는 천사가 그에게 무엇을 받아쓸지를 말했다는 것을 기억한다. (기록하
라 어린 양의 혼인 잔치에 청함을 받은 자들은 복이 있도다!) 요한은 분명 영적인
충격에 사로잡혔으리라. 이때에 이르기까지 요한은 계시록 19장까지
기록된 엄청난 계시들을 경험하고 있었다. 그는 마음을 통째로 날려
버릴 듯한 천국의 경배에 참여했었다. 그는 고통스러운 기도 속에서
부르짖었고, 그의 기도는 엄청난 결과들을 낳았다. 그는 보통 때라면
천사들과 예수님을 분별할 수 있었겠지만, 너무나도 가슴이 벅차 메
시지를 전달하고 있는 천사의 발 앞에 엎드렸고, "삼가 그리하지 말고

오직 하나님께 경배하라! 나는 다만 너와 및 예수의 증언을 받은 네 형제들과 같이 된 종이라"는 말을 들어야 했다.

그렇다면 그 증언이란 무엇이란 말인가? 예수의 증언은 예언의 영이다. 그것이 또한 우리의 증언이다. "예수의 증언은 대언의 영이라" (계 19:10).

우리는 어찌하여 우리가 경배드릴 때, 그토록 많은 예언적 행동의 한복판에 있는 우리 자신을 발견하게 되는 것인가? 그것은 그때가 바로 우리가 주님에 대하여 최상의 것을 증거하는 시간이기 때문이다. 우리는 그분에 대한 찬양을 노래하며 그분의 선하심을 이야기한다. 우리는 우리의 목소리와 동작을, 그리고 우리의 마음과 심령을 사용하여 경배한다. 경배 가운데 우리는 자유와 믿음을 발견한다. 종종, 우리가 우리 스스로를 능력 있는 예언자라고 여기지 않더라도, 우리는 대언의 영에 참여한다. 궁극적으로 말해서, 경배하는 자리에서 예언의 영을 이끌어낸다.

이상적으로 말해서 – 그리고 이것이 바울이 고린도 성도들에게 그처럼 많은 시간을 할애하여 말하고 있는 이유인즉 – 우리는 경배 중에 너무나도 많은 계시들이 우리 가운데 흘러 들어오는 것을 경험해야 하고, 모든 이들이 그 흐름에 동참함으로 말미암아 제한해야 할 것이다. 예언의 영이 흐를 때, 사람들은 하나님을 찬양하기 원하며, 간증을 나누기 원하고, 성경 구절을 읽으며, 그분의 말씀을 이야기하며, 그 외에도 많은 것들을 통해 하나님의 선하심을 나타내려 한다.

예언적 경배의 요소들

실질적으로 말해서, 우리는 예언이 자연스럽게 흘러나오도록 어떻게 우리의 경배의 영향력을 증가시킬 수 있겠는가? 나는 예언적인 경배의 요인들을 다루려고 한다.

예언적인 경배는 예언적인 시편들과 찬송들, 그리고 영적인 노래들을 포함한다. 바울은 에베소 교인들에게 말했다.

> 술 취하지 말라 이는 방탕한 것이니 오직 성령으로 충만함을 받으라 시와 찬송과 신령한 노래들로 서로 화답하며 너희의 마음으로 주께 노래하며 찬송하며 범사에 우리 주 예수 그리스도의 이름으로 항상 아버지 하나님께 감사하며(엡 5:18-20)

시편은 음악이 덧붙여진 성경 구절이다. 우리는 이미 시편에서 150편의 음악을 가지고 있다. 찬송은 그 내용이 성경 구절일 필요는 없으며 오히려 음악에 붙여진 기독교의 교리다. 영적인 노래란 사전에 연습되지 않은 노래로서, 성령님이나 혹은 노래하는 자 스스로의 영에 의해서 경배 시간에 즉흥적으로 불리는 곡이다.

영적인 노래들은 하나님을 높이기 위해 음악으로 그분께 찬양하는 것, 혹은 하나님의 백성들의 공동체적인 영으로부터 훈계와 훈령처럼, 혹은 격려처럼 솟아나는 노래이다. 노래가 사람들에게 말씀될 때는 주님으로부터 오는 예언적인 노래이다. (당신은 하나님께서 당신을 통해 노래하실 수 있도록 평안한가? 우리는 우리의 인간성과 연약함을 너무나 의식해서 종종 움츠려들며 하나님께서 우리를 통해 노래하시는 것을 허락하지 않은 채, 단지 하나님께 노래하는 것만으로 안위한다.)

마리아가 세례요한을 임신한 엘리자베스를 방문한 후, 성령께서는 그 두 여인 모두를 움직이셨다. 그리고 예수님을 해산하도록 되어 있는 마리아가 즉흥적으로 경배의 영적인 노래를 불렀다.

> 마리아가 이르되 내 영혼이 주를 찬양하며 내 마음이 하나님 내 구주를 기뻐하였음은 그의 여종의 비천함을 돌보셨음이라 보라 이제 후로는 만세에 나를 복이 있다 일컬으리로다 능하신 이가 큰 일을 내게 행하셨으니 그 이름이 거룩하시며 긍휼하심이 두려워하는 자에게 대대로 이르는도다 그의 팔로 힘을 보이사 마음의 생각이 교만한 자들을 흩으셨고 권세 있는 자를 그 위에서 내리치셨으며 비천한 자를 높이셨고 주리는 자를 좋은 것으로 배불리셨으며 부자는 빈 손으로 보내셨도다 그 종 이스라엘을 도우사 긍휼히 여기시고 기억하시되 우리 조상에게 말씀하신 것과 같이 아브라함과 그 자손에게 영원히 하시리로다 하니라(눅 1:46-55)

예수의 증거는 대언의 영이라는 사실을 기억하라. 당신은 그 영에 참예하기 위해 '선지자'로 알려져야만 할 필요가 없다. 당신은 아마도 십대의 신부일 수도 있고, 아니면 어부, 혹은 식료품 가게의 점원일 수도 있다. 당신은 예언적인 노래로 당신의 경배를 표현하기 위해 교회에서 드리는 예배 시간을 기다려야 할 필요가 없다. 당신은 바로 당신의 일터에서 주님을 찬양할 수 있는 것이다.

당신이 자유롭게 기름 부음을 받을 수 있는 어느 곳에서라도, 당신은 주님을 예언적으로 높여드릴 수 있으며 하나님의 사람들에게 예언할 수 있다. 당신은 예언적인 지도나 교훈을 줄 수 있다. 내가 앞에서 언급했듯이, 우리는 예언함으로써 충분히 적과 대적할 수 있다. 영적 전쟁의 가장 강력한 무기는 악기와 뜨거운 심령이다.

찬양곡의 선택

찬양 인도자와 팀이 여분의 시간을 들여 기도하며 하나님의 음성에 귀 기울이고 사전 연습을 할 때, 그들은 예배 시간 전에 미리 곡을 선택하든지, 혹은 예배자들이 모였을 때 즉흥적으로 곡을 선택하든지, 주님의 영에 더욱 민감해질 것이다. 목사로서, 나는 똑같이 감동적인 두 메시지를 놓고 어느 것을 설교해야 할지 고민 중일 때, 한 곡의 찬양에 의해 둘 중의 한 메시지가 확증을 받는다는 것이 어떤 느낌인지를 알고 있다. 경배가 진행 중인 가운데 누군가가 주님 앞에 나아가서, 메시지를 결정할 만큼의 예언적인 곡의 리스트를 받아 적은 것이다. 역으로, 성령님께서 방향을 바꾸심으로써, 그 흐름을 좇아, 사전에 잘 준비된 곡들을 찬양팀이 포기하기도 한다. 두 가지 모두 성령께서 인도하실 때의 예언적 경배에 대한 요소들이다.

숙련된 음악가들

말없이 음악적으로 예언을 하는 그 선례는 적어도 다윗의 시대로 거슬러 올라간다. "다윗이 군대 지휘관들과 더불어 아삽과 헤만과 여두둔의 자손 중에서 구별하여 섬기게 하되 수금과 비파와 제금을 잡아 신령한 노래를 하게 하였으니"(대상 25:1). 모든 사람들이 이것을 할 수 있는 것이 아니라, 타고난 재능을 부여 받은 자만이, 그리고 음악가로서의 자신의 재능을 개발시킨 자만이 할 수 있는 것이다. 이들이 바로, 사전에 연습되지 않고도, 예언의 능력이 부어진 곡을 연주할 수 있는 사람들이다.

나는 찬양이 매우 잘 진행되고 있음에도 그 가운데 한 명의 음악가가 영의 감동 아래 연주하기 시작함으로써, 그 엄청난 힘이 파도처럼 밀려왔던 기억이 있다. 내 자신의 영에 주의를 기울이면, 예언적인 주제들을 분별할 수 있으며, 하나님의 심령에 대하여 좀 더 알 수 있다. 또한 어떤 새로운 것을 탄생케 하는 방법으로 반응할 수 있다.

예언의 영

사람들이 내가 이 책에서 사용한 용어를 사용하지 않는다고 할지라도, 그들은 부흥을 위하여 하나님을 향해 전 세계적으로 부르짖고 있다. 지난 이십 년간 전 세계에 걸쳐 하나님의 영은 예언적인 경배와 중보를 서로 손에 손을 잡아 일으켰다. 은혜가 풍성하게 부어졌으며, 사람들은 그것에 응답했다.

1993년부터 1996년까지, 바바라와 내가 텍사스 주 린데일에 있는 동안, 우리는 다섯 번의 예언적 컨퍼런스와 몇 번의 예언적인 경배와 아트 컨퍼런스를 개최했었다. 그것은 선지자들의 세계적인 증가와 함께, 토론토와 펜사콜라의 부흥과 기도 운동의 가속화를 이룬 특별한 시기였다. 그때 바로 우리 교회의 찬양 인도자인 폴(Paul Baloche)이 "내 눈을 열어주소서('Open the Eyes of My Heart')라는 곡을 썼다. 나의 친구 폴이나 그 외의 그 누구라도, 그 곡이 어디까지 퍼져나갈지, 그리고 사람들이 무엇을 하게끔 할지를 다 알지 못했었다. 그 곡은 다수의 잘 알려진 아티스트들을 통해 녹음되었고, 세계적으로 수많은 언어들로 번역되었다. 그 결과에 경외감을 느꼈다. 세계적으로, 하루 이십사 시간 동안, 그리스도의 몸은 한 목소리로 계시의 영을 위해 하나님께 부르짖고 있다. 이 곡의 가사가 해외 집회 중에 영상으로 오르고, 예언적인 경배와 중보 가운데 불리고 있는 것을 목도할 때마다 바바라와 나에게 매우 특별한 느낌으로 다가왔다. 우리는 개인적으로도 이 경험을 소중히 여기지만, 내가 더욱 바라는 것은 더 열심을 내어 경배에 쓰임 받도록 노력하는 것이다.

계시록에서 성도들의 기도의 향기를 보았듯이, 성도들의 응답은 하늘을 움직인다. 우리 시대, 음악을 만드는 사람들은 중보의 신선한 언어들을 공급하여 그것이 일주일 칠일, 하루 이십사 시간 동안 지면 위에 흘러넘치게 한다. 가장 위대한 영적 전쟁의 성과는 기쁨이 가득한 찬양과 왕의 능력, 그리고 하나님의 왕국에 대한 신실한 축제를 통해서 온다.

기도

계시의 영이여, 우리의 경배를 보좌에 앉으신 그분께 드립니다. 우리를 천국의 음악으로 넘치도록 채우소서. 주님의 전능하신 권세로, 기쁨의 예언이 되는 말씀과 멜로디로 우리의 영혼을 채우소서.

우리의 목소리가 경배 안에서 당신의 작품 가운데 연주되는 숙련된 악기가 되도록 하옵소서. 예수의 증거는 대언의 영이기 때문에, 그분께 속한 우리 또한 하늘에 있는 그분을 경배하는 자들의 입에서 나오는 동일한 진리의 말씀을 반복하게 하소서. "큰 음성으로 이르되 죽임을 당하신 어린 양은 능력과 부와 지혜와 힘과 존귀와 영광과 찬송을 받으시기에 합당하도다 하더라 내가 또 들으니 하늘 위에와 땅 위에와 땅 아래와 바다 위에와 또 그 가운데 모든 피조물이 이르되 보좌에 앉으신 이와 어린 양에게 찬송과 존귀와 영광과 권능을 세세토록 돌릴지어다"(계 5:12-13). 아멘 아멘.

The Prophetic Made Personal

당신의 예언적 감각을 연마하기

The Prophetic Made Personal

09. Sharpening Your Prophetic Senses

당신의 예언적 감각을 연마하기

나는 전체 교회가 예언적이어야 한다고 믿지만, 그렇다고 모든 사람이 '예언자'라고 불려야 한다고 말하지는 않는다. 선지자가 아닌 많은 사람들이 그럼에도 불구하고 계시의 탁월한 은사들을 행한다. 평범한 아빠들과 엄마들, 그리고 사업가들이 정확한 예언적 꿈들을 꾸며, 하나님께서 매일의 삶 속에서 말씀하시는 음성을 듣는다.

얼만 전에 나의 예언 팀이 말씀을 받기를, 교회 위에 예언의 기름 부음이 너무나도 강하게 임하게 됨으로써 누가 예언자들인지를 구별하기에 어렵게 될 것이라고 했는데, 나는 그것이 이루어졌다고 믿는다.

예언의 기름 부음은 선지자들에게만 국한되지 않는다. 그것은 누가 소유하는 것이 아니라 모든 곳에 있는 것이다.

예언의 기름 부음을 붙잡다

우리 각자는 예언의 기름 부음을 받을 수 있으며, 예언의 기름 부음 아래서 우리의 직분을 수행할 때 더 많은 예언의 기름 부어짐이 일어난다. 우리 각자는 예언적 통찰력 안에서 강해질 수 있다.

우리는 보이지 않는 영의 움직임에 대한 민감성을 성장시킬 수 있다. 또한 그러한 움직임들을 인지할 수 없다는 사실을 부정할 수 없다. 영의 영역에서는 무언가가 끊임없이 움직이고 있는 것이다. 우리의 감각들이 그렇게 무디지만 않다면, 우리는 훨씬 더 많은 것들을 인지하게 될 것이다.

하나님께서는 항상 말씀하시지만, 대개의 경우 우리 편에서 아무것도 듣거나 인식하지 못한다. 만약 당신이 적들이 모여 있는 방의 벽에 앉아 있는 파리라면, 아마도 이러한 전략을 듣게 될 것이다. "좋아, 우리가 하나님이 말하는 것을 중단시킬 수는 없다. 하지만 할 수 있는 모든 것을 동원해서 사람들로 하여금 그가 하는 말을 듣지 못하도록 하자. 하나님의 말이 열매를 맺지 못하도록 할 수 있는 모든 것을 하자. 사람들로 하여금 그들의 돈에 대해서 걱정하게끔 하자. 그들로 하여금 스포츠와 패션에 관심을 집중하도록 하자. 그들로 하여금 살아 있고 능동적인 하나님의 말이 아닌 것들에 귀 기울이게끔 하자."

우리 안에 어떤 것이 이 말에 반응해 왔는가? 무엇이 우리로 하여금 하나님으로부터 음성을 듣는 것을 방해해 왔는가? 우리는 그런 적의 전술에 빠져서는 안 된다.

우리의 예언적 감각을 연마하기 위한 첫 번 단계로, 그 감각을 원하는 것이다. 우리는 예언하기를 사모해야 한다(고전 14:1, 39을 기억하라). 그리고 우리는 하나님의 음성에 더욱 예민해지도록 열망해야 한다.

당신에게는 인식하는 기관인 영이 있다는 것을 기억하라. 나는 이 책의 7장에서 히브리서 5장 14절에 '감각들'로 번역된 그리스어인 지각(aistheterion)을 언급했었다. "단단한 음식은 장성한 자의 것이니 그들은 지각을 사용함으로 연단을 받아 선악을 분별하는 자들이니라." 그 구절에서, 분별이란 행함에 대한 직접적인 결과로서 표현되었다.

바로 그 구절 전에, 히브리서의 저자는 교회의 상황에 대해서 탄식했다.

> 멜기세덱에 관하여는 우리가 할 말이 많으나 너희가 듣는 것이 둔하므로 설명하기 어려우니라 때가 오래 되었으므로 너희가 마땅히 선생이 되었을 터인데 너희가 다시 하나님의 말씀의 초보에 대하여 누구에게서 가르침을 받아야 할 처지이니 단단한 음식은 못 먹고 젖이나 먹어야 할 자가 되었도다 이는 젖을 먹는 자마다 어린 아이니 의의 말씀을 경험하지 못한 자요(히 5:11-13)

히브리 성도들은, 우리 대부분의 사람들처럼, 가장 초보적인 것들조차도 손으로 먹여주어야만 했다. 우리처럼 그들도 꽤 오랫동안 믿는 자들이었고, 그 당시에 이르러서는 성숙한 자들이어야만 했던 것이다. 그들은 계시에 대해 관심이 없었기에 많은 계시들을 다룰 수 없었다.

어떤 사람들은 단지 빛바랜 벽지처럼 열의가 식어가는데, 또 다른 사람들은 신자가 되자마자 모든 면에서 급성장을 하는가? 그 차이는 그들의 열망과 성과를 가져오고자 하는 노력이다. 그런 사람들은 하나님께 집중하며, 그분께서 그들에게 보여주실 것에 대해 모든 것을 알고 싶어 한다. 그들은 하나님을 배우기에 갈급하며, 새로운 것을 시도하는 것을 두려워하지 않는다. 그들은 믿음 안에서 늘 한 발을 앞으로 내딛으며 믿음으로 사는 것을 연습한다. 그들이 늘 믿음으로 한 발을 내딛을 때마다 더 많은 주목을 받는다. 그들은 하려는 의지가 있고, 그들의 행동을 통해서 영적인 운동처럼 서로를 세운다.

복음서들과 계시록에서 열다섯 번에 걸쳐 예수님께서 말씀하셨다. "땅에도, 거름에도 쓸 데 없어 내버리느니라 들을 귀가 있는 자는 들을지어다"(눅 14:35). 그분께서는 사람들에게 들을 수 있는 바른 연장이 있지만 모든 사람들이 그것을 사용하는 것은 아니라는 것을 아셨다. 그분은 사람들에게 그들의 영적인 인지력을 연마하도록 촉구하고 계신다.

귀 있는 자는 들을 지어다

한번은 예수님께서 "귀 있는 자는 들으라"고 하시며 씨 뿌리는 비유를 들어 말씀하셨다(막 4:3-23; 눅 8:5-15을 보라). 대개의 사람들은 이 구절이 복음 전도에 대한 것이라고 믿지만, 말씀은 하나님의 말씀을 듣고 순종하는 것에 관한 것이다.

예수님께서 입을 열어 이 이야기를 말씀하실 때, 그분께서는 "들으라!"(막 4:3)고 말씀하심으로써 그분께서 하시려는 말씀에 대한 힌트를 주셨다. 킹 제임스 번역본에서 이 단어는 "경청하다, 귀를 기울이다"(hearken)이다. 그리고 나서 그는 계속하여 씨 뿌리는 자가 그의 씨앗들을 뿌릴 때 더러는 새들에게 먹히고, 더러는 너무 빠르게 자란 후에 태양볕에 메마르게 되고, 더러는 가시와 덩굴에 삼킨 바 되어, 오직 소수의 씨앗들만이 잘 자라서 영양분을 받고 열매를 맺게 되는 것에 관한 이야기를 들려주셨다.

그분께서 이 비유를 제자들에게 설명하실 때, 그는 이 비유를 이해하는 것이 다른 사람들을 이해하는 것에 대한 근본이며 씨앗들은 하나님의 말씀을 나타낸다는 것을 명확하게 하셨다. "너희가 이 비유를 알지 못할진대 어떻게 모든 비유를 알겠느냐 뿌리는 자는 말씀을 뿌리는 것이라"(막 4:13-14).

이 비유는 하나님의 말씀을 듣고 받아들이는 것에 대한 다양한 반응들을 묘사한다. 그것은 하나님의 말씀을 듣고 적용함으로써 그들이 "삼십 배, 육십 배, 그리고 백 배"(막 4:8, 20)의 풍성한 열매를 맺을 수 있는 법에 관한 것이다. 이 비유는 들을 귀와 무슨 일이 일어나고 있는지 분별하기 위한 영적인 인지력을 가짐으로써 하나님의 말씀을 (1) 의심, 불신, 혹은 두려움에 의해 빼앗기거나, (2) 방해물들과 압박, 혹은 고난에 의해 잃어버리거나, 아니면 (3) 부유함의 기만 혹은 세상에 대한 관심으로 인해 가시와 엉겅퀴에 의해 삼킨 바 되어버리지 않도록 하기 위함이다. 이 비유는 하나님의 말씀으로 성숙하고 열매 맺는 식물이 되게끔 하는 것이지만, 하룻밤에 이루어지지 않는다.

하나님께서는 사람들을 선동하거나 혹은 사람들의 믿음을 세우고 그들을 밝히 깨닫게 하기 위해서 그분의 말씀을 심지 않으신다. 그분은 사람들이 듣고 순종하게 하시려고 말씀하신다. 그리고 사람들이 그 목적에 따라 열매를 맺도록 하시기 위해 말씀하신다. 예수님의 비유는 영적 인지력과 하나님의 말씀을 듣는 것에 관한 것이다.

주님의 음성 듣기

그러므로 당신의 예언적 감각들을 연마하는 첫 번 단계는 듣기를 원하여 주의를 기울이기로 결단하는 것이다. 당신은 당신과 소통하시고자 하는 하나님의 강한 열망을 만나게 될 것이기에, 당신의 주의를 기울이고자 하는 노력은 충분히 가치가 있다.

당신의 예언적인 감각들을 연마하는 두 번째 열쇠는 주파수 맞추기, 즉 각성이다. 성경적인 용어로는 '귀 기울이다'이다. 당신은 영의 귀뿐만 아니라, 당신의 혈과 육의 귀로 귀 기울이는 법을 배운다. 이 일은 언제든지 일어날 수 있다.

나는 다른 사람과 말할 때, 듣고 대화하며, 그리고 동시에, 성령님께서 언제 말씀하실지 몰라 늘 나의 영적 안테나를 세운다. 하나님의 음성은 어느새 지나가 버릴 수 있다. 그분께서는 눈 깜짝할 사이에 나의 심령에 무엇을 말씀하시거나 혹은 내 마음 가운데 한 장면을 연상시킬 수 있다. 나는 나의 인지능력을 연마하기 위해 이것을 연습해 왔다.

때로 나는 내가 놓친 것들을 통해 배웠다. 때로 내가 얻은 아주 경미한 것에 대해 나중에 확증 받게 될 때, 나는 그 다음에 무엇을 찾아야 하는지를 배웠다. 물론 하나님께서 나에게 더 많은 기회들을 주실 것이다. 그분은 내가 놓칠 것도 아시며, 또 내가 때로는 겁을 내고 말 것도 아신다. 그분은 내가 아기 걸음마처럼 천천히 성장하는 것을 허락하신다. 그분은 결코 내가 시도하는 것으로 인해 나를 징계하지 않으실 것이다.

실수로부터 배우는 것 외에도, 우리의 예언적인 감각들을 연마하는 것은 다른 모든 훈련들과 마찬가지로 반복적으로 기술을 쌓으며 이루어진다. 영적인 근육을 강화시키는 것은 반복적인 영적 훈련을 요구한다. 영적 근육을 훈련하기 위해서, 우리는 반복적으로 믿음 안에서 발을 내딛어야만 한다. 모순되게도, 믿음 안에서 적극적으로 발을 내딛는 것은 믿음 안에서 안식하는 것을 의미한다.

> 그러므로 우리는 두려워할지니 그의 안식에 들어갈 약속이 남아 있을지라도 너희 중에는 혹 이르지 못할 자가 있을까 함이라…이미 믿는 우리들은 저 안식에 들어가는도다 그가 말씀하신 바와 같으니 내가 노하여 맹세한 바와 같이 그들이 내 안식

에 들어오지 못하리라 하셨다 하였으나 세상을 창조할 때부터 그 일이 이루어졌느니라 제 칠일에 관하여는 어딘가에 이렇게 일렀으되 하나님은 제 칠일에 그의 모든 일을 쉬셨다 하였으며…그런즉 안식할 때가 하나님의 백성에게 남아 있도다 이미 그의 안식에 들어간 자는 하나님이 자기의 일을 쉬심과 같이 그도 자기의 일을 쉬느니라 그러므로 우리가 저 안식에 들어가기를 힘쓸지니 이는 누구든지 저 순종하지 아니하는 본에 빠지지 않게 하려 함이라…그러므로 우리는 긍휼하심을 받고 때를 따라 돕는 은혜를 얻기 위하여 은혜의 보좌 앞에 담대히 나아갈 것이니라(히 4:1, 3-4, 11, 16)

우리 가운데 대부분은 믿음 안에서 안식하는 것과는 거리가 멀고, 스스로의 힘으로 하기에 과중한 일을 하며 지쳐버린다. 시종 하나님께서는 우리에게 무엇을 해야 할지를 말씀해 주신 후엔 그것을 도와주시기 원하신다. 삶은 그렇게 될 때 훨씬 더 쉬워진다. 우리가 해야 할 일은 오직 그분의 음성을 듣고 그 후에 그것을 따르는 것이다. 한 걸음 한 걸음씩 우리는 목자를 따른다. 우리는 그분이 초자연적인 능력으로 초자연적인 지도를 하는 것에 순종한다.

믿음 안에서 걷는 한 걸음 한 걸음은 그 사람에게 훈련이 되고 자신감이 되므로 중요한 의미를 가진다. 당신이 하나님께서 어떤 방식으로든 당신에게 말씀하실 것을 기대하기 때문에 당신이 교회에서 예배드리는 동안 믿음의 계단을 오르고 있는 것이다. 만약 당신이 예배 가운데 기대감으로 차 있고, 두 손을 들어 올리며, 말씀에 주의를 기울이고, 그 진리를 믿는다면, 당신은 모든 것을 온전히 따르고 있는 것이다. 당신에게 감동을 주는 특별한 말씀이 있다면 말할 것도 없고 그 결과로서 느껴지는 평안이나 기쁨은 당신이 예언적인 어떤 것 안에 참여했다는 것, 즉 당신이 예언적으로 예민하다는 것을 의미한다.

성도들이 예배드릴 때, 하나님을 경험할 수 있다는 믿음을 당신은 가지게 된 것이다. 그와 같은 믿음의 환경 속에서, 당신은 이스라엘의 찬송 중에 계시는 하나님에 대한 믿음을 확인한 것이다(시 22:3을 보라). 결과적으로, 당신의 믿음이 좀 더 확고해졌는가? 그뿐 아니라, 그분께서 당신에게 무엇인가 특별한 것을 보여주셨는가? 당신은 다른 사람들과 나눌 수 있는 것이 생겼는가?

이것은 좋은 소식이다. 하나님의 음성을 듣고 예언적인 인지력 안에서 성장한다는 것은 교회를 출석하는 일만큼이나 쉬울 수 있다. 당신이 예배 중에 하나님의 임재를 인지할 수 있는 것과 동일한 방식으로 당신은 또한 언제나 그분의 음성을 들을 수 있는 인지력을 연마할 수 있다.

날아오르는 연습

나는 항상 영적 슈퍼맨은 아니다. 하지만 땅에서 발을 떼는 유일한 방법이란 날아오르는 것을 연습하는 것뿐이다. 한두 번 '날아 본' 후에도, 설교를 훈련하는 것처럼 영적으로 늘 깨어 있어야 한다.

항상 하나님의 음성에 귀를 기울이라. 그분의 함께하심 속에서 안식하라. 당신의 매일의 일상 속에서 그분의 임재를 깨달으라. 그분께서 당신에게 말씀하실지도 모른다는 가능성에 늘 자신을 열어두면 그분께서 말씀하실 때 당신은 그 음성을 듣게 될 것이다. 종종 그분의 음성은 부드럽고 매우 평범하기도 하다. '오늘이 쓰레기를 수거해 가는 날이지'라는 생각이 당신의 마음을 스치고 지나갈 수도 있다. 그 기억은 당신의 기억이 아니다. 당신의 목자는 당신이 모든 것을 통달하도록 도우신다.

그분은 당신이 해야 할 일들에 대해서 당신보다도 더 잘 알고 계신다. 그분은 하나님이시고, 그분은 당신과 소통하시려고 당신을 만드셨다. 그분은 이 세상 모든 사람들과 당신의 삶의 세밀한 부분까지 다 감찰하시고 어느 누구도 부족함이 없도록 하신다. 그분은 우리가 그분에게 우리 삶의 주도권을 맡겨드릴 때 기뻐하신다.

우리가 그분으로 하여금 우리를 안내하시도록 할수록, 우리는 예언적 감각들을 연마하는 것이다. 물론 우리는 음성을 잘못 알아듣기도 하지만, 모든 때마다 무엇인가를 배우게 될 것이다. 우리가 작은 일에서 그분께 순종할수록 그분께서는 더 큰 일을 통해서 우리를 신뢰하실 수 있게 될 것이다.

나는 예언적 복음 전도를 믿는다. 나는 준비된 상황을 좋아한다. 그분께서 다 설정해 놓으신 상황 속에서 매일매일 성령님을 따르는 일이 어떤 사람을 길거리에서 붙잡고 사영리를 설명하는 일보다 훨씬 더 쉬운 것이다. 나는 그분께서 나를 공개적인 주차장으로 이끄실 때를 좋아한다. 그리고 그 다음에 내가 알게 되는 것은, 내가 바로 그곳에서 누군가와 거룩한 만남을 하게 된다는 것이다.

이 일은 기술 몇 가지를 습득한다고 배울 수 있는 일이 아니다. 우리는 사용설명서를 읽음으로써 그분의 음성을 따를 수 있는 일이 아니라, 우리와 함께하시는 임마누엘을 따름으로써 말미암는다(이 얼마나 놀라운 일인가!).

음성에 순종하기

이스라엘 백성은 어찌하여 하나님의 안식에 들어갈 수 없었던가?(히 3:11을 보라) 그것은 그들이 하나님의 음성에 순종하지 않았기 때문이다. "또 하나님이 누구에게 맹세하사 그의 안식에 들어오지 못하리라 하셨느냐 곧 순종하지 아니하던 자들에게가 아니냐 이로 보건대 그들이 믿지 아니하므로 능히 들어가지 못한 것이라"(히 3:18-19).

당신이 잠시 멈추고 생각해본다면, 이스라엘 백성들은 매우 훌륭한 마차를 지니고 있었다. 그들이 하나님의 음성에 순종하지 않기를 선택한 것도 놀랄 법한 일이 아니다. 그들의 신발은 낡지 않았으며 공짜 음식을 날마다 먹었다. 순간순간을 살아가면서, 그들은 약속의 땅을 차지하고 있다는 거인들을 직면하는 일에는 특별히 관심을 두지 않았다.

히브리서 저자는 교회의 성도들에게 교훈적이었기 때문에 모세와 이스라엘 백성들에 관하여 많은 부분을 인용했다. 반복하고 반복해서 그는 다음의 한 구절을 인용했다. "광야에서 시험하던 날에 거역하던 것 같이 너희 마음을 완고하게 하지 말라"(히 3:8, 15; 4:7).

> 그는 우리의 하나님이시요 우리는 그가 기르시는 백성이며 그의 손이 돌보시는 양이기 때문이라 너희가 오늘 그의 음성을 듣거든 너희는 므리바에서와 같이 또 광야의 맛사에서 지냈던 날과 같이 너희 마음을 완악하게 하지 말지어다(시 95:7-8)

그는 그의 편지를 받는 사람들이 그들의 조상들과 같은 동일한 실수를 범하지 않기를 원했다. 그는 사람들이 하나님의 음성을 듣고, 순종하고, 하나님의 안식으로 들어가기를 원했다.

자신의 마음을 강퍅하게 하는 사람은 길을 안내하시는 하나님의 음성을 들은 후에라도 그분께 순종할 수 없다. 마음을 강퍅하게 하는 것은 성령을 소멸시키는 것과 동일하다. 성령을 소멸시키는 행동은 당신이 행하도록 되어 있는 일을 하지 않는 것과 혹은 행하도록 하신 일에 대하여 반대로 행하는 것을 말한다. 때로 우리는 두려움에 의해서, 때로는 반항심으로, 또는 그저 단순한 무지에서 그렇게 하기도 한다. 우리는 우리가 무엇을 하고 있는지 그리고 왜 그 일을 하느냐에 대하여 현실적으로 접하게 되면 그 일을 더 잘하게 될 것이다. 하나님은 우리에게 참을성 있으시지만, 우리가 그분께 순종하는 법을 배우기 위한 영원한 시간이 이 땅 위에서는 없다.

우리는 강력한 예배의 영이 가득한 장소에서조차도 성령님을 소멸시킬 수 있다. 한번은 내가 어떤 교회에 초대 받아 갔었다. 나는 그 전날 밤에 매우 강력한 꿈을 꾸었고, 집회에 도착했을 때 나는 나의 스카이다이빙 시절과 관련된 환상을 보기 시작했다. 갑자기 찬양 도중에, 성취되기까지 27년이란 세월이 걸린 그 계시가 떠올랐다. 결과적으로, 그 모임 가운데 하나님의 능력이 나타났고 사역하고 있는 우리들 중에는 예언하며 성경구절을 선포하기 시작했다. 회중 가운데 몇 사람은 스스로 강단 앞에 엎드렸고, 성령께서 전해 주시는 하나님의 말씀을 겸손히 받고 있었다. 예고도 없이, 주최 측 목사님들 가운데 한 분이 웃음을 터뜨렸다. 그는 자신이 성령님께 반응하는 것이라고 생각했지만 그렇지 않았다. 그것은 영적 분위기를 깨뜨렸다. 다시 그 분위기로 돌아갈 수 있는 길이 없었다. 나는 우리가 좀 더 깊이 들어갔다면, 우리 모두가 천상의 경험을 했을 것을 알았다. 나는 너무나 실망했다. 성령님이 소멸된 것이다.

초대받았던 다른 사람들 가운데 한 사람이 성숙한 반응을 보였다. 그는 그것을 배우는 과정으로 여겼고, 웃는 사람을 인내로써 다뤘다. 그는 우리 모두는 여전히 보통 수준의, 그래서 아직은 배우고 있는 사람들임을 알고 있었다. 그러므로 그렇게 해도 괜찮은 것이었다. 나는 그날의 경험을 통해 성령님께 귀 기울이려는, 그리고 그분께 순종하려는 갈망이 훨씬 더 증가되었다. 우리는 훈련된 순종을 통해 자유와 기름 부음 모두를 발견하게 될 것이다.

우리 교회에서 한 여자 성도가 하나님의 계시적인 움직임에 응답하고자 하였다. 그녀가 하나님께로부터 받은 말씀을 그분께서 사람들과 나누기를 원하신다는 것이었다. 그 느낌이 왔을 때 그녀는 작은 스프링 노트를 손에 들고 내게 왔는데, 어찌나 심하게 떨고 있던지 자신이 받아 쓴 내용을 거의 읽지 못할 지경이었다. 그것은 단순한 말씀이었지만 하나님이 하신 말씀이셨다. 그녀가 한 일이 다른 많은 사람들에게는 어려운 일이 아니었을 것이다. 하지만 그녀에게는, 그것은 마치 나는 비행기에서 뛰어내리는 것이나 마찬가지였다. 몇 해를 지나면서, 그녀는 주님의 말씀을 분별하고 전달하는 일에 대한 확신과 능력을 얻었다. 이제 그녀는 일어서서 말할 때마다 확실하게 선포한다. 그녀의 훈련과 도전을 감수함이 그녀를 성장시킨 것이다.

음성을 듣는 것과 순종하는 것에 대한 또 다른 좋은 예가 프랑스로 떠난 선교 여행에서 발생했었다. 찬양팀과 워십댄스팀과 함께 집을 나서기 전, 우리는 선물을 좀 챙겨가기로 결정했다. 우리는 (물론 프랑스어로) "영광의 어린 양"이라고 쓰인 깃발을 준비하려는 생각을 했다. 나의 아내와 깃발을 만드는 친구들이 작업을 시작했다.

어쨌든, 그들은 훌륭한 깃발을 만들었고 우리는 그것을 상자에 넣어 짐가방에 챙겼다. 프랑스 교회의 누구도 우리가 이 선물을 가져온다는 사실을 몰랐다. 나는 설교할 때 보여주기 위해 이것을 뒤쪽에 놓아두었다. 집회가 시작될 때 내가 그에게 무슨 곡을 선택했는지 물었을 때, 찬양 인도자가 그 날에 부를 곡을 선곡하기 위해 밤새 씨름했지만 그는 그때까지도 어느 곡을 불러야 할지 결정을 못한 상태였다. 하지만 예배가 시작되자, 그들은 연이어 하나님의 어린양에 대한 곡들을 찬양하기 시작했다! 나의 영적 온도계의 온도가 급상승하고 있었다. 내가 상자를 열고 그 깃발을 보여주었을 때, 하나님의 능력이 그 장소에 쏟아 부어졌다. 우리는 예언적으로 사역을 시작했다. 우리가 말한 모든 것들이 계시적인 은혜를 새롭게 열어주었다. 우리의 앞선 순종이 우리가 기대했던 것보다 훨씬 더 위대한 것들을 이끌어냈다. 그리고 우리가 행한 모든 것들이 우리의 감각들을 보다 더 예민하게 연마해 주었다.

골똘히 생각하기

하나님께서 말씀하시는 것을 당신이 주목할 때마다, 당신은 그분의 음성에 대한 예민함을 연마하는 것이다. 매순간마다 그렇다. 그러므로 그것은 당연히 더욱 추구해나가기에 가치 있는 일이다.

우리가 베드로나 바울이 누군가를 향하여 "골똘히 쳐다보았다"거나 혹은 "시선을 고정시켰다"는 것을 성경에서 읽을 때, 나는 그들이 계시를 얻기 위해 노력하는 중이었다고 생각한다(행 3:4 그리고 행 14:9을 보라). 그들은 성령님께서 하고 계시는 일뿐 아니라, 그 사람의 내면에서 일어나는 일들을 인지하려 했다. 그들은 바라던 이해를 얻자마자, 초자연적인 능력과 함께 그들의 믿음은 앞으로 한 발을 내딛기에 충분할 만큼 치솟았다. 이것들이 바로 믿음을 극대화하는 계시의 영에 대한 예들이다(앞서 제3장 "계시와 믿음"을 참조하라). 결과적으로 그들의 예언적인 감각들이 예민해졌다.

한번은 지속적인 각성을 경험하고 있는, 미네폴리스의 한 교회에 있었다. 십대들이 큰 무리를 지어 교회로 오고 있었다. 열네 살 된 소년이 내게 와서는 울며 말하길, "제 생각에 이곳에 다리 힘줄에 이상이 있어서 매우 고통스런 여인이 있는데 하나님께서 그녀를 고쳐주고 싶어하시는 것 같아요"라고 말했다. 한 여인이 눈물을 흘리기 시작했다. 그리고 그 소년에게 기도받기 위해 앞으로 나왔다. 그런데 그가 기도하기 시작했을 때 그는 다음과 같이 말했다. "아니에요. 여기에 또 다른 누군가가 하지정맥류를 앓고 있어요. 사실, 한 사람 이상입니다. 그리고 몇몇 여인들이 단지 그들이 하지정맥류를 앓고 있다는 사실만으로 판단해 왔습니다." 갑자기 여러 명의 여인들이 응답했으며, 단 한 명의 소년이 한 사람의 상태를 깨닫게 되고 일어서서 그것에 관하여 말할 만큼 용기를 내었던 까닭에 무려 사십 명의 여인들이 그들의 병으로부터 치유 받았다. 그가 하나의 상태에 초점을 맞추자, 더 많은 계시가 오게 되었던 것이다.

임무를 받고 파견되어

당신이 당신의 삶에 대하여 얼마나 평범하게 느끼는지에 상관없이, 당신은 하나님을 위한 사명에 부르심을 받았다. 당신이 교회에 갈 때든지, 당신의 집에 갈 때든지 혹은 소소한 일들을 하기 위해 집을 나설 때에, "주님, 저는 감화, 감동받기 원합니다. 나는 당신의 음성을 듣기 원하며, 당신께 순종할 수 있기를 원합니다"라고 말하라.

내가 목사로서 새로 부임했을 때, 바바라와 나는 차가 절실히 필요했으나, 그것 때문에 빚을 지고 싶지는 않았다. 그런데 어떤 사람이 우리에게 새 차를 주었고, 우리는 몸둘 바를 몰랐었다. 쉐비 베가(Chevy Vega)를 양도 받았는데, 호사스러운 차는 아니었지만, 우리에게는 안성맞춤이었다. 당시 크리스천들이라면 모두 자신들의 차 뒤에 선전문구용 스티커를 붙이고 다니던 때였다. 자, 그때 나도 스티커를 붙이고 다닐 수 있는 차가 생긴 것이다. 나는 우리에게 완벽하게 들어맞는 스티커를 발견했다. 그것은 "임무를 받고 파견되다"라는 문구였다.

그 범퍼 스티커가 나에게 사역을 일깨워주었다. 내가 차에 몸을 싣고 앞으로 달려 나갈 때마다, 나는 그 스티커를 볼 것이며, 그리고 기억하게 될 것이다. 이날은 그저 평범한 하루가 아니야. 하나님께서 오늘 나에게 말씀하실 거야. 하나님께서 오늘 나의 갈 길을 정하셨어. 나의 예언적인 감각들은 나의 기대에 부응하여 함께 치솟았다.

우리들이 예언적인 사람들이 되려 한다면, 하나님의 음성을 들어야 한다는 사실을 잊지 말아야 한다. 그리고 어떤 음성을 들은 후에는 믿음의 발을 내딛고, 우리가 하도록 되어 있는 어떤 것이든지 행해야 할 것이다. 우리가 단지 그것에 대해서 생각만 하고 있다면 아무런 일도 발생하지 않을 것이다. 당신도 알다시피, 주차되어 있는 차보다 이미 움직이고 있는 차의 핸들을 움직이기가 훨씬 더 쉽다.

그분의 음성을 듣고 순종하기 위해 '느낌에 이끌림' 받을 때까지 기다리지 말라. 너무나 많은 크리스천들이 그 함정에 빠진다. 나는 그들이 '이끌림 중독'으로 인해 죽어가고 있다고까지 생각한다. 그저 주인께로 다가서서 당신의 할 일을 여쭈어라. 하나님께서는 당신 또한 사명을 담당케 하시려고 부르셨으며, 그분께서 당신을 이끌어 주실 것이다. 당신이 이미 당신의 두 발로 일어섰다면, 그분은 당신의 믿음의 발걸음을 그 다음에 어디로 내딛어야 할지를 말씀해 주실 것이다. 역대하에 있는 말씀을 기억하자. "여호와의 눈은 온 땅을 두루 감찰하사 전심으로 자기에게 향하는 자들을 위하여 능력을 베푸시나니 이 일은 왕이 망령되이 행하였은즉 이 후부터는 왕에게 전쟁이 있으리이다"(대하 16:9).

당신이 믿음의 첫걸음을 뗄 때에, 당신에게 얼마만큼의 믿음과 계시가 주어지는가에 대해 놀라게 될 것이다. 물론 원수는 그 말씀이 성장하기도 전에 터지고 메말라 버리게 할 것이다. 또한 가시와 엉겅퀴들이 자라 말씀의 싹이 트는 것을 방해할 것이다. 자연히, 초자연적인 성장조차도 때로는 느린 듯이 보인다. 하지만 일단 당신이 하나님께로부터 말씀을 받으면, 그리고 당신이 그 말씀에 응답했다면, 당신은 더 많이 받게 될 것이다. 당신은 그리스도의 몸 안에서 예언적인 사람으로서의 직분을 수행할 것이다.

당신의 임무에 방해받지 말라. 하나님의 음성을 듣는 것에 지치지 말라. 컨퍼런스에서 길고 피곤한 하루를 마치고 난 후, 강의 사이에 쉬기 위해 방으로 걸어 들어가는 나의 예언적인 친구처럼 되지 말라. 그가 건물을 가로질러 걸어갈 때, 그는 다음과 같이 불평하였다. "주님, 이 사람들이 계속해서 모임 끝 부분에 몰려와서는 나에게 '한 말씀'을 묻는 것이 저는 정말 싫어요."

주님께서는 바로 그 자리에서 사랑으로 나무라셨다. "너는 그것이 정말 싫다고??" 그분께서 말씀하셨다. "나는 그것이 정말 좋다." 하나님의 영께서 그의 마음에 사람들의 내면의 그림을 그려주시며, "그들이 성숙해질 시간이 올 것이고, 그때에는 그들도 스스로 나의 음성을 듣게 될 것이다. 그렇게 되기까지는 적어도 그들이 나로부터의 한 말씀을 듣고자 하는 것이란다"라고 말씀하셨다.

당신의 영의 토양에 심겨졌던 말씀의 씨앗들을 양육하라. 그 씨앗들이 자라고 열매 맺도록 도우라. 세상은 주님의 말씀을 필요로 한다. 모세가 이스라엘 백성들에게 다음과 같이 말했듯이 말이다. "너를 낮추시며 너를 주리게 하시며 또 너도 알지 못하며 네 조상들도 알지 못하던 만나를 네게 먹이신 것은 사람이 떡으로만 사는 것이 아니요 여호와의 입에서 나오는 모든 말씀으로 사는 줄을 네가 알게 하려 하심이니라"(신 8:3).

기도

우리 각자에게 임무를 주시는 아버지, 감사합니다. 그리고 때로는 당신의 음성을 듣고 있음을 우리가 깨닫지 못함에도 불구하고, 우리 가운데 많은 사람들에게 이미 말씀해 오신 것으로 인해 감사드립니다.

이제 우리에게는 담대함과 인내가 필요합니다. 언제나 당신으로부터 더 많은 것들을 기대하며 우리는 우리를 움직이도록 하고 계속하여 움직이게끔 하는 당신의 도움이 필요합니다.

우리는 좀 더 적극적일 필요가 있습니다. 우리는 우리들의 예언적 감각들을 연마해 줄 은혜의 각성을 위해 기도합니다. 당신께서 우리에게 맡겨주신 사람들에게 손을 내밀 수 있도록, 그리고 우리의 삶 가운데 당신의 계획이 이루어지도록 당신께 순종하기 원합니다. 아멘.

목적지를 향한 순례

The Prophetic Made Personal

10. Pilgrimage to Destiny

목적지를 향한 순례

내 삶의 마지막 부분에 이르게 될 때, 나는 예수님에 대해 간증할 수 있으리라. 나는 예수님께, "당신께서 제게 원하셨던 일들을 마쳤습니다. 그리고 저는 그것들을 제 스스로의 힘으로 하지 않았습니다. 그 모든 일들이 무엇이었는지 제가 온전히 알지 못했을지라도, 젊었을 때, 다시 생명을 돌려주심으로 제가 무엇인가를 하도록 하셨다는 것과, 그것을 행하기 위해 제가 당신을 좇았다는 것을 압니다"라고 말씀드릴 수 있게 되기를 원한다.

사십여 년 전, 내가 거의 죽게 되었을 때, 나는 그때 하나님과 함께 그냥 천국에 머물기를 더 원했을 것이다. 일단 그곳에 도착했을 때, 단언컨대 나는 이곳에 다시 돌아오고 싶지 않았다. 천국은 이 혼란스러운 세상과는 비할 수 없을 만큼 더 좋은 곳이다. 하지만 나는 그분께서 내게 하라고 명하시는 그 어떤 일이라도 하고 싶었기에 다시 돌아왔던 것이다. 겸손함과 신실함으로 그분께 말씀드리고 싶다. "주님,

저는 당신께서 저에게 주셨던 과업을 받아들였습니다. 그리고 당신의 은혜로 저는 과업을 완수했습니다." 나는 내 삶을 향한 그분의 예언적 의도를 성취하기를 원했기에, 되돌아왔고, 지금도 여전히 그렇다. 나는 아직 나의 여정을 마치지 않았다. 그러나 그분께서 나를 본향으로 오라 부르실 그때까지, 나는 하나님으로부터 부여된 나의 목적을 완성하고자 한다.

사도 바울의 말씀을 빌어 나도 말씀 드릴 수 있으리라. "내가 달려갈 길과 주 예수께 받은 사명 곧 하나님의 은혜의 복음을 증언하는 일을 마치려 함에는 나의 생명조차 조금도 귀한 것으로 여기지 아니하노라"(행 20:24).

믿음으로

왜 그토록 나는 하나님의 뜻에 복종하기를 갈망해 왔는가? 왜 우리는 그토록 우리의 소중한 삶(그리고 우리의 결단조차도)의 주도권을 포기하기로 선택했는가? 우리는 그분의 만지심으로 인해 항복한다. 그분께서는 그분의 사랑으로 우리를 만지셨다. 그분은 우리가 우리의 삶을 잃음으로써 새로운 삶을 받게 된다는 사실을 우리에게 알려주셨다. 이것은 그분의 명확한 교훈들 가운데 하나이며, 우리는 그것을 사복음서에서 너무나 많은 말씀들을 통해 찾을 수 있다(마 10:39, 16:25, 막 8:35, 눅 9:24, 17:33, 요 12:25을 보라).

아버지 하나님께서는 우리를 그분의 자녀로 삼아주셨고 우리를 구속하시기 위해 그분의 아들을 보내심으로 우리의 목적을 완성할 수 있도록 해주셨다. 우리 심령 깊은 곳에 그분께서 우리를 창조하신 목적을 성취하려는 열망이 있기에 우리는 그분께 응답할 수 있다. 얼마나 기쁜 일인가! 수백만 명의 사람들이 하나님을 향해 그들의 등을 돌리고, 그리하여 황폐한 삶을 살 때에, 우리는 그분께 응답할 것을 선택했으며, 그렇게 함으로써 우리는 만족한 삶을 살아간다. 우리는 현재, 천국에서 부여된 목적들을 가지고 있으며 우리의 최종적 목적지로서 천국을 소유하고 있다.

우리 자신을 그분께 드리고 그분의 목적에 우리 자신을 순복함으로써, 풍성하신 말씀을 통해 단순하게 자신을 드러내시는, 보이지 않는 하나님의 언약 안에 우리의 믿음을 둔다. (하나님께서 얼마만큼이나 자신의 목적을 완성하시기를 원하셨는지를 직접적으로 배웠던) 베드로는 그의 글을 통해서 다음과 같이 요약했다.

> 우리 주 예수 그리스도의 아버지 하나님을 찬송하리로다 그의 많으신 긍휼대로 예수 그리스도를 죽은 자 가운데서 부활하게 하심으로 말미암아 우리를 거듭나게 하사 산 소망이 있게 하시며 썩지 않고 더럽지 않고 쇠하지 아니하는 유업을 잇게 하시나니 곧 너희를 위하여 하늘에 간직하신 것이라 너희는 말세에 나타내기로 예비하신 구원을 얻기 위하여 믿음으로 말미암아 하나님의 능력으로 보호하심을 받았느니라 그러므로 너희가

이제 여러 가지 시험으로 말미암아 잠깐 근심하게 되지 않을 수 없으나 오히려 크게 기뻐하는도다 너희 믿음의 확실함은 불로 연단하여도 없어질 금보다 더 귀하여 예수 그리스도께서 나타나실 때에 칭찬과 영광과 존귀를 얻게 할 것이니라 예수를 너희가 보지 못하였으나 사랑하는도다 이제도 보지 못하나 믿고 말할 수 없는 영광스러운 즐거움으로 기뻐하니 믿음의 결국 곧 영혼의 구원을 받음이라(벧전 1:3-9)

당신과 나는 구원과 칭찬을 받는 것 외에도, 우리 안에서 아버지께서 스스로를 영화롭게 하실 것을 원한다. 우리 자신과 다른 사람을 위한 예수님의 제사장적인 기도로 우리의 기도를 대신할 수 있다. "아버지께서 내게 하라고 주신 일을 내가 이루어 아버지를 이 세상에서 영화롭게 하였사오니 세상 중에서 내게 주신 사람들에게 내가 아버지의 이름을 나타내었나이다 그들은 아버지의 것이었는데 내게 주셨으며 그들은 아버지의 말씀을 지키었나이다 아버지여 내게 주신 자도 나 있는 곳에 나와 함께 있어 아버지께서 창세 전부터 나를 사랑하시므로 내게 주신 나의 영광을 그들로 보게 하시기를 원하옵나이다(요 17:4, 6, 24를 보라).

최종적인 것인즉, 나는 열매 맺는 삶을 살기 원하며, 내가 확신하는 바 당신 또한 그렇다는 것을 안다. 내 삶의 마지막에 이르러, 수십 년간 주님 한 분만을 좇은 내 삶으로 인해, 나를 통해 그분께서 구원하기 원했던 사람들을 그분의 왕국으로 인도할 더 많은 기회들을 그분께서 가졌기를 원한다.

야고보는 "너희는 하나님이 우리 속에 거하게 하신 성령이 시기하기까지 사모한다 하신 말씀을 헛된 줄로 생각하느냐"(약 4:5)라고 썼다. 그의 '아버지와 같은 마음'은 우리가 하나님께로부터 근거하여 그분을 통해 행할 수 있는 유일하게 가치 있는 일을 인식하기 원하셨다. 그분께서는 우리에게 있는 피할 수 없는 난관에도 불구하고 우리가 계속하여 정진할 것을 원하신다. 그분은 우리가 그 가치 있는 일을 놓치는 것을 원치 않으신다.

예언의 말씀과 당신의 개인적인 사명

당신은 알고 있었는가? 때로는 하나님께서 우리에게 무슨 일이 일어날지를 말씀하실 때, 그와는 정반대의 일이 발생하기 시작한다. 당신의 삶을 향한 그분의 계획을 이해하고 따르기 시작하자마자, 잘못될 수 있을 법한 모든 일들이 실제로 잘못된다.

이 말이 무슨 말인지 당신은 알고 있지 않은가? 그것은 하나님께서 당신에게 말씀하신 그 말씀을 마귀가 훔치려 시도하는 것이다. 마귀는 당신의 모든 약점을 이용하여 당신이 가장 사소한 것 한 가지라도 행하려 할 때, 당신 스스로 그 약점들에 걸려 넘어지도록 만드는 것이다. 그는 당신의 귓가에 합리적인 이유를 들어 속삭임으로써 당신의 확신에 찬 토대를 허문다. 마귀는 모든 노력을 기울여 당신이 너무 과격하고 극단적이라고, '지나치게 선지자적'이라고, 현실성이 없다고, 거룩만 추구한다고, 기타 등등…으로 당신을 설득한다.

당신이 하나님의 음성을 듣고 그분께 순종하고자 하므로, 마귀는 당신의 열정을 방해하는 일에 지치지 않는다. 우리가 앞의 장에서 자세히 살펴 본 씨 뿌리는 자의 비유에서처럼, 하나님이 말씀의 '씨앗'들은 많은 위험과 난관을 통과하며 성숙함에 이르러야만 한다. 우리 가운데 많은 사람들의 성장 환경이 너무나 열악하다는 것이 증명되었다. 하나님의 말씀의 씨앗이 마귀의 손에 들어간다. 싹튼 보리 씨앗들이 뙤약볕에 말라 비틀어진다. 스스로 열매 맺기 시작할 준비가 거의 다 된 건강해 보이는 식물들이 일상의 일들과 염려의 잡초에 의해 질식되고 만다.

이런 식이어야 하겠는가? 나는 그렇게 생각하지 않는다. 당신과 나는 이런 상황들을 직면할 때 씨앗들처럼 그렇게 유약하지 않다. 우리들의 마음과 영에 하나님의 말씀이 '심겨질 때', 우리는 그러한 위협들이 발생하는 것을 인식할 수 있고, 하나님께 도움을 요청할 수 있다. 우리는 문제 속에서도 선택할 수 있다. 이 이유를 다른 성경 말씀으로 바꿔 보면 우리는 우리의 믿음을 파선시키지 않을 것을 선택할 수 있다(딤전 1:18-19를 보라). 우리는 우리의 인간적인 연약함들이 우리를 탈선시키지 못할 것을 선택할 수 있다.

상처 입은 군사들

우리는 모두 '상처 입은 군사들' 임을 인정하자. 영적으로 그리고 감정적으로 (또한 종종 정신적으로 그리고 육체적으로), 우리는 절뚝거리며 걷는다. 우리가 왕국에 들어선 후에도, 환경들은 우리에게 가혹한 것이었다.

우리는 하나님을 신뢰해야만 하는 때에 우리 스스로를 신뢰해 왔다. 모순되게도 실제로 우리의 연약함을 선택하는 것임에도 불구하고, 우리가 하나님보다 우리 자신을 더 신뢰하는 그때마다 우리는 마치 우리의 강함에 의지하는 듯 착각한다. 종종, 우리가 연약하고 상처 받은 자기 자신을 의지할 때, 우리는 좋은 일보다는 더 많은 해를 자신에게 입히고 만다. 슬프게도, 때로 상처 입은 군사들은 계속하여 스스로의 힘에 의지하며, 종종 그들의 최종 목적지에 이르는 배를 파선시키며 그들 스스로의 '빛'을 좇는다. 상처 입은 군사들은 믿음의 선한 싸움을 지속적으로 싸워나가는 것이 불가능하다는 것을 발견하게 된다(딤전 6:12를 보라).

인간의 본성은 우리와 대항하여 싸운다. 하나님께서 이스라엘의 백성들을 이집트로부터 이끌어내셨을 때, 그분은 그들이 사십 년 동안 광야를 방황할 것을 원치 않으셨다. 그분께서는 그들이 곧장 약속의 땅으로 들어가기를 원하셨던 것이다. 하지만 그들은 약속의 땅을 얻기 위해 선한 싸움을 싸우려 하지 않았고 그래서 약속의 땅을 얻지 못했다. 그들은 원수들로 하여금 약속의 땅을 그들에게서 강탈해가도록 했다. 그들은 두려움과 원망이 그들의 마음을 주관하도록 허용했다. ("거인들은 너무나도 장대하잖아! 이 싸움은 너무 힘들거야!") 그들은 오직 그들 스스로 판단할 수 있는 것만을 신뢰했다.

약속의 땅은 곧 우리의 삶 속에 있는 하나님의 약속과도 같다. 하나님은 그 어떤 문제보다 더 크시다는 것을 믿으며, 그분 안에서는 불가능한 것이 없다는 사실을 믿으며 믿음의 선한 싸움을 싸우겠는가? 아니면 대적의 얼굴 앞에서 무너지고 말겠는가? 우리는 굳게 서겠는가? 아니면 능력의 엘리야조차 그랬듯이 꼬리를 내리고 돌아서겠는가? (열왕기상 18-19장의 이야기를 기억하라). 엘리야는 상처 입은 군사였다. 베드로도 그렇다. 특별히 예수님께서 십자가에 못 박히신 후에는 더욱 그랬다. (예수님께서 요한복음 21장에서 그를 회복시키신 사실을 기억하는가?) 나는 베드로가 예수님의 제자로서의 그리고 하나님의 사람으로서 자신의 명확한 사명을 성취하려는 소망을 잃었다고 믿는다. 베드로는 그가 아는 한 결코 다시 보지 못할 주님을 부인함으로써 너무나도 형편없게 되어버렸던 것이다.

엘리야와 베드로의 이야기는 우리에게 한 가지 교훈을 말해준다. 하나님께서는 우리보다 더욱 우리의 목적을 이루기를 원하신다. 그리고 우리를 너무나도 사랑하심으로 다시 시작할 수 있도록 하신다. 하나님은 언제나 길을 내신다. 도저히 불가능해 보이는 상황 속에서, 그분은 우리 스스로가 파선하지 않도록 하신다. 천국의 힘은 그들의 상처 받은 인간성보다 더 강하다는 것을 증명한다.

우리의 인간성이 하나님의 말씀에 대한 우리의 순종을 방해할 때마다 우리는 우리를 고치시고 성숙하게 하실 수 있는 유일하신 그 분을 무시하는 대신, 적어도 그분께 도움을 구해야 한다는 사실을 인식해야 한다.

삶의 상처를 위한 치유를 발견하기

하나님께서는 당신을 위한 명백한 사명을 부여하셨다. 그분께서 당신의 삶을 위한 계획과 목적을 가지고 계시다. 당신은 당신의 위대한 사명에 적들의 위협이 도사리고 있어도 이 사실 하나는 믿을 수 있다.

상처는 단지 몇몇 위협들보다 더 심각하다. 우리는 멍들었고, 찢겼으며, 부러졌다. 사실, 스스로를 하나님 왕국의 빛 아래 둠으로써, 당신의 상처와 부상들은 더욱 눈에 띄게 된다. 아마도 당신은 이러한 것들이 단지 인격적 특성이라든지 혹은 당신의 육신적, 정신적, 감정적, 그리고 영적 형성에 있어서의 기본적인 요소들일 것이라고 생각했을 것이다. 그런데 지금 당신은 그것을 확신할 수 있다.

당신이 세상에 왔을 때, 문제들을 접하게 되었다. 그리고 당신과 사람들이 그 문제들을 해결하려고 했을 때, 더 많은 문제들을 야기시켰다. 이내 당신의 문제들이 해결책을 압도하였다. 당신이 주님을 만났을 때, 그분께서는 문제들을 해결할 수 있도록 도우셨지만 당신에게는 아직 치유되지 않은 부분들이 남아 있다. 당신이 오랫동안 주님과 가까이 동행해왔을지라도, 당신은 언제나 삶의 새로운 영역에서 부딪치게 될 것이며 도움을 구하게 될 것이다.

우리 상처 입은 군사들은 잠잠해지고자 할 때면, 화가 나 있는 스스로를 발견하게 될 것이다. 다른 사람들을 돕는 대신 그들에게 상처를 입히고 말 것이다. 갈등에서 벗어나고자 쉬운 길을 택하려 할 것이다. 다른 사람들을 조종하려 들 것이다. 우리는 언제나 하나님의 음성을 들으며 그분께서 말씀하시는 바를 쉽게 설명해 줄 수 있는 사람들을 부러워하게 될 것이다. 그런데도 우리가 입을 열 땐, 어찌된 영문인지 두 발이 얼어붙은 듯 꼼짝 못하고 만다.

당신의 부모나 친구, 혹은 교회의 지도자들에게 실망하여 다른 사람들도 신뢰할 수 없게 되었는가? 오래 전, 주님께로부터 말씀을 받았다고 확신하여 믿음의 발을 내딛었으나 앞으로 넘어져 그만 코가 납작해진 적이 있었는가? 당신은 또 이런 일이 있을까 봐서 겁을 내는가? 당신의 확신이 흔들리고 있는가? 넘어질 것이라고 생각하는가? 냉소적으로 되어버렸는가?

더 계속해서 열거할 수 있다. 사실인즉, 예언 사역을 하는 사람들과 다른 사람들의 유익을 위해서 하나님의 사랑하시는 형상을 드러내도록 되어 있는 사람들일지라도, 그들 자신들 또한 상처 입은 군사들이라는 것이다. 왜 이런 일이 있는지를 쉽게 볼 수 있다. 우리들 가운데 그 누구도 아직 '완전하지' 못하기 때문이다. 우리는 다 알고 있는 체할 수도 있겠지만, 절대적으로 다 알지 못한다. 예언 사역은 강력한 것이다. 그리고 불이 강력한 것이듯, 이 사역은 그 전달되는 방법에 따라서 유용할 수도 있고 파괴적일 수도 있다. 인류의 발전적인 역사에 있어서, 에너지의 근원으로서의 불은 아마도 현대 문명의 열쇠가 되었을 것이다. 하지만 통제되지 않은 불은 위협적이고 두려운 것이며 낭비적이고 파괴적인 것이다.

예언의 사람들로서, 우리는 병든 본성 때문에 더 이상 하나님의 불을 남용할 수도 없고, 그분의 불을 끄려고 해서도 안될 것이다. 우리는 매일매일 스스로를 완전한 선지자이신 예수님께 자신을 드려야 한다. 우리는 그분의 형상으로 변화되어야 한다. 그분께서는 우리의 상처를 치유해 주실 것이다. 그분께서 우리를 치유하실 때, 우리를 새로운 남자와 여자로 세우실 것이다. 그분은 질서에 따라 그분의 집을 세우신다. 우리는 이리저리로 도망 다니는 아이들처럼 그분의 손아귀에서 빠져나갈 수도 있을 것이고, 아니면 그분의 무릎 위에 가만히 앉아 있을 수도 있다.

> 주는 영이시니 주의 영이 계신 곳에는 자유가 있느니라 우리가 다 수건을 벗은 얼굴로 거울을 보는 것 같이 주의 영광을 보매 그와 같은 형상으로 변화하여 영광에서 영광에 이르니 곧 주의 영으로 말미암음이니라(고후 3:17-18)

잃어버린 기회들

나는 당신이 하나님의 속도를 빠르게 할 수 있을지는 잘 모르지만,

당신이 그분의 속도를 늦추게 할 수 있다는 것은 안다. 당신은 기회들을 놓칠 수 있으며, 진행되던 과정을 늦출 수 있다. 당신은 무언가를 다르게 했어야만 한다는 사실을 깨닫기 전에, 다시 한 번 광야의 시내산을 훑을 수 있다.

나는 하나님의 주권을 믿지만, 우리에게 일어나는 모든 일들이 그분께서 계획하신 것이라고는 믿지 않는다. 우리가 길을 돌아가고 환란 가운데 처하게 되는 이유는 우리의 어리석음으로 인한 것들이 있다. 우리는 지혜롭지 못하다. 우리는 주님의 말씀에 순종하는 것에 실패함으로써 우리 스스로에게 문제들을 가져온다. 때로 우리의 실수와 무지가 우리의 삶을 향한 하나님의 중요한 계획을 좌절시키거나 연기시킬 수 있다.

물론 하나님께서는, 그분을 사랑하고 그분의 목적에 따라 부르심을 입은 사람들을 위해 모든 일을 협력하여 선을 이루신다(롬 8:28을 보라). 그분은 우리의 실수를 자신의 계획 속으로 편입시키기에 절대적으로 능하신 분이시다. 하지만 그것이 곧 그분께서 그런 실수들을 미리 부여하신다는 것을 뜻하지는 않는다. 우리는 우리의 죄를 그분의 탓으로 돌릴 수 없다. 그분은 죄의 창조자가 아니시다. 우리는 자유의지를 지니고 있다.

그러므로 우리가 범죄할 때, 우리는 잘못된 선택을 하는 것이다. 우리는 언제나 우리의 순종을 통해서 죄를 피할 수 있다. 죄를 범하기에 자유로운 만큼이나 우리는 순종할 것을 선택하기에도 자유롭다. (대체로 신속한 회개 후에 뒤따르는) 순종은 많은 시간과 문제들을 절약해 준다.

내가 만약 하나님을 내 삶 속에서 좀 더 일찍 더 많이 순종했었더라면, 나는 아마도 큰 어려움들을 피할 수 있었을 것이다. 나는 기회들을 잃고 과제들을 망친 것에 대해 하나님을 탓할 수 없다. 내가 할 수 있는 일이란, 그런 상황들을 받아들이고, 그 상황들로부터 배우는 일일 것이다. 그리고 그것을 통해 최선을 이루어주시길 하나님께 간구하는 것일 것이다.

우리의 상황들이 예언에 대한 직접적인 완성이라고 할지라도, 그 일이 되어가는 방향은 하나님의 말씀에 대한 우리의 순종에 따라 달라진다. 우리는 지혜를 사용할 것인가? 단지 첫 발걸음을 위해 그분의 음성을 들을 것인가? 아니면 끝까지 그분을 따르기 위해 그분의 지도에 귀 기울일 것인가?

이것은 우리 모두에게 있어서 마찬가지이다. 힘든 길을 통해서 배우든지 혹은 순종의 길을 통해서 배우든지 하는 것이다. 나는 너무나도 많이 힘든 길을 통해서 배워 왔다. 나는 그런 방법으로 배우는 것에 진력이 났다. 그것은 정말 재미없는 일이다. 순종과 믿음의 길을 통해 배우는 일이란 얼마나 더 나은 것인가!

때로 한 번 이상, 하나님께서는 우리의 머리를 드시는 분이시다. 그분은 우리를 사랑하신다. 우리가 휘청거리는 것을 보실 때, 그분께서는 우리를 강하게 하시려고 여분의 힘을 가져다주신다. 그분은 누군가를 통해서 지혜의 말씀을 주실 수도 있고 우리를 향한 소망으로 더 큰 대가를 지불하게 하셔서 우리가 그분의 음성을 듣게 하실 것이다. 우리는 그렇게 될 수도 있을 것이고, 그렇게 되지 않을 수도 있다. 당신도 알지 않는가? 우리는 지금 4달러를 지불하고 새 부속품을 장만하든지, 아니면 엔진이 폭발한 후, 천오백 달러를 지불할 수도 있다.

하나님께 지속적으로 귀 기울이기 위해서는 대가 지불이 필요하다!

한 걸음씩

비전에 대한 말씀과 사명을 실제로 완수하는 것 사이에는 과정이 있다. 한 손으로는 당신의 사명을 세우고, 다른 한 손으로는 사명을 허물지 않기 위해서 과정을 준비해야 한다. 과정은 준비와 무장과 인격의 형성을 포함한다.

당연히 하나님께서는 당신이 그곳에 도달했을 때, 당신 힘으로 이루었다고 여길 만큼 미성숙하지 않기를 바라신다. 당신은 하나님의 은혜로 말미암아 가까스로 그것을 이루었다는 것을 깨달아야 한다. 하나님께서는 당신이 그분에 대한 신뢰를 강화시키기 원하신다. 다음 번에 주님께로부터 말씀을 받는다면 그 말씀을 시험하고 판단하고 고난의 시기를 견뎌내기 위해 말씀을 신뢰하고 건강한 방법으로 고백하기를 원하신다.

예언의 말씀을 이루는 것은 과정이다. 계시와 예언적인 은사들을 연마하는 것, 믿음 안에 사는 것, 하나님 안에서 성장하는 것을 통해서, 당신은 사랑 안에서, 믿음 안에서, 은혜 안에서, 그리고 생명 안에서 더 자라게 될 것이다. 당신은 "기록된바 하나님이 자기를 사랑하는 자들을 위하여 예비하신 모든 것은 눈으로 보지 못하고 귀로 듣지 못하고 사람의 마음으로 생각하지도 못하였다 함과 같으니라"(고전 2:9)을 배우게 될 뿐만 아니라, 성장 과정에 협력해서 그와 같은 과정들을 지나갈 수 있다는 것을 배우게 될 것이다. 하나님께서는 그분의 영을 통해 그분의 목적을 드러내실 뿐만 아니라, 성장 과정의 단계들도 보여주신다. 각 단계는 새로운 계시이다. 그것은 하나님의 발동에 대한 당신의 응답과, 다른 사람들과 상황들에 대한 당신의 믿음 충만한 응답 안에 잇따르는 초자연적인 경험을 포함하는 역동적인 과정이다.

이 모든 것을 한 마디로 표현하자면, 때로 하나님께서는 그 과정을 매우 단축시키기도 하신다. 특히 젊은 기독교인에 대한 예언의 완성은 자동적으로 이루어지는 듯 보일 때가 있다. 한 번은 한 무리의 사람들이 모여 있었는데 그곳에서 작은 부흥이 일어났었다. 나는 그들에게 성령의 세례뿐만 아니라 물세례 또한 받아야 할 필요가 있다는 것을 말해주었다. 그래서 그들은 뒤뜰에 수영장이 있는 부부의 집에 모였다. 그 부인은 매우 진보적인 분으로서 우리 모임의 일원이었지만 남편은 그렇지 않은 상태였다.

우리가 단체로 세례를 행하고 있을 때, 그녀의 남편이 직장에서 돌아왔다. 그는 파티가 벌어진 줄만 알았다. 그는 "음, 나도 세례 받고 싶은데요"라고 말했다. 나는 그가 물에 닿기 전까지는 구원받았다고 생각하지 않는다. 그는 "난 단지 예수님께서 내가 좋은 삶을 살도록 도와주시기를 원해요"라고 말했다.

그러나 그가 세례를 받은 후 어떤 일이 발생했다. 우리는 그를 집

안으로 데리고 들어가 기도해주었다. 어떤 사람이 그를 위한 예언을 했는데, 그 가운데 다음과 같은 말이 있었다. "하나님께서 당신을 승진시키실 것입니다. 당신 삶 가운데 부유함을 주실 거예요."

자, 이 남자는 이미 아주 잘하고 있었다. 그는 젊었지만 아주 근사한 직장에 다니고 있었다. 그는 이전에 한 번도 예언의 말씀을 들어본 적이 없었다. 그는 그의 아내에게, "그건 아마도 내가 이미 최근에 받은 승진을 뜻하는 말일거야. 왜냐하면 난 절대로 또 다시 승진을 할 수는 없으니까"라고 말했다.

한 달 후, 그는 직장에서 또 한 번의 승진을 하게 되었다. 그것은 그가 생각조차 못했던, 오년 동안의 노력을 필요로 하는 승진이었다. 그러고 나서 일주일 후, 그의 회사는 다른 회사와 합병이 되었고, 그 합병의 유익으로 말미암아 그는 또 다른 승진을 하게 되었다.

그는 놀라자빠질 지경이었다. 나도 마찬가지였다. 그는 이미 매우 잘하고 있었으며, 이제 그는 전보다 더 잘하게 되었다. 하나님께서는 그에게 시험과 시련을 주시지 않은 채, 그의 구원을 지지하고 인정해주시고 싶어하시는 듯했다. 나는 주님께, "그건 공평하지 않아요. 저는요, 페리 메이슨(Perry Mason: 1957년부터 1966년까지 미국에서 방영된 수사 드라마에서 페리 메이슨은 수많은 역경을 겪는 변호사역으로 등장하는 인물이다. - 역자 주) 보다도 더 많은 시련을 겪어야 했는데 말이죠. 하지만 괜찮아요. 당신은 무엇이든지 원하시는 바를 행하실 수 있으시니까요. 만약 당신께서 수영장 물을 사용하셔서 사람들을 회심시킬 수 있다면, 당신은 사람들을 긴 과정을 거치는 일 없이도 승진시킬 수 있으십니다."

나는 지금쯤이면 하나님께서 그 부유한 자의 삶 가운데 문제들을 허락하셨으리라고 확신하는데, 그것이 바로 그분께서 역사하시는 방법이기 때문이다. 보통 우리는 성장 가운데 어떤 도전들이 포함되어 있음을 기대할 수 있으리라. 당신 또한 나와 같이 그 과정이 가치 있다는 것을 알고 있다.

내 형제들아 너희가 여러 가지 시험을 당하거든 온전히 기쁘게 여기라 이는 너희 믿음의 시련이 인내를 만들어 내는 줄 너희가 앎이라 인내를 온전히 이루라 이는 너희로 온전하고 구비하여 조금도 부족함이 없게 하려 함이라(약 1:2-4)

받기와 반응하기

그리스도 안에서 당신과 나는 새로운 피조물이다. 좋은 땅에 뿌려진 씨앗처럼 우리는 잘 성장하도록 만들어졌다. 하나님께서 우리에게 도달하기 원하시는 성숙한 열매 맺음의 단계가 있다. 그리고 그분은 우리가 행할 '선한 일'을 준비하셨다. "우리는 그가 만드신 바라 그리스도 예수 안에서 선한 일을 위하여 지으심을 받은 자니 이 일은 하나님이 전에 예비하사 우리로 그 가운데서 행하게 하려 하심이니라"(엡 2:10). 우리는 우리 삶에 대한 그분의 의도와 목적대로 살기 위하여 선한 일들 속으로 예언적으로 걸어 들어간다.

씨앗이 성장하는 첫 단계는 (자연적인 씨앗과 하나님 말씀의 '영적'인 씨앗 모두에서), 아무도 씨앗이 자라는 것을 볼 수 없는 어두운 땅 속에서 시작한다. 씨앗은 새 것을 위해 옛 것에 대하여 '죽는다.' 보이지 않는 변화들이 중요한 성장을 알린다. 새 생명이 부풀어 올라 자라날 때, 외부 껍질이 터져서 떨어져 나간다. 미세한 뿌리들이 뻗어나가며 영양분을 취하기 시작한다. 성장하는 생명이 빛을 향해 위쪽으로 길을 찾아낸다.

이 초기 단계에서, 선포된 하나님의 말씀이 무엇이든지 우리에게 기초가 된다. 추운 겨울이나 건조기를 지날 때에라도, 말씀의 씨앗은 감내할 수 있다. 가을밀처럼 그것은 죽어버리지 않는다. 일단 날씨가 따뜻해지면 씨앗은 빠르게 자랄 것이다. 때로는 하나님의 말씀이 당신에게 주어진 후에 마치 모든 것이 얼어 붙어버린 듯 보이기도 할 것이다. 걱정하지 마라. 그것은 일시적인 것이다. 당신의 마음 밭이 씨 뿌리는 자의 비유에서처럼 단단한 땅이 아니라면 말이다(막 4:5, 16-17, 눅 8:6, 13을 보라).

새로운 성장

결과적으로, 눈에 보이는 잎사귀나 가지가 땅의 표면을 뚫고 나오게 되어 있다. 이제 다른 사람들이 변화를 눈치채기 시작한다. 예언의 성취에 있어서는 이때가 바로 사건들이 서로 맞아 들어가기 시작하는 때이다. 당신의 삶 속에 사람들이 찾아오며, 상황들이 서로 역사한다. 어떤 사람들은 하나님의 과정을 앞서 나가려 하고, 이스마엘을 낳는 결과에 봉착한다(창세기 16장을 보라). 다른 사람들은 그 과정을 순서대로 밟지 못한다. 그것은 마치 그들이 햇빛의 유익함을 보지 못한다거나 신선한 비를 맞지 못하는 것과 같다.

예를 들어, 당신이 교회에서 찬양 사역팀에 속해 있다고 하자. 당신은 당신이 받은 예언의 말씀으로 인해 목적 있는 부르심을 인지하고 있지만, 예언의 성취와는 거리가 멀게만 느껴진다. 당신은 그저 당신이 이전에 하던 동일한 일들을 하고 있고 어쩌면 이전에 하던 일보다 더 사소한 일인지도 모른다. 당신의 임무 가운데 어떤 일들은 지루하게 느껴지고 그 일들 가운데 모든 것이 찬양 사역과 관계된 것은 아니다. 당신 삶 속에서 다른 사람들이 당신의 에너지와 시간을 요구하며 당신을 잡아당긴다. 일주일 내내 당신은 단지 돈을 벌거나 학교에 다니는 것으로 한 주를 보낸다. 당신은 말한다. "난 하나님의 말씀은 신뢰하지만 그 일은 이루어지지 않을지도 몰라."

낙심하지 마라. 당신은 그 과정의 매우 초기 단계에 있는 것이다. 당신이 소유한 것은 심겨진 말씀에 대한 기억뿐이며 한 줌 먼지와 같은 것이라 할지라도, 당신이 처한 바로 그 단계는 매우 중요하다. 바로 지금 당신에게 주어진 임무들에 심혈을 기울여 행하라. 일을 맡길 수 있는 신뢰성과 믿음의 충만함 두 가지 영역 모두에서 신실하라. 믿음으로 걸으라. 믿음 안에서의 한 걸음, 한 걸음이 최종 목적지에 이르도록 안내할 것이다.

안절부절하지 않도록 하라. 미래에 이르기 위해 현재를 회피하고 경주를 빨리 마치려고 하는 유혹에 빠지지 마라. 문제들을 당신 손으로 해결하려고 하지 마라. 과정을 즐기고 감사하라. 마라톤을 시작하기 전, 한 번에 한 걸음씩 어떻게 걸어야 하는지를 하나님께서 당신에게 가르쳐주시기를 간구하라. 원수가 당신에게서 소망을 빼앗아 가지 못하도록 한 걸음 한 걸음 그분을 따르라.

확신

당신이 그 과정에 협력함에 따라서 당신의 자신감도 자라갈 것이다. 당신은 다음과 같이 말할 수 있게 될 것이다. "그래요, 저는 성장하고 있고, 나의 삶 가운데 역사하시는 하나님을 볼 수 있어요. 나는 준비되고 있어요. 나는 배우고 있어요. 이것은 예언적으로 나에게 말해진 것들이에요. 이것이 바로 과정의 일부네요. 그러므로 나는 매우 기쁩니다. 주님, 당신께 감사드려요. 나는 내가 당신과 발맞추어 가고 있다는 것을 알아요. 믿음으로, 나는 더 많이 열매 맺을 수 있음을 알며, 또한 현재 하고 있는 일을 즐거워할 수 있어요."

일상생활 속에서 그분을 기쁘시게 하는 법을 배우라. 당신이 오늘 그분께 기쁨을 드리기 위해, 당신이 일 년 후에 어디에 있을 것인지에 대해 알아야만 할 필요가 없다. 내년 이때 즈음에, 확신할 수 있는 유일한 것은 당신이 성령 안에 있을 것이라는 사실이다. 그것이 바로 당신이 마음속으로 바라는 소망이지 않는가? 당신의 현재 직업이 만족스럽지 못하다거나, 혹은 사람들과의 관계가 혼돈스럽다는 것은 실제로 문제가 되지 않는다. 당신을 위해 하나님께서 광야에 길을 만들어 내실 것이다. 지난 번 걸음을 내딛었을 때보다 더한 확신으로 다음 번 걸음을 내딛어라. 당신의 성장 과정이 한 단계 진전됨을 기대하라.

양육

당신에 대한 하나님의 말씀의 성취를 향하여 나아갈 때, 하나님께서는 당신을 채워주시고 먹이시며 무장해 주실 것이다. 다른 말로 하자면, 최고의 정원사께서 당신을 기르실 것이다. 당신의 성장을 위협하는 모든 잡초들을 그분께서 제거하실 것이다. 그분께서 당신에게 영양을 공급하실 것이다. 그분은 당신이 충분한 햇살을 받도록 하실 것이다.

당신의 부르심 안으로 자라갈 때, 때로 당신은 자신이 마치 사춘기 소년 같다는 것을 느끼게 될 것이다. 모든 것이 서툴고 미성숙하여 잘 넘어진다. 하지만 하나님께서는 당신이 믿음으로 행동할 수 있는 지혜와 기름 부음을 공급하실 것이고, 당신에게 수많은 도전들을 제시하셔서 당신이 은사들을 시험할 수 있게 하시며, 어떻게 그분께 예언적으로 초점 맞추는지를 배우게 하실 것이다. 목적은 당신이 성숙하게 하시려는 것이다. 성장시키기 위한 것이다.

> 우리가 다 하나님의 아들을 믿는 것과 아는 일에 하나가 되어 온전한 사람을 이루어 그리스도의 장성한 분량이 충만한 데까지 이르리니 오직 사랑 안에서 참된 것을 하여 범사에 그에게까지 자랄지라 그는 머리니 곧 그리스도라 그에게서 온 몸이 각 마디를 통하여 도움을 받음으로 연결되고 결합되어 각 지체의 분량대로 역사하여 그 몸을 자라게 하며 사랑 안에서 스스로 세우느니라(엡 4:13, 15-16)

당신의 성장이 아직 당신의 사명에 미치지 못한다고 해도 안달하거나 애태우지 마라. 그것이 과정이라는 사실을 기억하라. 긴 비행시간을 견디며 당신의 날개를 시험하는 그 시간 동안 하나님께서 공급하심으로 그분의 기름 부음 아래서 위업을 행하고 있는 것이다. 당신은 은사를 더욱 성장시키며 사명 안에서 성숙해져 가고 있을 것이다.

자신들의 사명을 성취하고 그 열매를 맺기 전에 이십 년 혹은 삼십 년 동안 성경을 가르쳐 온 사람들을 알고 있다. 그들이 하나님을 섬겨오던 그 모든 시간 동안, 기름 부음을 받아왔고 성장하고 있었다. 그 모든 세월이 지난 후, 갑자기 큰 발전과 함께 풍성한 열매를 맺게 되었다. 그들은 그동안에도 지속적으로 영향력을 끼쳐왔지만, 외관상으로 여전히 연습 중이었다. 나는 예언이나 치유를 위해 기도하는 사람들을 통해서도 동일한 과정을 보아왔다. 언제나 가르침을 따르는 자들로서, 언제나 배우는 자들로서, 그들은 자신들에게 허락하신 단계 안에서 그 영향력을 넓히며 견디어냈다. 성숙함과 살아있는 말씀을 신실하게 신뢰함으로써, 그들은 이 땅에서의 삶의 마지막 순간까지 예수님의 증거를 계속하여 붙들었다.

그들은 경주에 능한 자는 아니었지만 그것은 괜찮다. (내가 '경주에 능한 자'라고 말할 때의 의미를 당신이 알 것이라고 생각한다. 예수님을 믿은지 겨우 육 개월 밖에 되지 않았는데, 이제 그들은 신학 전문가들이다. 그들은 자신이 좋아하는 세 군데의 성경구절을 가지고서, 그것으로 자신들이 크리스천으로서 알아야 할 전부를 다 안 것처럼 여긴다.) 그들은 스스로를 일컬어 '지혜로운 자들'이라고 말하지 않는다. 그 대신, 매일의 일상에서 기대할 수 없는 것을 기대하며, 단지 지속적으로 주님의 음성을 들으며 그분의 충고를 따른다.

열매 맺음

만약 당신이 인내한다면, 정해진 시간 내에 당신의 목적지에 도달하게 될 것이다. 하나님께서는 시작하신 일을 완성하시기에 신실하시다. 그분은 당신의 믿음의 창조자이시며, 시간이 걸리더라도 우리의 믿음을 완성하신다(히 12:2를 보라). 그분께서는 당신이 성령 충만케 되고 주님의 사랑에 이끌린 바 되어 당신의 최고 능력이 발휘될 수 있도록 해주실 것이다.

단순히 당신이 해야 할 일이라면, 당신이 아니라 바로 그분께서 행하신 분이라는 그 사실을 아는 일일 것이다. 그분께서 씨앗을 주셨고 성장하게 하셨다. "심는 자에게 씨와 먹을 양식을 주시는 이가 너희심을 것을 주사 풍성하게 하시고 너희 의의 열매를 더하게 하시리니"(고후 9:10). 물론 각 단계마다 더 큰 믿음을 요구하지만, 그것은 곧 그분께서 추수의 주님이시라는 사실에 대해 당신이 더욱 겸손하게 깨닫게 된다는 것을 의미한다.

당신이 실제로 열매 맺음의 단계에 이르면, 당신은 단순해질 것이고, '척' 하지 않을 것이며, 주제넘지 않을 것이며, 그리고 그 어느 때보다 더 지혜로울 것이다. 그리고 당신은 갈등 없이도 그 단계에 머물 수 있게 될 것이다. 그분의 영광의 광채를 발하고, 자신의 육신의 그릇을 통해 하나님의 능력이 오는 것을 허락하며 우주의 주님을 섬기는 일이란 얼마나 훌륭한 것인가!

시온에 이르는 길

날이면 날마다, "푯대를 향하여 그리스도 예수 안에서 하나님이 위에서 부르신 부름의 상을 위하여 달려가노라"(빌 3:14). 우리는 그분께서 우리에게 행하라고 말씀하시는 그 무엇이라도 행하기를 갈망한다(요 2:5를 보라). 그분께서 우리의 길을 표시해 두셨다는 것을 알기에, 우리는 마지막까지 그분의 지도를 받아야 한다는 것을 알고 있다. 그렇지 않으면, 우리는 우리의 목적지에 도달하지 못하게 될 것이다.

각각의 길마다 우회하는 것들과 힘든 지점들이 있는 듯이 보인다. 마치 아무에게도 보다 나은 길로 여행하도록 허락되지 않은 것 같다.

그것은 때로는 흡사 아주 느린 노랫가락 같기도 하다. 그러나 그 길은 부르심의 목적으로 이어지며, 시간이 지남에 따라 더 밝아진다. "의인의 길은 돋는 햇살 같아서 크게 빛나 한낮의 광명에 이르거니와"(잠 4:18).

우리가 황폐하게 갈라진 사막의 시절에서부터 기름지고 열매가 풍성한 보상의 시절까지의 모든 것을 받아들인 것처럼, 그분의 신선한 계시와 함께 우리 모두에게 하나님의 명백한 약속들이 적용된다.

> 광야와 메마른 땅이 기뻐하며 사막이 백합화 같이 피어 즐거워하며 무성하게 피어 기쁜 노래로 즐거워하며 레바논의 영광과 갈멜과 사론의 아름다움을 얻을 것이라 그것들이 여호와의 영광 곧 우리 하나님의 아름다움을 보리로다 너희는 약한 손을 강하게 하며 떨리는 무릎을 굳게 하며 겁내는 자들에게 이르기를 굳세어라, 두려워하지 말라 보라 너희 하나님이 오사 보복하시며 갚아 주실 것이라 하나님이 오사 너희를 구하시리라 하라 그 때에 맹인의 눈이 밝을 것이며 못 듣는 사람의 귀가 열릴 것이며 그 때에 저는 자는 사슴 같이 뛸 것이며 말 못하는 자의 혀는 노래하리니 이는 광야에서 물이 솟겠고 사막에서 시내가 흐를 것임이라 뜨거운 사막이 변하여 못이 될 것이며 메마른 땅이 변하여 원천이 될 것이며 승냥이의 눕던 곳에 풀과 갈대와 부들이 날 것이며 거기에 대로가 있어 그 길을 거룩한 길이라 일컫는 바 되리니 깨끗하지 못한 자는 지나가지 못하겠고

오직 구속함을 입은 자들을 위하여 있게 될 것이라 우매한 행인은 그 길로 다니지 못할 것이며 거기에는 사자가 없고 사나운 짐승이 그리로 올라가지 아니하므로 그것을 만나지 못하겠고 오직 구속함을 받은 자만 그리로 행할 것이며 여호와의 속량함을 받은 자들이 돌아오되 노래하며 시온에 이르러 그들의 머리 위에 영영한 희락을 띠고 기쁨과 즐거움을 얻으리니 슬픔과 탄식이 사라지리로다(사 35:1-10)

기도

하늘에 계신 아버지, 우리는 우리 각자 앞에 두신 당신의 은사들과 부르심과 목적들을 우리의 두 손으로 받고 싶습니다. 우리는 당신의 지속적인 도우심과 계속적인 기름 부음을 위해 기도합니다. 우리는 언제나 더 많은 지혜와 성숙함으로의 성장, 그리고 늘 새로운 자비를 구합니다. 당신의 영의 능력이 없다면, 우리는 당신에게 영예를 드릴, 당신에게 영광 돌릴, 열매를 맺게 될, 그리고 우리에게 주신 목적지를 향해 달려갈 능력 있는 삶을 살아낼 수가 없습니다.

믿음으로 동행하는 법을 가르쳐 주시니 감사합니다. 그리스도의 몸 안에서 우리가 경험하는 믿음의 분위기에 대해서 감사드립니다. 당신의 은혜에 감사드리며, 항상 그 안에서 동행하기를 원합니다. 예수님의 이름으로 기도드립니다. 아멘.

The Prophetic Made Personal

확실한 말씀

The Prophetic Made Personal

11. The Word Made Sure

확실한 말씀

하나님의 말씀은 약속들로 가득하다.
만약 당신이 단 한 마디의 예언적인 말씀이라도 주님으로부터 직접적으로 듣지 못했다면, 성경에 들어있는 그분의 약속들이야말로 왕국의 실체를 위해 하나님의 호흡이 있는 초대이다. 신약과 구약 모두에서 그분께서 선언하신다. "내가 너와 함께 하리라. 내가 너를 도우리라. 내가 너에게 필요한 전부다. 내가 너에게 공급하겠다." 우리는 성경 말씀에 기록된 약속들 안에서 믿음으로 살아가는 것과 삶을 뒤돌아보는 것에 대해 결코 지치지 말아야 할 것이다.

그렇다 할지라도, 성경에 기록된 말씀만으로는 충분하지 않다. 하나님께서 그분의 백성들에게 그분의 얼굴을 지속적으로 찾을 것과 그분의 음성을 들을 것을, 천국으로부터의 신선한 말씀을 듣고 순종하도록 준비되어 있기를 촉구하시며 스스로 성경 속에서 그것을 말씀하셨다(예를 들어, 대상 16:11, 시 27:4, 사 26:9, 골 3:1, 그리고 더 많은 구절들을 보라). 우리의 마음에 직접 속삭였든지, 아니면 예언적인 설교자를 통해 큰 소리로 전파되었든지, 신선한 말씀은 우리의 심령에 만나와 같다. 그분의 초대를 이해하고 받아들이기 위해서 우리에게는 성령님이 필요하다. 계시와 해석과 적용이 필요하다.

천국으로부터 진정한 말씀이 임할 때, 그 새로운 예언적 말씀은 우리의 영혼에 영양분이 된다. 왜냐하면, 그것은 하나님의 성경적인 약속들과 완벽하게 맞아떨어지기 때문이다. 성경의 약속들은 성령님께서 가장 중요하게 여기시는 주제들을 나타내며, 그분께서는 우리로 하여금 그것들을 우리의 가슴에 새기기 원하신다.

우리가 부지런히 찾아야 할 주제들과 약속들 가운데 무엇이 있을까? 여기 가장 중요한 몇 가지가 있다.

영원한 생명

영원한 생명에 대해서는 너무나 중대해서 불신자들조차도 알고 있는 것이다. 하나님의 모든 약속들처럼 이것은 조건적인 언약이다. 천국에 당신의 자리를 예약해 두기 위해 당신은, "이르되 주 예수를 믿으라 그리하면 너와 네 집이 구원을 받으리라. 다른 이로써는 구원을 받을 수 없나니 천하 사람 중에 구원을 받을 만한 다른 이름을 우리에게 주신 일이 없음이라"(행 16:31; 4:12)를 알아야 할 필요가 있다.

영생(바로 지금, 즉 당신이 죽기 전에 시작되는)은 당신이 '거듭났다' 거나

'구원 받은' 것에 대한 가장 커다란 보상이다. 당신은 이 땅 위의 쓸모없는 생명으로부터, 그리고 사망 뒤에 사망뿐인 영원한 죽음으로부터 구원 받았다. 당신은 여전히 이 땅 위에 있는 동안에도 부유해지고 더욱 풍성해지도록 성장하는 삶을 위해, 그리고 당신이 죽은 후, 하나님께서 당신과 함께하시기 위해 당신의 영혼을 데려가시며, 말로 형언할 수 없는 기쁨의 미래를 위해 구원 받았다.

성령 안에서의 의, 평화, 그리고 기쁨

거듭난 자, 미리 자격을 얻은 천국 시민으로서의 당신에게는 빼앗길 수 없는 유산이 주어졌다. 하나님 왕국의 시민으로서(마 6:10을 보라. "뜻이 하늘에서 이루어진 것 같이 땅에서도"), 당신은 소멸되지 않는 공의와 평화와 기쁨을 약속 받았다.

이들은 약속일뿐만 아니라, 우리와 함께하시는 성령님의 임재로 인해 매일 새롭게 주어지는 현실을 나타낸다. "하나님의 나라는 먹는 것과 마시는 것이 아니요 오직 성령 안에 있는 의와 평강과 희락이라"(롬 14:17).

> 찬송하리로다 주 이스라엘의 하나님이여 그 백성을 돌보사 속량하시며 우리를 위하여 구원의 뿔을 그 종 다윗의 집에 일으키셨으니 이것은 주께서 예로부터 거룩한 선지자의 입으로 말

쓺하신 바와 같이 우리 원수에게서와 우리를 미워하는 모든 자의 손에서 구원하시는 일이라 우리 조상을 긍휼히 여기시며 그 거룩한 언약을 기억하셨으니 곧 우리 조상 아브라함에게 하신 맹세라 우리가 원수의 손에서 건지심을 받고 종신토록 주의 앞에서 성결과 의로 두려움이 없이 섬기게 하리라 하셨도다(눅 1: 68-75)

의로우신 거룩함인 성령 충만함을 입어 우리는 더 잘 무장되어 다른 사람들에게 예수님의 이름으로 언제나 평안과 기쁨을 사역할 수 있다.

의롭다 하심, 성별하심, 영화롭게 하심

이것들은 매우 큰 의미가 있는 신학적 용어들로서, 영원하고 풍성한 삶에 대한 전반적인 약속들을 말한다. 사실, 이들 세 가지 용어들은 구원에 대한 세 가지 '동사 시제'와 같다. 과거(칭의 - 엡 2:8을 보라), 현재(성별 - 빌 2:12를 보라), 그리고 미래(영화 - 롬 13:11을 보라)이다.

칭의란 우리의 옛사람을 새 것으로 바꿀 때에 일어나는(롬 6:4를 보라) 영적 재건을 말한다. 성별은 우리가 은혜와 거룩 안에서 살며 성장할 때에 계속되는 구원이다. 성별과 관련해서는 앞 장에서와 제 4장에서 다룬 치유와 성숙함의 과정이 있다. 하나님과 같아지는 성화

(glorification)에 그 목적이 있다. 하나님의 영이 그 과정을 통해 우리 각자를 목양하실 것이다. 여기에 그분의 약속이 있다. "너희 안에서 착한 일을 시작하신 이가 그리스도 예수의 날까지 이루실 줄을 우리는 확신하노라"(빌 1:6).

옛날 사람들이 천국이라고 말했듯이, 영화는 당신이 '영광'에 이르렀을 때에 임한다.

> 사랑하는 자들아 우리가 지금은 하나님의 자녀라 장래에 어떻게 될지는 아직 나타나지 아니하였으나 그가 나타나시면 우리가 그와 같을 줄을 아는 것은 그의 참모습 그대로 볼 것이기 때문이니 주를 향하여 이 소망을 가진 자마다 그의 깨끗하심과 같이 자기를 깨끗하게 하느니라(요일 3:2-3)

영화는 또한 우리가 천국에 이르기 전에도 받을 수 있다. 그것은 하나님의 사랑스러우시고 강력한 임재가 그분의 백성들로부터 발광(發光)할 때에 주어진다. "또 미리 정하신 그들을 또한 부르시고 부르신 그들을 또한 의롭다 하시고 의롭다 하신 그들을 또한 영화롭게 하셨느니라"(롬 8:30).

당신이 의롭다 칭함을 받게 되었고 성별되었기에, 당신은 당신을 통해 하나님의 영광이 그 빛을 발할 수 있음을 기대할 수 있다. 이것은 이기적인 여행이 아니다. 이것은 영광스러운 여정이다. 그리고 이것은 또한 하나님의 실체에 대한 눈에 보이는 증거이다. 당신은 그분에 대해서 다른 사람들에게 설명할 수도 있지만, 그들이 당신 안에, 당신 위에, 그리고 당신을 통해 그분을 뵙게 될 때, 당신의 모든 모습은 곧 당신이 형언할 수 있는 그 어떤 말보다 더욱 그분을 잘 증거할 수 있으리라.

하나님의 영원하신 임재

아버지 하나님께서는 그분의 성령이 영원토록 당신과 함께하실 것이라고 약속하셨다. 예수님께서 말씀하시기를

> 내가 아버지께 구하겠으니 그가 또 다른 보혜사를 너희에게 주사 영원토록 너희와 함께 있게 하리니 그는 진리의 영이라 세상은 능히 그를 받지 못하나니 이는 그를 보지도 못하고 알지도 못함이라 그러나 너희는 그를 아나니 그는 너희와 함께 거하심이요 또 너희 속에 계시겠음이라(요 14:16-17)

성령님은 왔다가 떠나가버리지 않는다. 그분은 당신 안에 영원히 머무신다. 당신 안에 작은 음성에 대한 인식을 억누를 수도 있지만, 당신은 또한 기도를 통해 하나님의 말씀을 듣기 위해 자신을 일깨울 수도 있다. 천국을 미리 맛볼 수 있듯이, 그분의 임재가 영광 가운데 충만할 수도 있다.

당신과 함께하시는 하나님의 영원한 임재는 예수님께서 말씀하셨듯이 '생명의 강'이다. "나를 믿는 자는 성경에 이름과 같이 그 배에서 생수의 강이 흘러나오리라 하시니"(요 7:38; 또한 요 4:14를 보라). 성령은 지칠 줄 모르고 공급하시는, 마치 분수대의 물과 같다. 그분의 임재와 함께 당신은 온전한 희락과 뜨거운 예언의 말씀을 소유한다(시편 16:11을 보라). 예수님께서 약속하셨다. "내가 너희에게 분부한 모든 것을 가르쳐 지키게 하라 볼지어다 내가 세상 끝날까지 너희와 항상 함께 있으리라 하시니라"(마 28:20).

은사들과 '더 큰 일들'

어느 여름 날, 예수님께서는 그분의 말씀을 경청하고 있는 사람들에게 예언하셨다. "내가 진실로 진실로 너희에게 이르노니 나를 믿는 자는 내가 하는 일을 그도 할 것이요 또한 그보다 큰 일도 하리니 이는 내가 아버지께로 감이라"(요 14:12).

나는 이 말씀에 갈등하곤 했었다. 이러한 일이 어떻게 가능하단 말인가? 예수님께서는 눈먼 자를 고치셨고 죽은 자를 살리셨다. 나 같은 사람이 어떻게 그보다 더 큰 일을 할 수 있다는 말인가? 물론 그분은 결코 새 차를 달라고, 그리고 백 달러를 달라는 기도를 하지 않으셨다. 왜냐하면, 그 당시에는 그런 것들이 아직 발명되기 전이었기 때문이다.

나에게는 성격이 불같고 대담한 친구가 있다. 그가 주님께로 인도되었을 때, 그는 성령의 각각의 은사들을, 모든 언약들을, 그가 얻을 수 있는 모든 것들을 받을 수 있도록 매일 주님께 기도하기 시작했다. 그가 너무나도 원했기에, 현재까지 그는 적어도 한 번씩은 각각의 은사들을 그의 삶 속에서 행해 왔다.

만약 내가 예수님보다 더 '큰 일들'을 하기를 그처럼 죽도록 원했다면 어떻게 되었을까? 만약 내가 성령님께 어떤 한계선을 드러내지 않았다면, (그분께, "주님, 주님께서 저에게 이것 저것을 하라고 말씀하실 수는 있지만, 저는 결코 이것 저것을 하지 않을 것입니다"라고 말하지 않았다면) 어떻게 되었을까? 만약 내가 계속적으로 성령님께 귀 기울임으로써, 그분께서 오늘, 그리고 매일 하고 싶으신 일을 내가 알았다면 어떻게 되었을까?

증거할 수 있는 능력

예수님께서 승천하시기 일 분 전, 그분의 입술로부터 직접 발설된 또 다른 약속이 있다. "오직 성령이 너희에게 임하시면 너희가 권능을 받고 예루살렘과 온 유대와 사마리아와 땅 끝까지 이르러 내 증인이 되리라 하시니라"(행 1:8).

그분께서는 또한 이렇게 덧붙였을지도 모른다. "두려움을 직면할 때 너는 초자연적인 담대함을 가지게 될 것이다." 왜냐하면 당신이 성령의 충만함을 받고 나아갈 때, 당신은 원수의 영역을 향해 가게 될 것이기 때문이다. 사람들이 당신의 증거를 항상 환영하지는 않을 것이다. 물론 복음은 하나님의 능력이다. "내가 복음을 부끄러워하지 아니하노니 이 복음은 모든 믿는 자에게 구원을 주시는 하나님의 능력이 됨이라 먼저는 유대인에게요 그리고 헬라인에게로다"(롬 1:16). 하지만 그것은 당신이 두려움을 온전히 극복했을 경우에만, 혹은 적어도 당신이 입을 열어 증거할 때에만 해당된다.

천사가 나타날 때마다(또는 예수님께서 부활하신 후 나타나셨을 때), 나는 그분께서 하시는 첫 마디의 말씀이 "두려워하지 말라"라는 점이 흥미롭다. 하나님의 거룩하심은 경이롭다. 그분의 임재의 능력은, 그것이 천사나 그분의 다른 종들에 의해서 진정되더라도, 당신을 선 채 흔들어 버릴 수 있다. 그분의 능력은 초자연적이며, 그것은 다른 자연적인 힘에 의해서는 일어날 수 없는 것들을 일으킬 수 있다.

고난을 동반하는 공급

오, 그렇다. 하나님께서는 우리가 필요하게 될 모든 것들을 우리에게 주시겠다고 약속하셨다. 넘치는 고난과 역경과 함께 말이다.

> 예수께서 이르시되 내가 진실로 너희에게 이르노니 나와 복음을 위하여 집이나 형제나 자매나 어머니나 아버지나 자식이나

전토를 버린 자는 현세에 있어 집과 형제와 자매와 어머니와 자식과 전토를 백배나 받되 박해를 겸하여 받고 내세에 영생을 받지 못할 자가 없느니라(막 10:29-30)

우리 가운데 그리 많지 않은 수의 사람들만이 성경에서 이 구절에 밑줄을 그었으리라. 그렇지 않은가? "오, 저런, 고난, 그것들을 가져 오세요! 나에게는 말고요! 물론 우리 가운데 복음을 위해 모든 것을 버린 사람들 또한 그리 많지 않다. 그러므로 우리는 결과적으로 찾아 오는 그 무거운 고난에 대해서는 걱정할 필요가 없을지도 모르겠다. 또한 우리의 희생에 대해 거둔 열매들에 대해서도 그리 보여줄 것이 많지 않을 것이다.

우리 모두는 많은 것들을 버린 적이 있고, 적어도 정도에 따라 하나 님의 보상 체계를 경험한 바 있다. 또한 당신이 하나님을 따를 때마다 그분께서 우리를 책임지신다는 사실이 진리임을 당신은 발견했을 것 이다. 당신이 무엇을 버리고 떠나 왔든지, 그분께서는 당신이 기대하 는 그 이상의 것으로 갚아주셨다. 고난의 영역이란 것이 당신이 생각 하는 것만큼 그리 심각하지 않을 수도 있을 것이다. 우리 가운데 대부 분의 사람들은 어느 정도의 고난을 인내했다. 그 고난이라는 것이 단지 우스꽝스러운 모습이거나 혹은 거절감을 느꼈다는 정도일 수도 있다.

축복

베드로는 이 약속을 받아 썼다. "악을 악으로, 욕을 욕으로 갚지 말고 도리어 복을 빌라 이를 위하여 너희가 부르심을 받았으니 이는 복을 이어받게 하려 하심이라"(벧전 3:9). 하나님께서는 당신이 재앙이나 재난, 혹은 실망이나 실패를 유산으로 받게 하기 위해 당신을 부르시지 않았다. 그분은 당신이 축복의 위치에 있게 하시기 위해 부르셨다.

다시 말하지만, 그분의 축복은 궁극적으로는 그 결과가 순전한 기쁨이라 할지라도, '뒤섞인 축복'이다. 예수님은 산상수훈에서 그것에 관하여 이렇게 말씀하셨다.

> 의를 위하여 박해를 받은 자는 복이 있나니 천국이 그들의 것임이라 나로 말미암아 너희를 욕하고 박해하고 거짓으로 너희를 거슬러 모든 악한 말을 할 때에는 너희에게 복이 있나니 기뻐하고 즐거워하라 하늘에서 너희의 상이 큼이라 너희 전에 있던 선지자들도 이같이 박해하였느니라 (마 5:10-12)

예수님의 친구인 사도 요한은 다음의 말로써 그분의 축복의 언약을 확증했다. "우리가 다 그의 충만한 데서 받으니 은혜 위에 은혜러라"(요 1:16).

몸의 구속

많은 사람들이 몸의 구속에 대해 생각하지 않을 것이다. 성경의 약속은 무척이나 확정적이다. 우리가 그분을 볼 때, 우리는 그분과 같아질 것이다.

> 그러나 우리의 시민권은 하늘에 있는지라 거기로부터 구원하는 자 곧 주 예수 그리스도를 기다리노니 그는 만물을 자기에게 복종하게 하실 수 있는 자의 역사로 우리의 낮은 몸을 자기 영광의 몸의 형체와 같이 변하게 하시리라(빌 3:20-21)

> 사랑하는 자들아 우리가 지금은 하나님의 자녀라 장래에 어떻게 될지는 아직 나타나지 아니하였으나 그가 나타나시면 우리가 그와 같을 줄을 아는 것은 그의 참모습 그대로 볼 것이기 때문이니(요일 3:2)

이것은 곧 당신과 나 또한 그분께서 그러했듯이, 부활의 몸을 입을 것이라는 의미다. 당신이 얼마나 건강에 연연해 왔는지에 상관없이, 당신은 천국의 몸으로 화할 때, 현재보다 훨씬 더 건강한 몸이 될 것이다. 나는 이것을 간절히 기대한다. 어떤 끔찍한 사고를 말하지 않고, 노화되었거나 지치고 상한 흔적을 볼 수 없는 몸 안에서 내가 영원히 산다는 것이다.

그분과 그분의 성도들과의 교제

기록된 말씀에서 약속하신 한 가지는 동료애, 사귐의 즐거움, 같이 있음을 의미하는 교제이다. 이것은 성령님을 통한 아버지와 예수님과 그리고 동료 신자들과의 교제이다. 이것은 모든 신자들에게 적용되는 약속이다.

> 너희를 불러 그의 아들 예수 그리스도 우리 주와 더불어 교제 하게 하시는 하나님은 미쁘시도다(고전 1:9)

> 우리가 보고 들은 바를 너희에게도 전함은 너희로 우리와 사귐 이 있게 하려 함이니 우리의 사귐은 아버지와 그의 아들 예수 그리스도와 더불어 누림이라(요일 1:3)

> 그가 빛 가운데 계신 것 같이 우리도 빛 가운데 행하면 우리가 서로 사귐이 있고 그 아들 예수의 피가 우리를 모든 죄에서 깨 끗하게 하실 것이요(요일 1:7)

다른 약속들과 마찬가지로, 이 약속된 교제 또한 조건적인 수용성 에 따른다. 우리가 그분의 빛 가운데 행할 것인가? 우리는 '사귐'이 우리 삶을 표현하는 능동적인 동사가 되도록 허용할 것인가? 우리가 그렇게 할 것을 원한다면, 그것을 소유하게 될 것이다.

보상들

예수님께서는, 성령께서 우리에게 하시는 말씀을 행하며 우리가 얼마나 잘 그분의 성령을 따르느냐에 따라서 유익함이 있을 것이라고 말씀하셨다. "인자가 아버지의 영광으로 그 천사들과 함께 오리니 그 때에 각 사람이 행한 대로 갚으리라"(마 16:27).

당신은 성경을 통해, 문제라고 하고 싶을 정도로 하나님이 관대하시다는 증거를 찾을 수 있다. 탕자의 비유를 생각해보라(누가복음 15장을 보라). 우리 가운데 대부분은 탕자의 뜻을 '나쁜 아들'이라고 생각할 것이다. 하지만 그 용어가 의미하는 바는 그것이 아니다. 그것은 단지 그가 낭비벽이 있다는 것을 뜻한다. 사실 그 이야기의 제목은 "낭비벽이 심한 아버지"가 되었어야 할 것이다. 왜냐하면, 결국 그 아버지는 제멋대로 살았던 아들을 위해, 그가 행한 모든 행동에도 불구하고, 관대하게 그를 환영하여 과용해버렸기 때문이다. 그 젊은이의 아버지는 음식과 옷가지를 주는 것 외에도, 그가 거절했던 집으로 돌아온 것에 감사해서 사랑과 애정을 쏟아부음으로써 그를 왕자처럼 대우했다.

이 탕자의 아버지처럼, 하나님께서는 그분의 사랑과 공급에 있어서 통이 크시다. 그분은 언제나 당신이 그러실 거라고 생각하는 범위보다 더욱 크시다. 그러나 반드시 그렇지만은 않다. 그분은 "뭐든지 말하고 요구하라"고 하시는 아버지는 아니시다. 하나님께서는 자신에게 순종하는 이들에게 명령하시고 보상하신다. 특별히 중요한 일뿐 아니라, 작은 일들에 순종하는 자들을 위해서, 그리고 그 과정 속에서 역경을 견디는 자들에게 그러하시다. 순종은 주인과 종, 혹은 부모와 자녀와의 관계를 의미한다. 그분의 약속들은 믿음으로 그분과 동행하는 자들에게 주어진다. "믿음이 없이는 하나님을 기쁘시게 하지 못하나니 하나님께 나아가는 자는 반드시 그가 계신 것과 또한 그가 자기를 찾는 자들에게 상 주시는 이심을 믿어야 할지니라"(히 11:6).

내가 이 장의 서두에서 말했듯이, 그분께서 사람들이 개인적으로, 그리고 공동체적으로 그분의 음성을 듣기를 구하는 것을 결코 중단하지 말라고 촉구하신 기록된 말씀에 하나님의 갈망이 적혀있다.

> 여호와와 그의 능력을 구할지어다 항상 그의 얼굴을 찾을지어다(대상 16:11)

> 내가 여호와께 바라는 한 가지 일 그것을 구하리니 곧 내가 내 평생에 여호와의 집에 살면서 여호와의 아름다움을 바라보며 그의 성전에서 사모하는 그것이라(시 27:4)

> 밤에 내 영혼이 주를 사모하였사온즉 내 중심이 주를 간절히 구하오리니 이는 주께서 땅에서 심판하시는 때에 세계의 거민이 의를 배움이니이다(사 26:9)

> 그러므로 너희가 그리스도와 함께 다시 살리심을 받았으면 위의 것을 찾으라 거기는 그리스도께서 하나님 우편에 앉아 계시

느니라(골 3:1)

예언적 교회의 한 부분으로서, 우리에게 말씀하시는 하나님의 음성을 들을 수 있다. 하나님을 찾으면 반드시 응답하신다. 우리는 그분을 볼 수 없을지라도 그분의 음성을 들을 수 있다. 이것은 그 자체로 보상이며, 단지 우리가 그분을 섬겼다는 이유로 인해 더 많은 보상이 주어질 날이 분명 다가오고 있다. 그분과 얼굴과 얼굴을 대면하여 볼 그 날이 오고 있다. 기쁨에 겨워 우리는 말할 것이다. "내가 주께 대하여 귀로 듣기만 하였사오나 이제는 눈으로 주를 뵈옵나이다"(욥 42:5).

이 책에서 나는 예언의 직임, 예언의 은사, 예언적인 것의 현상들, 예언적 설교, 예언적 중보, 신성한 명령, 혹은 예언 전도에 대해서는 그다지 상세히 말하지 않았다. 그렇지만, 이 사역의 의도는 모든 하나님의 사람들이 계시로 전진하게 하는 것이다. 믿고 기대하라!

또한 나는 많은 분량의 성경구절을 포함시켰다. 내가 견고하고 기름 부음 받은 교사들에게 귀 기울일 때, 나의 계시적 은사들이 활발하게 시작되는 것을 경험했다. 당신은 예언적인 사역 안에서 경험적으로 성장하도록 격려하는 방식으로 계속해서 그분의 말씀 안에서 그분을 경험해야만 한다. "이제는 나타내신바 되었으며 영원하신 하나님의 명을 따라 선지자들의 글로 말미암아 모든 민족이 믿어 순종하게 하시려고 알게 하신 바 그 신비의 계시를 따라 된 것이니 이 복음으로 너희를 능히 견고하게 하실 지혜로우신 하나님께 예수 그리스도로 말미암아 영광이 세세 무궁하도록 있을지어다. 아멘"(롬 16:26).

경주를 잘 마치기

2007년이 시작된 직후, 나는 매우 강력한 현재적인 진리를 하나님과의 만남을 통해 체험했다. 그것은 부드러우면서도 거룩한 두려움이었다.

지난 30년 간 매우 친근한 관계를 유지해 온 교회의 한 교우로부터 한 통의 이메일을 받았다. 그 이메일의 내용은 매우 심각한 혈액암 판정을 받은 그 교회의 목사이자 나의 친구인 에릭 밴버스커크에 관한 것이었다. 그는 항암 치료를 받고 있는 중이었다.

나는 그에게 전화를 해서 그를 위해 기도하기 위해 가능한 빨리 방문하겠다고 말하라는 강한 감동을 주님으로부터 받았다. 우리는 모든 기술적이고 의학적인 세부사항에 대해서 말했다. 그런 후에, 그는 교회 달력에 기록된 모든 기록을 검토했고 추가로 부활절 기간을 검토했으며, 부활절이 지난 후에 오라고 나에게 요청했다. 나는, "음, 좋아요. 그렇게 생각하신다면요. 사랑합니다, 당신을 위해서 우리가 기도할 겁니다. 안녕히 계세요"라고 대답했다. 나는 '그럼 두 달이나 남았군. 난 내가 속히 가야할 것이라고 생각했었는데. 그렇다면 단지 대단히 건강했던 하나님의 사람이 치명적으로 위협받고 있다는 사실을 접한 후 감정적으로 과민반응 했었다는 말인가?' 라고 생각했다.

내가 생각을 정리하고 있는데, 십분도 채 안돼서 전화벨이 울렸다. "미키, 하나님께서 나에게 금방 말씀하셨는데, 당신이 지금 당장 와야 한다고 말해주라고 하시네요!"

밴버스커크의 집과 교회는 오하이오 주의 칠로코스로부터 약 15마일 거리에 있었기에 나는 오하이오 주의 콜롬버스로 날아갔다. '승리의 교회'는 아름답게 자리 잡고 있었다. 뜻밖에 눈이 내리는 토요일이었고, 나는 에릭과 그의 아내인 제넷트가 큰 병원이 아닌 자신의 집에 있는 것에 무척 의아했다.

우리는 교제를 나누었다. 그는 그의 삭발한 머리에 대해 '미스터 청결'이라고 농담했고, 나는 그의 병원에서의 여정에 대해서 들었다. 늘 그래왔듯이, 그들은 진실한 믿음과 하나님에 대한 전적인 신뢰를 표현했다. 내가 그들을 알아왔던 모든 세월 속에서 그들은 신실한 모습이었으며, 그들의 교회 또한 그러했다. 우리는 내가 그 다음 날 아침에 예배를 인도할 것이며, 그를 위한 전교인들의 기도 모임을 인도할 것에 대해 동의했다.

그의 집에서 차를 몰고 나올 때, 나는 심각한 암 때문이 아닌, 하나님을 향한 그들의 흔들림 없는 사랑과 감사로 인해, 그 반석 같은 힘에 의해 충격 받았다. 코너를 돌아서 교회 앞을 지나갈 때, 나는 차 안을 채우시는 하나님의 거룩한 임재를 느꼈다. 그때 한 음성을 들었는데 그것은, "세상의 눈으로 볼 때, 사람들은 이 교회를 작은 교회라고 말할 것이다. 이 교회는 나의 가장 큰 교회들 중 하나이다"라는 음성이었다. 나는 할 말을 잃었다. 시내 근교를 돌아 호텔로 돌아오기까지, 차 안에서 하나님의 영광의 무게를 느낄 수 있을 정도로 남아 있었다.

그 방안에서 나는 노트북 컴퓨터를 꺼내어 이 책의 서두를 쓰기 시작했다. 얼마 후에 글이 막히기도 하고 지루하기도 해서, 나는 TV를 켰고 이내 잠이 들었다. 불을 켜 놓은 채, 그리고 TV가 큰소리를 내고 있는 채 나는 그대로 밤새 잠이 들었다. 아침이 되어 잠에서 깨었다. '바로 당장 교회에 가야 해! 난 잠을 깊이 자는 사람이 아닌데 어떻게 된 거지?'

서둘러 일어나 주섬주섬 준비를 하면서, 나는 밤새 켜 있는 노트북 컴퓨터를 보았다. 그때 나는 책 제목이 적힌 페이지에 대문자 굵은 글씨로 성령님께서 내가 잠든 사이에 한 문단을 적어놓으신 것을 보았다. 그것은, "나는 너를 특별한 목적을 가지고 그곳으로 보냈다. 너의 생명은 너의 것이 아니란다"라고 시작되어 있었다. 성령님의 말씀은 서너 문장 더 계속되었는데, 나는 그 내용이 개인적인 것인지 아니면 전체 교회들을 향한 것인지 잘 알지 못했다. 그것은 정결, 거룩, 용서, 성령의 열매, 그리고 하나님 앞에 흠 없음에 관한 내용이었다.

나에게 분명했던 것은 주님에 대한 거룩한 두려움이었다. 나는 모든 종류의 현상들을 통해 그분께로부터 음성을 들어왔지만, 이런 방법을 통해서는 한 번도 없었다. 그 문장을 읽고 또 읽었을 때, 나는 하나님에 대한 기절할 것 같은 두려움으로 인해 나가떨어지는 듯 했다.

그 문단은 "개인적 예언자(The Prophetic made personal)"라는 말로 마무리 되어 있었다.

나는 컴퓨터를 가지고 가야 했는데, 컴퓨터 전원을 끄자 그 문단은 사라져버렸다. 순간 나는 공포에 떨었다. 의문이 들었다. "당신이 만든 이 자료를 보관하시겠습니까?"라는 질문에 내가 그만 실수로 "아니오" 버튼을 눌렀단 말인가? 그러자 하나님의 음성이 다시 들려왔다. "너는 내가 너의 삶 속에 만든 변화를 간직하기 원하느냐?"

직접적인 힌트였다. 예언자들은 무척이나 개인적이지 않은가? 그가 우리에게 말할 때, 우리는 지혜와 지식을 배우며, 그럼에도 불구하고 그분의 말씀으로 인해 두려워 떤다.

> 여호와를 경외하는 것이 지혜의 근본이요 거룩하신 자를 아는 것이 명철이니라(잠 9:10)

이것은 영원히 변하지 않는다. 우리 각자는 그분 자신이 모든 선한 것들의 근원임을 결코 잊지 않으며, 살아 계신 하나님께 계속하여 나아감으로써, 그분의 음성을 듣고 그분의 정결케 하시는 만지심을 받기 위해 그분과 충분히 가까이 있어야 한다.

사도행전은 사도들을 통해 발생했던 표적과 기사들로 인해 끊임없이 놀라움과 경외감 가운데 있는 신자들의 모습을 보여준다. 우리는 놀라우신 하나님에 대해서 단지 노래를 부르는 것만이 아니라, 그분께서 다음 번에 행하실 것들에 대한 어린아이와 같은 기대감을 표현할 때에도, 궁극적으로 경이로우신 유일한 한 분으로서의 그분을 경험함으로써, 분명코 유익을 얻게 될 것이다.

나는 그날 에릭을 위해 기도했으며, 그리고 전날밤 성령님께서 컴퓨터에 쓰신 문장에 대해서도 나누었다. (그 내용이 모두를 위한 것인지 아직 잘 몰랐기에 전부를 나누지는 않았다.)

에릭은 치유 받았고 암세포로부터 해방되었다. 얼마 되지 않아 머리카락이 모두 자랐으며, 체육관에도 다시 나타났다. 그는 '승리의 교회'에서 설교하는 것과 가르치는 것, 그리고 교회를 인도해 나가는 일을 결코 멈추지 않았다.

그리고 일년 후, 암이 재발했다. 그들은 힘을 다해 암과 싸웠다. 하지만 그 암은 다른 성격의 것이었다. 나는 그가 그 병으로 인해 죽을 것이라고 전혀 생각하지 않았지만, 2008년 2월 22일 그는 영원한 상급을 받기 위해 떠났다.

이듬해 7월에 나는 친구 짐 골과 함께 강사로 초청되어 네쉬빌에 있었다. 나는 강의 시간의 맨 마지막 시간을 채우도록 되어 있었다. 숙소에서 이것 저것을 준비하고 있었는데, 주님께서는 나에게 나이키 골프 셔츠와 검정 바지를 입으라고 말씀하셨다. 그래서 난 그렇게 했다.

교회에 도착한 후, 나는 더 이상 하나님이 나에게 말씀하신 패션 스타일에는 관심이 없었고, 그보다는 나의 메시지에 초점을 맞추고 있었다. 찬양 시간에 성령님께서 말씀하셨다. "그것은 타이거 우즈가 매번 골프 시합 때마다 마지막 라운드에서 입었던 복장이란다. 내 백성들에게 나는 모두가 경기를 잘 마치기를 원한다고 말해 주어라!" (이것은 마침 타이거 우즈가 정강이뼈에 금이 간 채 놀랍게 컴백하여 승리로 싸우고 있을 때였다.)

그것이 바로 메시지이다. 잘 마치라. 비판하는 사람들이 주님의 교회에 대해서 약해 빠졌다고 비난하든지, 우리가 그분께 양도해 드릴 때, 그분께서 우리를 곧게 펴 주실 것이다. 이것이 이 책의 주제이며,

이것이야말로 성경의 주제이다. '개인적 예언자'라 함은 인격에 대한 것이다. 즉 그분의 성품이 우리를 변화시키시도록 허락해 드리는 것이다.

나는 에릭이 왜 치유 받지 못했는지를 이해하지 못하지만 내가 아는 전부는, 그는 경주를 잘 마쳤다는 것이다. '승리의 교회'는 앞으로 나아가고 있으며, 우리 또한 그렇다. 우리는 하나님의 성품에 의문을 품는 것이 아니라 도리어 축제를 연다.

나는 위풍당당한 노장의 선지자에게 있는 영구히 누그러지지 않는 열정에 대해 기이히 여긴 한 젊은이에 대해서 들은 적이 있다. "어떻게 그렇게 유지하실 수 있나요?" 젊은 선지자가 여쭈어보았다. "나는 결코 경이로움을 잃지 않는다네." 그는 눈빛을 반짝이며 대답했다.

예수님께서, "잘 마쳐야 한다"라고 말씀하실 때, 그분께서는 그것을 위해 우리에게 필요한 모든 것을 다 공급해 주셨다. 우리는 믿음과 경이로움만이 아닌, 우리의 심령 안에 그분의 성령께서 같이 살고 계시는 것이다. 그분께서는 우리를 하나님과 닮아가도록 변화시키시며, 매일매일 우리에게, "너희가 오른쪽으로 치우치든지 왼쪽으로 치우치든지 네 뒤에서 말소리가 네 귀에 들려 이르기를 이것이 바른 길이니 너희는 이리로 가라 할 것이며"(사 30:21)라고 말씀하신다.

용기를 내라.
그분의 음성을 들어라.
끝까지 해내어라!

기도

아버지, 당신께서는 우리를 당신의 영광을 위해 창조하셨으며, 우리는 우리의 삶 가운데 당신의 계획이 있음을 알고 있습니다. 우리는 당신께서 우리에게 창조하신 몸과 마음과 영으로 인해 감사드리며, 특별히 우리로 하여금 당신의 계시의 말씀을 받을 수 있도록 우리의 영을 당신의 영으로 깨워주심을 감사드립니다.

당신의 살아 있고 능동적인 말씀은 초자연적이며 예리하며 힘이 있습니다. 우리의 영적인 눈과 귀를 열어주시기를 간구합니다. 당신은 지혜와 빛과 계시의 하나님이십니다. 당신께서 우리에게 주시고자 하시는 그 모든 것들을 우리가 받을 수 있도록 우리를 조정하여 주시기를 원합니다.

우리가 해야 할 부분이라면, 사랑하는 주님, 우리는 동일하고 영원하신 당신과 당신의 말씀을 갈망합니다. 태초에 말씀이 계시니라 이 말씀이 하나님과 함께 계셨으니 이 말씀은 곧 하나님이시니라(요 1:1). 우리에게, 그리고 우리를 통해서 당신을 나타내소서, 주님. 우리의 이성적인 마음과 땅에 묶인 심령에 들어오셔서 하나님께 속하지 않은 것은 그 무엇이라도 빛으로 인도하여 주소서. 당신의 음성을 들을 수 있고 당신께서 우리에게 말씀하시는 것을 믿고 순종할 수 있도록 우리가 당신을 더 잘 받아들일 때 우리로 하여금 당신을 더욱 닮아 성장하게 하옵소서.

당신의 음성을 들을 수 있도록 우리를 더욱 민감하게 하소서. 컴

능으로 임하시고 우리로 자유하게 하소서. 당신의 사랑으로 우리를 해방시켜 주소서. 당신의 정결케 하시는 강으로 우리를 씻으시고 당신의 거룩하신 영의 기름으로 우리에게 기름 부으소서. 우리에게 새 생명을 불어 넣어주시사, 깊음이 깊음을 부를 때에 그 마음의 감동을 인지하게 하소서.

우리는 어느 곳을 가든지 당신의 영을 운반하는 그릇들임을 압니다. 지금도 우리는 새로운 것들을 인지하며, 우리가 다 잘 안다고 생각했던 문제들에 있어서 새로운 관점을 붙잡습니다. 당신께서 우리 안에 운명 지으신 예언적인 사람들이 되도록 새로운 해방 속으로 발을 내딛고 있습니다.

성령님, 당신의 왕국을 위한 열매를 맺으며, 당신 안에서 우리의 온전한 분량의 능력을 발휘하며 자라갈 수 있도록 우리의 매일매일을 당신과 동행할 수 있는 은혜를 구합니다. 당신은 우리의 심령 가운데 살아 계시고, 단순하면서도 생동감 있는 웅변으로 진리를 드러내시는 하나님의 살아 계신 말씀입니다. 이제와 영원히 우리의 기쁨이 당신 안에 있나이다. 아멘!

The Prophetic Made Personal